Gisela Stammer

Heimlichmilch

D1723406

Heimlichmilch

Roman

von Gisela Stammer

und Inge Jungnitz (Zeitzeugin)

Inge Jungnitz wurde 1931 in Ostpreußen geboren und lebte dort bis 1948. Seit 1949 wohnt sie im Landkreis Rotenburg/Wümme. Sie war Landarbeiterin und Altenpflegerin. Inge Jungnitz ist Zeitzeugin und Mitautorin. Sie machte eigene Aufzeichnungen, sie beantwortete zahllose Fragen in Gesprächen und in Fragebögen und sie entwarf einige Reime, Dialoge auf Ostpreußisch und in gebrochenem Deutsch. Mit ihren Erinnerungen an Ostpreußen schaffte sie die Voraussetzung für die Entstehung dieses Romans. Ohne Frau Jungnitz wäre er nicht geschrieben worden.

Gisela Stammer, geboren 1952 im Landkreis Rotenburg/Wümme, ist Autorin. Sie hat für den vorliegenden Roman recherchiert, Fragen gestellt, Fragebögen entworfen, die Ergebnisse ausgewertet, Auszüge aus Frau Jungnitz' Aufzeichnungen und Antworten in den Text eingearbeitet und den Roman verfasst. Mit *Heimlichmilch* legt Gisela Stammer nach ihrem Romandebüt *Bauernkanari* den zweiten Roman vor.

© 2014 Verlag Atelier im Bauernhaus
Lektorat: Annette Freudling
Umschlag: Elisabeth Büchsel (1867–1957), Melkerin, 1926 © VG Bild-Kunst
ISBN 978-3-88132-991-0
www.atelierbauernhaus.de

„Die Vergangenheit ist nicht tot,
sie ist nicht einmal vergangen."

William Faulkner

Ähnlichkeiten mit lebenden Personen ergeben sich rein zufällig.

Wiedersehen

Es kommt ein Schiff gefahren, weiß nicht wohin es fährt.
Wär gerne mitgefahren, ganz gleich wohin es fährt.

Jetzt ist es gleich geschafft! Jetzt wirst die paar Meter auch noch halten können! Die Tür wurde von außen geöffnet, graues Dämmerlicht hineingelassen. Dunkle Gestalten, eingemummt in Decken und Lumpen, die sich schneller erhoben hatten, strömten hinaus, sie, geschoben von der Menschenmenge im Waggon, hinterher. Annegret, bereits an der Kante stehend, die Hände schützend über den Bauch gelegt, setzte zum Sprung an, spürte beim Aufprall den Druck der Blase sich über ihren Unterleib verteilen, presste noch einmal gegen ihn an, raffte im Laufschritt wie die anderen Frauen bereits ihren Rock, reihte sich ein nur wenige Meter vom Zug entfernt, man wusste nie, wie schnell er weiterfuhr, streifte die Unterhose herunter, saß schon in der Hocke wie alle anderen, den nackten Hintern in die feuchte, kühle Wiese haltend und konnte endlich dem Sturzbach zwischen ihren Beinen freien Lauf lassen.

Wie oft hatte sie dieses vertraute Geräusch gehört, Jahrzehnte nachdem es sich zugetragen hatte, wenn sie des Nachts nicht schlief, und sich, Annegret, in der Hocke sitzen sah, die anderen erschienen nur verschwommen, eingehüllt in einen Schwall undeutlicher, angstbesetzter Worte, das Rauschen des eigenen Sturzbaches mal mehr, mal weniger übertönend. Unzählige Male war diese Erinnerung vor ihrem geistigen Auge auf und ab gezogen. In dieser Nacht sah sie das Geschehen aus größerer Entfernung, die lange Reihe blanker Hintern vor sich, die dabei waren, ihr Geschäft zu erledigen. – Das muss doch ein Bild für die Götter gewesen sein!, fuhr es plötzlich durch ihren Kopf und brachte sie dazu, sich in ihrem Bett aufzurichten, eine Reihe nackter Hintern und du warst mitten drin! Sie hielt sich prustend die Hand vor den Mund, leise bleiben! Walter lag neben ihr und schlief, wer das Glück hatte, so selig zu schlafen, den wollte sie doch nicht aufwecken. Vorsichtig lehnte sie sich wieder zurück, zog die Decke bis unter die Nasenspitze, ließ ihr Lachen unter der Bettdecke ruckeln, hielt sich vor Freude, nicht wie früher vor Schreck, die Hand auf den Mund, eine Reihe nackter Hintern und du warst mitten drin! – Dass sie eines Tages über diese Szene würde lachen können, niemals hätte sie das gedacht.

Schon sah sie sich, wie sie mit ihren siebzehn Jahren mühelos aus der Hocke hochkam, während die älteren Frauen neben ihr wackelten, beim Aufrichten Schwierigkeiten hatten, ihr Gleichgewicht zu halten, ihre Knie nach dem langen Sitzen gerade biegen mussten, sich schmerzend den Rücken hielten, die Knie massierten. Sie, Annegret, in ihren selbstgestrickten Wollsachen, Büschel um Büschel hatte sie aus den achtlos fortgeworfenen Schaffellen gerissen, Faden um Faden mit der Hand gedreht, Masche um Masche gestrickt, in Jacke, Rock, beides mit winzigen Stoffresten wie mit kleinen Schleifchen verziert, und in den langen Strümpfen, die sich seit dem Vorfall im Kuhstall stets oben festgebunden hielten, da passte sie auf wie ein Luchs, die junge Annegret, gertenschlank aber kräftig, Zentnersäcke hatte sie auf der Kolchose über den Hof geschleppt, Milchkannen aufgeladen, Getreidegarben, eine nach der anderen gestapelt. Sie stand sicher und fest, ihr konnte zwischen den wackelnden Gestalten niemand etwas anhaben, damals, fast sechs Jahrzehnte zuvor, als mit der Ausreise alles vorüber war.

Als sie vierundsechzig Jahre alt gewesen war, wackelte der Boden unter ihren Füßen. Sie selber wankte mit, früh am Morgen, sich an der Bettkante, am Schrank, am Türrahmen festhaltend. Es gelang ihr nicht, die sperrangelweit geöffnete Tür am Griff zu packen, während der Boden unablässig nach unten zog, sie zwang, sich zunehmend angespannter festzuklammern, bis auch er mit ihr zu wanken begann. Der Stuhl, auf dem sie abends ihre Kleider ablegte, schien unerreichbar. Während sie überlegte, was sie machen könne, wenn sie hinfiele, Walter würde erst in einigen Stunden kommen, begann die Angst sich weiter auszubreiten, Angst wie in der Nacht zuvor, nie hatte sie so etwas gekannt, Angst, die von den Gedärmen über den Magen, die Brust Richtung Gurgel in ihr hochkroch, von hinten über Schultern und Genick, Angst, die sie zum Zittern brachte und jetzt dazu, in die Hocke zu gehen: sonst fällst du um, der Länge nach hin!

Sie krabbelte auf allen Vieren zum Stuhl hinüber, fand Halt an der Sitzfläche, zog sich hoch, drehte sich und ließ sich mit einem Plumps auf ihn fallen. – Im Sitzen schien es erträglicher. Sie schüttelte ihren Kopf, rieb sich ihr Gesicht, schlenkerte mit Armen und Beinen. Das war alles nur ein Versehen. Trotzig stampfte sie nun abwechselnd mit beiden Füßen auf, stark wie eh und je fühlten sich ihre Beine an. Na also. Sie hielt sich am Stuhl fest, schob sich vorsichtig hoch, wollte ein Bein vor das andere setzen, doch sowie sie versuchte loszulassen, begann der Sog von unten, von den Seiten aufs Neue, bis alles wankte und sie mit. Schwindel! So musste Schwindel sein. Dann würde sie eben auf dem Stuhl sitzen bleiben, sich damit vorwärts bewegen, und schon rutschte sie mit ihrem Stuhl mühselig, Zentimeter für Zentimeter weiter, durch den Flur, in die Küche, bis ans Waschbecken zum Wasserholen, zur Kaffeedose, Kaffeemaschine.

Als Walter nach Hause kam, hakte sie sich bei ihm ein. Auch dann ließ der Sog von unten nach.

„Haben Sie so etwas schon einmal gehabt?", fragte der Arzt.

„Nein. Nie!" Sie schüttelte energisch ihren Kopf. Wenngleich ... Aber das sagte sie nicht laut, es wäre töricht, dem Arzt von solch einer nichtigen Begebenheit zu erzählen, davon, wie einige Monate zuvor, als sie noch berufstätig war, der Boden unter ihren Füßen das erste Mal zu wanken begonnen hatte, als sie dem alten Mann die Hand ...

Der Arzt hielt bereits einen Rezeptblock in der Hand. Der Arzt fragte nicht weiter nach. Der Arzt verschrieb Medikamente.

Sie hatte trotzdem Angst vor der folgenden Nacht. Was für ein Unsinn. Unruhig lag sie im Bett, ihre Gedanken kreisten um Klipschen, das kleine Dorf in der Nähe von Tilsit mit dem Ziehbrunnen vor dem Haus ihrer Pflegeeltern ... Ach nein, wie ihre Gedanken davonflogen! Es war der Ort zehn Kilometer von Frauenburg entfernt, dessen Name ihr gerade nicht einfiel, auch dort gab es einen Ziehbrunnen, in diesem Ort, in dem sie einen schönen November, Dezember und einen halben Januar hatte verbringen können – und schließlich drei schreckliche Monate. Bis sie fortgetrieben wurden, das Haus am Waldrand fanden. Dieses Haus. Sie und die Kinder, die Kinder aus Klipschen, waren tagsüber auf Entdeckungstour gegangen, immer auf der Suche nach Essbarem, nach üppig gefüllten Einmachgläsern, einem bisher unentdeckten Vorratsschrank. Was für kühne Träume sich über ihren leeren Mägen damals aufgetürmt hatten! Über den kleinen Trampelpfad waren sie zu dem leerstehenden Bauernhaus gelaufen, wo sie niemanden mehr vermuteten ...

Dann brach das Zittern über sie herein, brachte sie ins Wanken, obwohl sie im Bett lag, ließ sie erstarren und plötzlich in einer Küche stehen, mit einem großen Herd, größer als dem der Pflegeeltern, mit weißen Emailletürchen und riesiger Herdplatte, daneben ein Handtuchhalter, ein Waschbecken ... Sie zuckte zusammen und spürte mit einem Mal den harten Griff des russischen Soldaten an ihrem Arm, als wäre er plötzlich hier, direkt neben ihr auf ihrer Bettkante.

„Hhhha!" Sie hielt vor Schreck den Atem an.

Er hatte sie gepackt und mit sich gezerrt und packte sie auch jetzt. In die Waschküche hatte er sie geschleppt, wo der hagere, alte Mann auf dem Boden lag, sie anschaute mit weit aufgerissenen Augen, Augen, die im Halbdunkel der Waschküche blieben. Augen, die sie in der Nacht zuvor gesehen hatte? Augen, nur Augen aus der Dunkelheit heraus, Augen, die jetzt, kaum hatte sie an sie gedacht, wieder über ihrem Bett standen, ihr den Atem raubten, ihre Arme fest gegen ihren Leib pressend, bis die Muskeln vor Anspannung schmerzten. Sie wälzte sich hin und her in ihrem Bett, strich sich mit ihren Fingern wieder und wieder durch ihr welliges, verschwitztes, kaum von Silberfäden durchzogenes Haar, bis sie bemerkte, wie diese Augen sich zu einem scharfkantigen Bildstreifen formierten, der durch ihren Kopf sauste, zu einer Filmrolle mit verschwommenen Szenen und Menschen, scharf wie eine Rasierklinge. Ein Ratscher nach dem anderen. Sie legte ihre Hände schützend über ihren Kopf, formte den Mund zu einem Schrei, ohne ihn loszulassen, Walter schlief wie immer. Wie konnte man nur so gut schlafen? Sie sah sich mit Hans, dem Pferd, im Graben. Die Verwundeten. Die Toten am Wegesrand. Die entstellten Gesichter. Die Tiefflieger über dem Treck. Ihr Atem wurde knapp und flach, der Puls raste, sie rang nach Luft, sie schreckte hoch: Jetzt ist's aus! Sie hechelte, strich sich über Stirn und Augen, immer wieder, immer wieder, damit die Bilder verschwanden, und versuchte Walters ruhigen, gleichmäßigen Atemzügen zu lauschen, was ihr nur kurzzeitig gelang. – Sie schreckte hoch. Der Schwindel zog sie sogleich nach unten. So krabbelte sie auf allen Vieren ins Bad, wo sie sich mit kaltem Wasser Gesicht und Oberkörper wusch, sanft mit dem Waschlappen über ihr laut pochendes Herz strich, ein Glas Wasser trank und wieder zurück ins Bett stolperte.

Sie wurde zur Untersuchung ins Kreiskrankenhaus ein-gewiesen.

„Da ist nichts!"

„Was soll das heißen, da ist nichts? Wollen Sie mir erzählen, dass ich mir das alles nur einbilde?"

„Ja, wenn Sie das so verstehen wollen", der Arzt lächelte sie von oben herab an, „gehen Sie lieber ordentlich arbeiten."

„Wie bitte?"

Was bildete sich dieser hochnäsige Schnösel von vielleicht gerade einmal dreißig Jahren eigentlich ein! Wie konnte der ihr so etwas unterstellen! Und wie redete der eigentlich mit ihr, der wusste doch gar nicht, was sie alles erlebt hatte?

Wie in einem Rutsch zog ihr Arbeitsleben an ihr vorüber, das als Kind begann: Mit neun Jahren hatte sie ihre jüngeren Geschwister versorgen müssen, die zwei kleinsten angezogen, vor Schulbeginn zwei Kilometer auf dem Schlitten zum Kindergarten gezogen, ihre Schwester Karin zur ersten Klasse der Grundschule gebracht. Im Heim musste sie für eine Lehrerin putzen, bei den Pflegeeltern den Garten umgraben, mit vierzehn wurde sie Zwangsarbeiterin, danach hatte sie fünf Kinder geboren, täglich Kühe gemolken. Halb sechs aufstehen. Die Kinder schreiend im Bett zurück lassen. Melken. Milchkannen abwaschen. Essen kochen. Gartenarbeit. Feldarbeit. Melken. Den Kindern über den Kopf streicheln, ihnen auf die Nase stupsen, damit sie etwas zu lachen hatten. Waschen. Bügeln. Rüben hacken, auch abends noch, Schulbrote für den nächsten Morgen, den Frühstückstisch decken. Mitternacht. Selber ins Bett fallen. Aufstehen. Arbeiten. Hinlegen. Aufstehen. Arbeiten. Hinlegen. Und dann sagte dieser Mann, der sich Arzt nannte, sie solle lieber mal arbeiten? Sie, die all die Jahre nicht ein einziges Mal gesagt hatte: Ich kann nicht. Nie. Nie. Nie. Ausgerechnet sie sollte eine eingebildete Kranke sein und sich vor Arbeit drücken? – Der hatte doch keine Ahnung, der wusste doch nicht im Geringsten, wovon der redete. Und so einer wollte Arzt sein? Er guckte sie immer noch von oben herab an. Sie schaute verächtlich zu ihm hinüber, wollte etwas sagen, allein ihre Sprache schien ihr abhandengekommen zu sein. So stand sie wortlos auf und ging. Aufstehen. Arbeiten. Hinlegen. Sie legte sich nicht mehr ins Krankenhausbett, sie rief Walter an, damit er sie abhole.

Mittlerweile stand sie mehrfach in der Nacht auf, getrieben von der Furcht vor neuen Bildern von Menschen, die sie längst vergessen geglaubt, vom Krieg.

Als sie eines Nachts im Bademantel im Flur auf und ab ging, ihre Hände fanden Halt an den Türgriffen ihres großen Schrankes, bekamen die Bilder plötzlich einen Ton: „Hast ja noch junge Beine." Die Pflegeeltern saßen auf dem Wagen, das tote Schwein, zwei Tage vor der Flucht Richtung Westen geschlachtet, lag gut zerteilt unter ihrer Sitzbank. Annegret, durfte nicht mit den Pflegeeltern auf dem Planwagen sitzen, sie musste neben dem Wagen gehen und die Zügel halten. Hans das Pferd wieherte schaurig, galoppierte wie besessen, sie, Annegret, dreizehn Jahre alt, konnte es nicht halten. DieTiefflieger kamen zurück. Die Tiefflieger dröhnten über ihrem Kopf! Detonationen. Schreiende Menschen. Sie flogen in die Luft. Ein Wagen mit Mann und Maus. Ab in den Graben, die Arme über den Kopf. Die ersten Laute dieser fremden, angsteinflößenden Sprache: „Stói! stói!" Schüsse knallten an die Decke. Schrilles Kreischen. Mark und Bein erschütternd, dazwischen quietschten die Bremsen, sah sie sich querfeldein durch Ostpreußen laufen, eben noch im Dorf, dessen Name ihr noch nicht eingefallen war, schon, als trüge sie Siebenmeilenstiefel, in Klipschen bei Tronka und den Kühen; am Mühlenbach neben Tatjana, Tatjana so fremd, hörte sie die Peitschenhiebe, rannte sie um ihr Leben, der schlimme Offizier ihr auf den Fersen, ihr Atem flach, gehetzt, „ha-he-ha-he-ha-he...", raste ihr Herz, jetzt ist es aus!, brach der Boden unter ihr weg, hielten die Schranktürgriffe im Flur ihrem Wanken nicht mehr stand. Zusammengekauert saß sie am Boden, zitternd. Dann wurde es hell, feuerhell.

„Und jetzt bombardieren sie Königsberg", hatten die Erwachsenen gerufen, Annegrets schaute hoch und sah einen riesigen Feuerschein am Himmel mitten in ihrem Flur. In Königsberg war die Mutter. Wenn sie nicht geflohen war. Den linken Arm legte Annegret abwehrend vor ihr Gesicht. Mit der rechten Hand konnte sie keinen Halt mehr finden und stürzte, fiel auf ihre Schulter. – Was war nur mit ihr los?

Eines Nachts, sie hatte zum wiederholten Male das Gespräch mit diesem Arzt in ihrem Kopf hin und her gewälzt, ... da ist nichts ..., ... ja, soll das heißen, ich bilde mir das alles nur ein ...?, maßlos hatte sie das geärgert und an ihr genagt, lief sie plötzlich in Gedanken durch das Heim in Rastenburg, in das sie wegen der Krankheit ihrer Mutter zusammen mit ihrer Schwester Karin gebracht worden war. Die Striemen auf ihrer Haut schmerzten, nachdem die Lehrerin sie vor aller Augen verprügelt hatte, weil Karin ins Bett gemacht, aber sie, Annegret, die Schuld auf sich genommen hatte. Sie hörte das Pfeifen des Rohrstockes, spürte den dumpfen Aufprall auf Rücken und Armen und wie er in ihrem damals noch kleinen Körper widerhallte, sie sah sich geschwind den Busch hinter dem Heim hochklettern, ihm mit ihrer traurigen Kinderstimme ihr Leid klagend: „Es waren zwei Königskinder, die hatten einander so lieb, sie konnten zusammen nicht kommen ..." – wie sie, Annegret, die damals auch nicht zu ihrer Mutter kommen konnte, nicht zu ihren Brüdern, nicht zu Schiepelchen, ihrer kleinsten Schwester, die man ihr schreiend vom Schoß gerissen hatte, als sie ins Heim mussten. Abends, wenn sie alleine im Bett lag, war die Einsamkeit ihr Begleiter gewesen, weinte sie sich in den Schlaf, bis sie ihre Gedanken woanders hatte hinlenken können: zu ihren Reimen, die ihr stets aufs Neue einfielen, die die anderen Mädchen aus dem Heim tagsüber immer wieder von ihr hören wollten und die Annegret dann stolz auf dem Hof mit einem Stöckchen in den Sand ritzte. Papier gab es nicht. Sie selber hatte allerdings noch ein geheimes winziges Notizheft und einen kleinen Bleistiftstummel, mit dem sie, halb unter der Bettdecke im Dämmerlicht, heimlich, angespornt durch das Interesse der anderen Mädchen an ihren Strophen, ihre neuen Reimideen aufschrieb.

Es huschte in dieser Nacht, so viele Jahre später, zum ersten Mal seit langem ein Lächeln über ihr Gesicht. Der Bleistiftstummel! Das winzige Stückchen Holz mit der scharfen Spitze, sie spürte, wie ihre Fingerkuppen über ihn glitten, geriffelt, nicht länger als die Kuppe ihres Mittelfingers. Wenn sie damals im Heim etwas aufgeschrieben hatte, konnte sie beruhigt schlafen, die Augen schließen, weil sie ihren Reim, falls sie ihn bis zum nächsten Morgen vergessen haben würde, wieder nachlesen könnte. *Wir sahen im Garten eine Rose stehn, eine gelbe Rose ...,* und während sie noch dabei war, diesen Reim zu Ende zu denken, erhob sie sich bereits, wankte in die Küche, in der linken Schublade ganz hinten lag Papier für neue Rezepte, Papier, das sie gesammelt hatte, einzelne Blätter vom Block, die die Enkelkinder beim Spielen achtlos abgerissen hatten, aber sie, Annegret, nicht wegwerfen konnte. Von diesem Stapel Blätter nahm sie einige, sowie den Kugelschreiber, und setzte sich an den Küchentisch. Es war halb vier in der Nacht, als sie ihn gegen das Papier drückte: *Ach Maria,* sie war nicht mehr in Rastenburg im Heim, der alte Mann war plötzlich wieder da. Wie gehaucht kam es aus seinem Mund, *ach, Maria!* Annegret beobachtete, wie ihr Kugelschreiber sich in Bewegung setzte.

Es war alles ruhig und so gingen wir in das Haus. Wir waren

kaum darin, schon hörten wir, dass jemand kam. Wir hatten
große Angst und wollten zur Tür raus. Da stand ein junger Soldat,
die anderen Kinder flitzten los. Mich packte der Russe am Arm
und hielt mich fest. Er redete sehr viel, ich konnte nicht verstehen,
was er sagte. Ich zitterte vor Angst.

Auch jetzt mitten in der Nacht, nicht vor Kälte in der
ungeheizten Küche, der feste Griff des jungen Soldaten um
ihren linken Arm blieb, während sie ungeduldig die ersten
Wörter und Sätze schrieb, die in ungeahnter Geschwindigkeit
aus ihr herausstürzten. Unendlich lange dauerte es. Wann
hatte sie zuletzt etwas geschrieben? Sie hatte vor Jahren
den Kindern bei den Hausaufgaben geholfen. Unwirsch
strich sie einen Buchstaben wieder durch, bei dem sie sich
verheddert hatte, das h wollte nicht werden, wurde ein k
und es hieß „versteken" statt „verstehen", sie musste das
Wort durchstreichen, noch einmal beginnen, während ihre
Gedanken anfingen, ungeduldig nach vorne zu eilen, zu dem
Soldaten, der sie immer noch fest am Arm gepackt hielt:

Er machte aber ein freundliches Gesicht. Er zog mich hinter sich
her. Er führte mich in eine Waschküche, die am Stall angebaut
war. Er kniete sich hin, ich hatte in meiner Angst nicht gesehen,
dass da jemand lag. Er winkte, ich sollte doch kommen. Da lag
ein alter Mann und sagte etwas. Man konnte es kaum verstehen.
Als ich dann seine Hand anfasste und mich niederbeugte, schlug
er die Augen auf, sah mich groß an, sagte immer wieder, „Wasser,
Wasser". Dann sagte er auf einmal: „Maria, bist du das?" Ich
nickte. „Ach, Maria!" Dann lächelte er und machte die Augen
zu. Ein großer Seufzer kam, so als wäre es eine Erleichterung.
Ich glaube, er dachte, ich sei Maria. Und er wurde still, aber sein
Lächeln blieb.

Und dann sehe ich mich auch das alles durchmachen beim
Schreiben. Ich höre mich gleichzeitig sprechen und was ge-
sprochen wird. Ich weiß nicht, wie das angehen kann.

Am nächsten Morgen fühlte sie sich wie nach tagelanger Schwerstarbeit. Das Wort „grässlich" fiel ihr ein, als sie an die in der Nacht erlebte Szene zurückdachte, sich mit dem russischen Soldaten und dem alten, sterbenden Mann dort sitzen sah, obwohl sie zu Hause in Bekenbostel am Küchentisch gehockt hatte, grässlich, weil es für sie kaum auszuhalten gewesen war, dieses gleichzeitig hier und gleichzeitig dort zu sein. – Gab es so etwas überhaupt?

Walter war längst zur Arbeit gegangen. Sie ging unruhig vor dem Küchentisch auf und ab, ihre Hände suchten abwechselnd an der Tischkante und den Stühlen Halt, der Küchenschrank mit der Schublade, in der sie hinten unter dem Stapel unbeschrifteter Blätter ihren Text der letzten Nacht aufbewahrte, in ihrem Rücken. Sie hatten, nachdem die anderen Kinder ihr Erwachsene zur Hilfe geschickt hatten, den alten Mann im Garten neben einem Kreuz beerdigt, auf dem „Maria" stand, das fiel ihr jetzt erst ein, auch dass sie danach ein zuschanden gerittenes Pferd auf drei Beinen stehend zitternd am Wegesrand gefunden hatten. Wo kamen nur diese Erinnerungen her? Sie waren glasklar, nicht gealtert in fünfzig Jahren, als wäre es am Tag zuvor passiert, mit scharfen Konturen stand das Pferd auf drei Beinen zitternd da. Dann sah sie es liegen, die Erwachsenen darüber gebeugt, sie hatten es geschlachtet und schleppten es zum Haus am Waldrand, sie ... – Es drehte sich schon wieder alles. Sie befahl ihren Gedanken, sich davon fortzubewegen, zu etwas, was es zu erledigen galt. Sie hatte immer ihre Arbeit gemacht, egal wie krank sie gewesen war. Sie hatte sich immer zusammengerissen. „Wie's drinnen aussieht, geht keinen was an", in Königsberg noch war ihr dieser Spruch von ihrer Mutter beigebracht worden. Sie würde auch jetzt das Essen kochen, Putzen und Abwaschen hinbekommen. – Und doch kamen die Gedanken zurück, später am Abend kamen sie, denn abends waren die Russen mit Stalllaternen gekommen, zum Dachboden, wo sie, die Leute aus Klipschen, sich ein Lager auf Stroh bereitet hatten. Eng beieinander, wie Heringe in der Dose. Sie zwischen den Pflegeeltern. „Frau komm", auch in ihr Gesicht wurde geleuchtet. Sie fuhr erschrocken zurück, riss die Schublade auf, setzte sich mit Stift und Papier an den Küchentisch: *Was dann kam, weiß ich nicht so genau. Ich hatte immer nach meiner Mutter gerufen. Die Pflegemutter konnte es nicht begreifen, denn meine Mutter war ja nicht da. Dann soll ich ganz laut das Vaterunser gebetet haben und alle haben mitgebetet. Die Soldaten sind in der Dunkelheit verschwunden. Ich soll dann in Ohnmacht gefallen sein, hat man mir am nächsten Tag erzählt. Ich konnte damals nicht verstehen, was mit mir los war.*

„Geht's dir nicht gut?" Walter war besorgt, sah die traurigen Schatten unter ihren grünen Augen, die sonst fröhlich lachten, strahlten, Annegret, gerne zu einem Späßchen bereit.

„Doch, doch, das geht schon." Sie lächelte angestrengt. Sie stellte das Essen auf den Tisch. Ihre Gedanken ließen sich nicht abstellen. Trotzdem freundlich gucken. *Wie es innen drin aussieht, geht keinen was an.* – Jetzt mit all dem Vergessenen von vor fünfzig Jahren ankommen? Walter erzählen, oder den Kindern, dass die Schreckensbilder der Kriegs- und Nachkriegszeit sie überfielen, sie in Panik versetzten, ins Wanken brachten – fünfzig Jahre nach Kriegsende? Sie schüttelte den Kopf. Das konnte ja nicht einmal sie selber verstehen. Im Vergleich zu Ilse und Rosi, Ilse und Rosi!, die plötzlich in ihre Gedankenwelt drangen, während sie mit Walter am Küchentisch saß, hatte sie unterentwickelt ausgesehen, Dank der Schmalhansportionen bei ihrer armen Mutter und der Sparrationen im Heim. Sie, ein Kind mit eingefallenen Wangen, zusammengekauert, vom Kleidersack fast verdeckt, in eine blau-gelb karierte Wolldecke gehüllt, klein, zierlich, der Blick gesenkt, nur nicht gesehen werden, die gewellten Haare streng unter der Mütze versteckt. Es hätte ein Junge sein können. Doch das war sie, sie selber, Annegret! Nach unten gucken, so tun, als wäre man nicht da, wenn ein Russe an ihr vorüberlief. Ilse und Rosi, beide ein halbes Jahr älter und gut im Futter stehend von täglichen Bauernportionen, Ilse und Rosi waren nicht zu übersehen.

„Reicht dir die Portion?", fragte sie Walter geistesabwesend. Er nickte: „Du musst mehr essen!"

Es hatte sich nicht verdecken lassen, was die beiden unter ihren Kleidern zu bieten haben würden. Sie dagegen war zart gebaut gewesen, schmale Schultern, Wangenknochen sichtbar. „Pass auf! Der Wind pustet dich fort, so dünn bist du." Wie oft hatte die Pflegemutter das zu ihr gesagt. Sie, wie ein Strich in der Landschaft, den man einfach übersah.

Ilse hatten sie das erste Mal in dem Dorf geholt, deren Name ihr immer noch nicht eingefallen war, sie kam mit schüttelndem Kopf zurück, saß den ganzen Nachmittag in diesem einen Raum, in dem Haus, in das die Russen sie wie Vieh hineingetrieben hatten, bevor sie zum Haus am Waldrand kamen, und schüttelte den Kopf. Ihre langen blonden Zöpfe schüttelten hinterher. Dann kam Rosi dran und schüttelte ihre dunklen Zöpfe mit. Annegret holte an diesem Nachmittag eine Schere, schnitt ihr schulterlanges, mittelblond-gewelltes Haar kurz bis über die Ohren.

Zwei Mal kamen sie, um mich für den Transport nach Sibirien zu holen. Einmal hatte ich vorher Mohn gegessen, den wir Kinder gefunden haben, vielleicht hat der Soldat mich deshalb nicht wachgekriegt, und einmal hat der Pflegevater mich blitzschnell in einen alten Schrank gesteckt. Er packte Rucksäcke und altes Zeug oben auf, sagte nur noch: „Ganz still sein und keinen Laut!"

Das ganze Elend überkommt mich schon wieder so plötzlich, dass ich gar nicht so schnell schreiben kann, wie ich denke. Es schwirrt in meinem Kopf herum und deshalb schreibe ich es auf, so wie es mir in den Sinn kommt. Damit ich es von meiner Seele habe. Alles will auf einmal raus, als ob keine Zeit mehr ist. Nur lesen möchte ich es nicht und das ist auch gut so. Die Russen gingen durch das ganze Haus und schossen immer wieder. Einer machte den Schrank auf, ich dachte nur noch, jetzt bist du tot. Ich konnte vor Schreck nicht atmen. Er fasste das Zeug an, das über mir lag, machte dann aber doch die Tür vom alten Bauernschrank zu. Als alles ruhig war, wurde ich herausgeholt. Ich war schweißgebadet und vor Angst geschlottert habe ich auch.

Annegret faltete den beschriebenen Bogen Papier langsam zusammen, suchte eine Tüte, nahm eine sorgsam zusammengefaltete Brötchentüte, Mohnkrümel kullerten ihr entgegen, Mohn für Mohnkuchen, den Walter so gerne aß. Sie steckte diesen Bogen hinein, legte die Blätter, die sie bereits beschrieben hatte und in der hinteren Ecke der Schublade aufbewahrte, dazu. – In die Brötchentüte, festgehalten auf Papier. Nicht mehr in ihrem Kopf.

Warum nur kamen all diese Erinnerungen jetzt, so viele Jahrzehnte später? Weil es ihr schlecht ging und niemand ihr helfen konnte? Weil sie über ihr Leben nachdachte? Weil sie irgendwann kommen mussten? Fragte sie sich, als sie sich wieder zu fragen getraute, Tage, Wochen, danach, und wusste, dass sie die Schublade in der Küche würde öffnen können. So viel hatte sie sich schon von ihrer Seele geschrieben und trotzdem tauchte immer noch wieder etwas auf, etwas, woran sie vorher nie gedacht, auch etwas, woran sie längst oft genug gedacht und es schon aufgeschrieben hatte, oder etwas, das sie überhaupt nicht einordnen konnte ... Wie diese Frau, die

Frau, die sie so zugerichtet hatten mit der tief zwischen den Beinen in den Unterleib hineingeschobenen Flasche. Wo nur hatte sie diese Frau gesehen? Es war nicht auf der Kolchose gewesen, auch nicht im Dorf, dessen Name sie nicht mehr wusste, auch nicht im Haus am Waldrand. Bilder fragten nicht nach der Reihenfolge, sie fielen über sie her, kamen und gingen in ihrem Kopf ein und aus, wie früher die Russen, die Ostpreußen erobert hatten, in den Häusern der Deutschen. Sie klebten an ihr, ließen sich nicht wegdrängen, sprudelten heraus und zappelten wie Fliegen an einem Fliegenfänger – traurige Bildfetzen ihres damals dreizehn Jahre, vierzehn, fünfzehn, sechzehn, siebzehn Jahre währenden Lebens, irrten mit ihr durch das Labyrinth ihrer Jugend, wanderten auf Bögen von Papier.

Die Zwillinge. Die Zwillinge wollten auch nicht weichen. Niemals würde sie die vergessen. Annegret holte wieder neue Blätter hervor. Die Zwillinge der Häuslingsfrau, Seppel und Emil, mit ihrem fröhlich lachenden Geplappere bei der netten Bäuerin in dem Dorf, das sie mittlerweile das Dorf ohne Namen nannte, denn sie hatte inzwischen auf eine neue Landkarte vom ehemaligen Ostpreußen geschaut, sämtliche Orte mit polnischem und deutschem Namen waren dort verzeichnet, auf das Gebiet zwischen Elbing, Frauenburg und Mühlhausen hatte sie geschaut, im Oktober vierundvierzig waren sie dorthin geflüchtet und sie konnte selbst auf dieser Landkarte, obwohl es dort gewesen war, nicht den Namen des Dorfes wiedererkennen.

„Annele, Annele!"

Seppel und Emil drückten abwechselnd und dann von beiden Seiten ihre warmen Wangen an die ihre. Wie Schiepelchen, ihre kleinste Schwester, nur sie hatte so schmusen können wie diese beiden.

„Annele, komm! Annele, singen!"

„Leise, Peterle leise, der Mond geht auf die Reise, ich glaube ja, jetzt bleibt er stehn, uns Peterle im Schlaf zu sehn."

Wenn Annegret der Bauersfrau half, Pudding zu kochen, saßen die Zwillinge und sie, Annegret, hinterher über den Topf gebeugt auf dem Küchenfußboden, strichen mit ihren Fingern an der Topfwand längs und leckten ... Hhhha! Die Bilder schmolzen dahin, in Sekundenschnelle hörte sie die hauchende Stimme des leichenblassen Seppels. In Sekundenschnelle begann ihr Puls zu rasen. Sie stand auf, schaltete im Wohnzimmer das Licht an. Sie sollte messen, hatte der Arzt gesagt: einhundertvierzig. Das Blutdruckmessgerät kletterte auf einhundertneunzig!, der Atem flach, die Angst mit der Schlinge um ihr Genick. Das kam davon, wenn man abschweifte.

Sie hörte die Stalinorgel. Am neunten Mai ratterte sie durch das Dorf ohne Namen. Die Gewehre der Russen schossen vor Freude in die Luft oder versehentlich zur Seite, am neunten Mai neunzehnhundertfünfundvierzig floss der Alkohol reichlich, torkelten Soldatentrupps durch den Ort ohne Namen, schwenkten Fahnen und Wodkaflaschen: „Alle Deutschen binnen einer Stunde raus", schrie ein Offizier. Sie trennten sich, die nette Bäuerin und die Häuslingsfrau mit den Zwillingen zogen in die eine Richtung, die Leute aus Klipschen in die andere, zunächst zu dem Haus am Waldrand, dann hin und her, durch Dörfer ohne Namen, ohne Fensterscheiben, ohne Tiere, ohne Vögel, ohne Menschen.

Wann denn war ein Krieg überhaupt beendet? Mit der Unterzeichnung der Kapitulation? Mit dem letzten Schusswechsel? Das würde dauern. Mit dem letzten Gedanken an das Leid? Das hörte nie auf, bei ihr jedenfalls nicht. – Vielleicht sollte man auch nicht vergessen. Nie vergessen, nimmer, was im Krieg passiert war? – Irgendwann und irgendwo hieß es, in dem und dem Nachbarort sei die Häuslingsfrau mit ihren Kindern. Hunderte von Toten lagen dort herum. Gedanken und Bilder überschlugen sich.

Was ich da sah, war einfach furchtbar. Emil, einer von den Zwillingen, war aufgebahrt, der zweite lag im Sterben. Er hatte Typhus. Als er mich sah, streckte er seine Händchen nach mir aus. Er hatte mich wiedererkannt. Ich sah in seine Augen, da lächelte er und sagte: „Annele, Pudding kochen." Ihr könnt euch gar nicht vorstellen, wie mir zumute war. Ich glaube, er hatte sich in seiner Sterbestunde daran erinnert, dass wir drei den Puddingtopf auslöffeln durften. Damals habe ich immer gedacht, wo bekomme ich bloß das Puddingpulver her?

Sie holte die Brötchentüte. Sie hielt das Blatt in der Hand. So lange, viel zu lange hatte sie ihrer Vergangenheit bereits ins Gesicht geschaut. Weg damit in die Tüte, in der inzwischen so viele Zettel steckten, dass sie sie zusammendrücken musste, um auch noch dieses Blatt hinein zu bekommen. Langsam und fest drückte sie, damit die Luft herauskam, ohne dass die Papiertüte platzte. – Und als habe sie damit alte Geister geweckt, herausgetrieben, hörte sie wieder den alten Mann sprechen, Tronka schaurig brüllen, die Peitschenhiebe ... dazu die Mark und Bein erschütternden Kinderschreie. Hatte das denn kein Ende? Sie wollte nicht mehr. Sie konnte nicht mehr. Sie musste mit dem Schreiben aufhören. Die Kopfschmerzen, das Herzrasen und dann der Schwindel.

Fünf Uhr morgens. Gerädert. Übermüdet. Annegret stand abrupt auf. Zwei, drei Stunden Schlaf waren ihr täglich vergönnt. Wenn sie es nicht mehr aushielt, nahm sie Schlaftabletten. Eine Nacht, zwei Nächte lang, nicht länger. Von so etwas wollte sie nicht abhängig werden. Sie fühlte sich dauermüde, setzte aber nach wie vor ein tapferes Lächeln auf, wenn Walter nach Hause kam, die Kinder sie besuchten, sie mit den Enkelkindern „Mensch ärgere dich nicht" spielte und zwischendrin Emils und Seppels Gesichter erschienen. Bleich. Totenbleich. „Oma, du bist doch dran!" Annegret zuckte zusammen, guckte irritiert, würfelte geistesabwesend, strich den Enkeln liebevoll über den Kopf. Bei Seppel und Emil hatte sie es nicht mehr gekonnt.

Heimkehr

Im Sommer zuvor hatte sie Weidenzweige mit Gräsern gebunden, zu Schiffchen geformt, mit Blumen dekoriert und sie zu Wasser gelassen.

Vorsichtig zog sie die Zettel aus ihrer Tüte, die sie nie wieder anschauen wollte, türmte sie einen Blätterhaufen auf, in den sie langsam, wie in Zeitlupe hineingriff. Wusste sie, wen sie damit wachrief?

Den soeben gezogenen Zettel legte sie hastig fort. Wenn sie ein Blatt griff, das sie sich in ihren Gedanken bereits vorgestellt hatte oder eines, das ihr nichts antun konnte, vertiefte sie sich und begann zu ergänzen: Da war doch auch ... der Ort schon gewesen, an dem sie sich befanden, nachdem die Zwillinge gestorben waren ... Die lieben, lieben Zwillinge ... Nicht bei den Zwillingen verweilen! Nur an den Ort denken, an dem es sich zutrug, wenn du etwas aufschreiben willst! – Wo war doch gleich der Zettel? Sie schob die Blätter auf dem Tisch hin und her, der Blätterhaufen hatte sich in einen weißen See verwandelt, weiß wie Schnee. Nein, der Schnee war zu dem Zeitpunkt bereits verschwunden, aber die Stimme war da: „Sterben können wir überall ...", das hatte einer von den

Erwachsenen gesagt, Annegret griff mehrere Zettel, legte sie zurück und suchte weiter, *Marjellchen ..., Tronka ..., Biestmilch ..., bis sie den richtigen fand: „... dann sterben wir doch lieber in unserer Heimat." Was uns dort in unserer Heimat erwarten würde, wussten wir nicht. Aber schlimmer, als es hier war, konnte es auch nicht sein.*

Man nahm in dieser Zeit – was herrenlos herumstand, gehörte allen. Ein Handwagen war neben den unzähligen Toten am Wegesrand verblieben, den konnte der Pflegevater gebrauchen. Also nahm er ihn. Um diesem Handwagen Gewicht zu nehmen, baute er die Deichsel ab, befestigte einen dicken Lederriemen, den er in einer Scheune herumhängen gesehen hatte. In diesen Handwagen wurde alles gelegt, was sie besaßen: die große Blechkiste der Pflegeeltern mit den Papieren, daneben Annegrets kleiner buntbemalter Kasten aus Blech, ihre Schatzkiste, eine ehemalige Zigarrenkiste mit ihren liebsten Habseligkeiten: ihrem winzigen Bleistiftstummel, mit dem sie im Heim ihre Reime aufgeschrieben hatte, einer Brosche, einem selbstgenähten Armband aus kleinen Glasperlen, weiteren kleinen Glasperlen, die die Mutter ihr zum einzigen Besuch mit nach Klipschen gebracht hatte, und einem Brief ihrer Mutter, in dem sie schrieb: „Sei tapfer mein Ännchen. Was auch passiert, ich bin in Gedanken immer bei dir." Auf diese Kisten kamen ihre Beutel mit Kleidung, darauf die drei Decken für die Nacht. Mit einer Plane und mit Stricken wurde alles festgeschnürt. Hinten am Wagen hing noch ein Kochtopf, falls sie einmal ein Feuer machen würden, falls sie einmal etwas zum Kochen finden würden, Melde, Brennnesseln, eine Kartoffelmiete vielleicht? Daran hing ihre Hoffnung, die Hoffnung ihrer leeren Schrumpelmägen. Vor diesem Handwagen stand Annegret. Sie wurde eingespannt, wie auf der Flucht Richtung Westen Hans das Pferd vor den großen Wagen mit einer Deichsel, der Lederriemen wie ein

Pferdegeschirr über ihre schmale Schulter gezogen, damit sie ihn vorne vor der Brust mit beiden Händen festhalten konnte. Hü!, sagte keiner. Sie zog trotzdem an. Sie war die Stärkste von ihnen trotz der Hungerschwäche. Die Pflegeeltern, über sechzig Jahre alt, hatten genug damit zu tun, sich selber vorwärts zu schleppen.

Noch müder als auf ihrem Weg gen Westen acht Monate zuvor zog sich dieser Treck nach Kriegsende gen Osten dahin, zurück Richtung Klipschen; lautlos und schwerfällig wie ein riesiger dunkler Wurm schob er sich in die verlassene Landschaft hinein, das konnte Annegret vom Küchentisch aus beobachten, auch dass er später im Wald verschwand; denn wann immer möglich, hatten sie Straßen und Dörfer gemieden. Lieber im Freien übernachten. Bloß keinen Russen begegnen und doch noch nach Sibirien kommen, wie Ilses Mutter, die man schreiend von ihren Kindern weggerissen hatte. Oder mitgenommen werden zum Zeitvertreib ... – Sie zuckte zusammen: Bloß nicht schon wieder daran denken! Sie straffte ihre Hände, sie drückte sie fest gegen die Tischplatte. Die Gedanken lenken, sie im Zaum halten, in dem Gebiet zwischen ihren beiden Händen. Nicht darüber hinaus. Abschweifen tut weh.

Mehr als fünf Jahre schon, seit sie die letzten Notizen in die Brötchentüte gesteckt hatte, war es mit dem Schwindel weiterhin auf- und abgegangen, waren die Schreckensbilder gekommen, wie sie wollten. Nachts hatte sie sich an den Küchentisch gesetzt, nicht bereit, ein Stück Papier hervorzuholen. Diese Nacht schaffst du auch noch – wie eine Zauberformel hatte dieser Satz geholfen und half immer noch. Denn irgendwann kam der neue Tag.

Wie oft hatte sie unschlüssig vor ihrer Küchenschublade mit den beschriften Blättern gestanden? Gesehen, dass sie noch da waren, diese beschriebenen Blätter. Das hatte gereicht. Der Gedanke, sie ins Feuer zu werfen, war aufgekommen, aus dem Auge, aus dem Sinn!, aber nicht die Entschlossenheit, diesen Gedanken in die Tat umzusetzen. Die Zettel waren geblieben, wo sie waren, bis sie sich verplappert hatte. Statt des üblichen, auf die Frage, wie es ihr gehe, mit matter Stimme aufgesagten „Naja, es muss ja", war „Ich denk ganz viel noch an Ostpreußen, und aufgeschrieben hab ich das auch", aus ihrem Mund herausgekommen. Klar und deutlich war es herausgekommen, mit der Stimme, die so lange die ihrige gewesen war und doch für sie über Jahre nicht greifbar.

„Kann ich das mal lesen?"

Seltsam, bisher hatte sich niemand für Ostpreußen interessiert. All die Jahre nicht. Und jetzt auf einmal doch?

Kann ich das mal lesen? – Natürlich würde sie ihren Text weitergeben, wenn sich schon mal jemand dafür interessierte, aber doch nicht die im Halbdunkel beschriebenen Seiten. – Kann ich das mal lesen ... Und sie hatte die Schublade geöffnet und die Brötchentüte herausgeholt. Sie hatte vorsichtig die Zettel herausgezogen und dann in ihrem Blätterhaufen gerührt. Es musste doch möglich sein, in das Durcheinander von Erinnerungsfetzen Ordnung zu bekommen. Wann dies gewesen war und wann das Nächste? Die Reihenfolge!

Und die Gedanken im Zaum halten. Das würde sie lernen müssen. Sie nicht dorthin wandern lassen, wo sie nicht hin sollten. Wie oft hatte sie sich das bereits gesagt? Die Gedanken weiterlenken, zu weniger schrecklichen Erinnerungen.

Das Haus. Irgendwann, als wären sie ewig mit ihrem Treck zurück nach Klipschen unterwegs gewesen, hatte das Haus der Pflegeeltern von Weitem schon sichtbar vor ihnen gelegen, kaum vorstellbar und doch ... Halt! Nicht das Wichtigste vergessen. Ihre Augen leuchteten auf wie damals. Wie in Siebenmeilenstiefeln gelangten ihre Gedanken im Nu zurück zum Treck, auch zu den Russen, die ihnen begegnet waren, Soldaten, die sich völlig anders benahmen, als sie zunächst erschienen. Beim Lesen und Ergänzen ihrer Aufzeichnungen, fiel Annegret sogar wieder ein, welches Wetter sie gehabt hatten.

Es regnete und schneite, aber was schlimm war, das war der scharfe Wind. Der Handwagen, den ich zog, wurde immer schwerer, und der Riemen, den ich um die Schulter hatte, um den Wagen zu ziehen, drückte so stark, dass ich weinte. Ich hatte mich nie beklagt oder gejammert. Immer habe ich alles gemacht, was ich sollte, aber an dem Tag ging einfach nichts mehr. In dem Moment kam eine Kolonne mit russischen Soldaten vorbei. Sie überholten uns, manche grölten und lachten. Sie saßen auf ihren Pferdewagen und schauten uns an. Da meine Pflegeeltern auch nicht mehr so recht konnten, waren wir hinten geblieben. Dann kam ein Pferdegespann ganz langsam an uns vorbei gefahren. Es waren lauter junge Soldaten drauf. Zuerst lachten sie, aber dann waren sie doch ganz ruhig geworden. Es muss ein jammervolles Bild gewesen sein, zwei alte Leute und ein kleines Mädchen. Sie winkten mir immer zu, ich sollte doch mal herkommen. Ich hatte Angst und schüttelte den Kopf. Sie fuhren sehr langsam und einer zeigte mir etwas. Ich konnte nicht sehen, was es war. Mein Pflegevater sagte dann, „Sie wollten dir etwas geben." So ging ich doch mit sehr viel Angst dahin. Einer gab mir ein großes Weißbrot. Ich muss wohl ein komisches Gesicht gemacht haben. Denn sie lachten auf einmal los. Ich bedankte mich artig und machte noch einen Knicks, es war ja früher so Mode gewesen, dass die Mädchen einen Knicks machten.

Zum Haus der Pflegeeltern gelangten sie später zurück. Wann? – Juni fünfundvierzig? Juli? August? Keine Antwort. Als wäre die Erinnerung ein sämiger Brei, dem keine Struktur, keine Zeitspanne zu entlocken war. Nur ein Durcheinander von

Bildern. Sie wollte mehr wissen. Sie war dabei, den Spieß umzudrehen. Sie begann zu bestimmen, was sie sehen wollte und wann, nicht umgekehrt. Wie viel von all dem? Auf jeden Fall mehr als das bisher Aufgeschriebene. Das Haus. Es stand da, und doch sah es aus wie im Traum, das Haus der Pflegeeltern, das jetzt vor ihrem geistigen Auge erschien. Zusammen mit Stall und Scheune hatte es dem Krieg getrotzt. Die Pflegemutter sank zu Boden, kniete vor dem Haus auf dem gelben Lehmboden in einer Flut aus Tränen, der Pflegevater nahm vor Hochachtung die Mütze vom Kopf.

Dieses Bild hatte sich Annegret eingeprägt, an dieses friedliche Bild der Rückkehr dachte sie gerne, verbunden mit dem wohligen Gefühl, wieder ein Heim zu haben, ein Dach über dem Kopf, ein richtiges Bett! Schon hörte sie den Pflegevater schnarchen, in ihrer ersten Nacht wieder zu Hause, sie, Annegret lag bei der Pflegemutter mit im Bett, ihres war in der Zwischenzeit in Stücke gehackt und von Fremden verheizt worden; Reste eines Bettbeines fanden sie im Ofen. Die Kuh Lina fehlte, man hatte sie vor der Flucht freigelassen, ebenso die Schweine, die Hühner, die Gänse, und auch nicht erwartet, sie wieder anzutreffen.

Dass die Amseln nicht mehr da waren, wurde bemerkt. Annegret hatte beobachtet, wie der Blick des Pflegevaters nach oben gewandert war zum Dach, vergeblich nach ihnen Ausschau haltend, die im Jahr zuvor jeden Abend dort ihr Liedchen geträllert hatten und er dazu gesprochen: „Mensch, was singen die Amselchens so scheen." Wie oft hatte er das gesagt? – Jetzt nicht mehr. Der Krieg war auch gegen die Vögel geführt worden, zwei Rebhühner und ein paar Spatzen, mehr Federvieh war ihnen auf der Flucht zurück nicht begegnet und auch in Klipschen nicht zu finden.

Anders das Vieh, das zwar nicht da gewesen war, aber kam. „Muh! Muh!" Hufgetrappel. Kühe, von Soldaten zu Pferde und

Russenfrauen mit fremden Rufen angetrieben, Kühe, die vor Durst brüllten, vor Angst, Hunger oder Schmerz, dazu die Rufe von Soldaten: „Rabotá! Rabotá!" Von Weitem auf der kleinen Anhöhe auf dem Hof der Pflegeeltern war es laut zu hören gewesen und jetzt bei Annegret am Küchentisch.

Sie lauschte fragend diesen Geräuschen hinterher. Vielleicht war es doch im Juli gewesen? Was hatte sie nur nach ihrer Ankunft in Klipschen gemacht? Der Krieg war seit zwei Monaten offiziell vorüber, die Tage so warm und klar. Oder war es schon August? Einige Blätter aus ihrer Tüte, andere hatte sie zu kleinen Stapeln sortiert und mit einem Gummiband umwickelt, schob sie gedankenversunken auf dem Tisch hin und her. Zeit war nicht messbar gewesen, verdichtet zu Bildern im Chaos oder zur atemanhaltenden Erstarrung. Tage wurden damals nicht gezählt.

Eines wusste sie genau, ganz sicher, wie ein Anker im sämigen Brei der Erinnerung fühlte es sich an: Im August hatte sie nicht mehr bei den Pflegeeltern gewohnt, im August hatte sie Geburtstag und keiner daran gedacht und sie nicht gewusst, wann ihr Geburtstag gewesen war. Also mussten die Kühe im Juli gekommen sein, die sie mit ihrem Muh, Muh! zum Ziehbrunnen mit der besten Sicht auf den Gutshof gelockt hatten, sie, hinter dem Pflegevater versteckt. Vorsichtig spähte sie hervor, als das Muhen müde in die gespenstische Stille hinein hallte, die seit Kriegsende über Klipschen lag. An einem sonnigen Tag war es gewesen, nehmen wir einfach an, dass der Juli bereits seine Mitte erreicht hatte, es war dieser Tag, der Annegret jetzt interessierte, nicht Bilder des Grauens, und die Gedanken dort hinlenken, wo sie sie hinhaben wollte: die Kühe. Nur die Kühe, und immer schön der Reihenfolge nach, das hatte sich bewährt, und dann festlegen, wann ein Ereignis ergänzt und aufgeschrieben werden soll.

Einen neuen Schreibblock hatte sie sich bereits gekauft. Annegret suchte zwischen ihren vor sich ausgebreiteten Blättern nach *„die Kühe"*; *„Tronka"* hielt sie in der Hand, dann *„Enterich"*. Ach, der ..., sie winkte mit der linken Hand ab, der kam erst später. Wo konnten die Kühe geblieben sein? Sie drehte und wendete die Zettel, nahm ein Blatt ohne Überschrift und begann zu lesen: ***Drei russische Soldaten kamen von Ilses Hof.*** Genau. Sie war damals, als sie zunächst ängstlich hinter dem nächsten Gebüsch verschwand, von den Pflegeeltern zurückgerufen worden. Die Tanten auf Ilses Hof hatten einen Lappen zur Entwarnung, das war ihr Geheimzeichen, am Brunnen hochzogen, winkten ihnen von Weitem zu, dann auch die freundlich rufenden Soldaten: „Rabóta! Rabóta!"

Der erste Offizier und zwei Soldaten fragten uns, ob wir Karówa (Kuh) melken können. Mit den Händen zeigten sie das Melken. Die Russen versprachen uns, dass wir auch Milch dafür bekommen sollten. Wir hatten monatelang keine Milch gesehen und gehabt. Ich meldete mich vorsichtig, aber mich wollten sie nicht haben. Die Russen meinten, „Du malýschka, nicht melken können. Karówa groß." Das zeigte der Offizier mit der Hand und ich sei doch so klein. Ich ließ mich aber nicht abwimmeln. Ich dachte nur an die Milch, die wir bekommen sollten. Ich hatte ja schon unsere Kuh Lina gemolken. Die Pflegemutter hatte sich vor einem Jahr den Arm gebrochen und der Pflegevater hatte schwer Asthma gehabt. So hatte ich die Kuh vor dem Schulgang gemolken. Es hatte sehr, sehr lange gedauert, bis ich sie leer hatte.

Auch wenn es ihr an Praxis fehlte, so schnell gab sie, ihre Wangen hohl, die Augen entschlossen, nicht auf, „Ich können!", sagte sie deshalb noch einmal zum Offizier und meldete sich dabei wie in der Schule, um ihr Anliegen zu bekräftigen. Sie schaute dem Offizier fest in die Augen, der zunächst seinen Kopf skeptisch abwägend bedächtig hin und her bewegte, doch je länger er in Annegrets sehnsüchtige Kinderaugen schaute,

Augen, die ihm so vertraut erschienen, desto mehr schwand offenbar seine Skepsis, versiegten seine wohl berechtigten Überlegungen, dass das Kind viel zu klein sei, um zu melken, Schwerstarbeit zu verrichten. Sein Blick wendete sich schon ab, wanderte aber wieder zurück, er musste an seine zehnjährige Tochter denken, die inzwischen zwölfeinhalb war, so lange hatte er sie nicht mehr gesehen, seine Tochter, die nur überlebt haben konnte, wenn sie keinen mordenden Wehrmachtssoldaten in die Hände gefallen war und genügend zu essen bekommen hatte, vielleicht sogar Milch zum Trink... Und so nickte er doch, seine Bedenken wohl beiseite schiebend, obwohl er es vielleicht nicht vorgehabt hatte, und gab dieser kleinen Deutschen das, wonach sie verlangte: Arbeit, Nahrung, Schutz.

Der Pflegevater begleitete Annegret. Auf dem Gutshof liefen die Kühe aufgeregt hin und her. Kilometerweit waren sie hergetrieben worden, vom Krieg, von seinen Auswirkungen, so wie sie, die Leute aus Klipschen – quer durch Ostpreußen, ausgemergelt, abgemagert, geschunden. Kühe unter Schock, schreckhaft, den Stockhieb an der Seite fürchtend. War das „Guten Tag" der Deutschen bei der Ankunft beantwortet worden? Annegret meinte, nichts gehört zu haben. Weiter hinten standen Soldaten. Annegret stellte sich wie der Pflegevater und Ilses Tanten, Ilse war wegen ihrer Typhuserkrankung noch zu schwach, in die Nähe der Russinnen, sie alle halfen, die unruhige Kuhherde auf dem Hof zu beruhigen. Wegen der Kühe waren sie ja hier, diese Aufgabe gab ihnen Halt. Ihre Blicke fixierten gefahrlos die Tiere, den gegenseitigen, versehentlich gestreiften Blicken der Menschen wichen sie aus.

Die einen sprachen Deutsch mit den Tieren, die anderen Russisch – die Kühe schienen beide Sprachen zu verstehen.

Die Menschen, Russen und Deutsche, hier unfreiwillig zusammengekommen, verfeindet durch den Krieg, Angegriffene, Soldaten, Zwangsarbeiter, Witwer, Witwen, Vergewaltigte, Waisen, Angreifer, Verlierer.

Als die Kühe nicht mehr wie aufgebracht über den Hof rannten, wurden sie gemächlich in kleineren Gruppen in den großen Kuhstall getrieben und angebunden. Es waren ungefähr achtzig Kühe, Annegret schätzte sie anhand der Reihen im Kuhstall. Mutig nahm sie Melkschemel und Eimer, als hätte sie schon immer gemolken, und ging zur ersten Kuh in der Reihe, die ihr zugewiesen worden war. Unruhig stand sie dort in der neuen Umgebung im Stall, die Kuh, die einen wunden Fuß hatte und von wer weiß woher kam. Sie drehte leicht den Kopf nach hinten, als Annegret mit ihr sprach, ihr den Schwanz kraulte, damit sie sich an sie gewöhnte und sie nicht trat. Dann setzte Annegret sich auf den Melkschemel, drückte ihren Kopf mit dem Kopftuch gegen den Bauch der Kuh, strich über das Euter, so wie sie es gelernt hatte, „Ist ja gut; ist ja gut", und begann die weichen Zitzen rhythmisch zu drücken und gleichzeitig zu ziehen, damit die Milch in den Eimer fließen konnte. Köstliche weiße Milch. Sie hörte, wie der Milchstrahl zuerst hart gegen die verzinkte Eimerwand strullte, dann weich in die erste herausgemolkene Milch rauschte. Milch. Sie schaute den Milchstrahlen sehnsüchtig hinterher, wie sie im Milchschaum im Eimer verschwanden. Sie leckte sich die Lippen. Sie kam aus dem Rhythmus, schüttelte den Kopf und guckte nur noch auf ihre Hände. Nicht an die Milch denken, die musste sie erst einmal herausbekommen: drücken und ziehen, drücken und ziehen, links und rechts abwechselnd; drücken, ziehen, drücken, ziehen. Weiter. Weiter. Ihre Arme wurden bereits nach kurzer Zeit schwer, schmerzten.

Ilses Tanten arbeiteten auf der anderen Seite des Stalles, dazwischen zwei Russinnen, nicht weit entfernt von Annegret ein

Mann, der Deutsch sprach, sie bemerkte es daran, wie er die Kühe anredete. Er sprach so gut Deutsch, dass er Deutscher sein musste. Hin und wieder, wenn er von einer Kuh zur anderen ging, und er war in Windeseile fertig, unterhielt er sich mit dem Offizier, so, als würden sie sich gut verstehen. Seltsam, dachte Annegret, wo doch sonst alle deutschen Männer sofort nach Sibirien gebracht worden waren. „Ist ja gut", wiederholte sie, wenn die Kuh unruhig einen ihrer Hinterfüße hob und zu trippeln begann, weil die Zitzen weh taten, der geschwollene Fuß drückte oder die Fliegen am Fell ihr zu schaffen machten, besonders an den Schürfwunden.

Der deutsche Mann war schon zur dritten Kuh gegangen, und sie, Annegret, saß immer noch unter der ersten. Sie presste die Lippen zusammen, starrte auf den noch nicht einmal halbvollen Eimer. Als wenn diese erste Kuh nicht leer zu melken war und ihr Eimer niemals voll würde. Sie ließ die Arme kurz sinken, schlenkern, straffte und lockerte die Finger und befahl sich, weiter zu melken. Manchmal horchte sie, während sie angestrengt an den Zitzen zog, was um sie herum passierte. Einmal hörte sie Schritte direkt hinter der Kuh. Es war der Offizier, der gucken wollte und mit Genugtuung feststellte, dass die Kleine sich wenigstens bemühte und nicht ungeschickt war.

Was, wenn plötzlich einer der Soldaten mit aufgepflanztem Gewehr vor ihr stünde und sie zum Mitkommen zwänge? Schreien würde sie, Annegret. Lauthals. Der Pflegevater stand auf dem Futtergang, schob den Kühen Heu vor, mehr konnte er nicht, zum Melken waren seine Arme zu schwach. Vielleicht würde der deutsche Mann ihr helfen? Mittlerweile saß er unter der vierten Kuh. Was, wenn der Offizier sie wegschickte, weil sie nicht schnell genug war? Was, wenn sie nicht einmal dem deutschen Mann trauen konnte? Je leerer das Euter wurde, desto schwieriger war es, die Milch herauszubekommen.

Annegret drückte und zog, und drückte und zog. Arme und Hände schmerzten nun unerträglich. Jetzt kam tatsächlich nichts mehr aus dem Euter heraus. Sie stand auf mit ihrem Eimer, ging zum Mistgang hinter den Kuhreihen. Sogleich kam ein russischer Soldat hergelaufen, nahm ihr diesen Eimer mit der köstlichen Milch aus der Hand, kippte ihn in eine Kanne, den Deckel schnell wieder zugedrückt, und gab ihn ihr unverzüglich zurück. An der Kante des Eimers, über die der Soldat die Milch gekippt hatte, saß noch ein winzig kleiner Tropfen, ein einziger, der nach unten zu laufen und auf dem Eimer zu verebben drohte. Sie wischte ihn fort, so unauffällig wie möglich mit ihrem linken Zeigefinger. Erst als sie neben der zweiten Kuh saß, leckte sie diesen Tropfen verstohlen von ihrem Finger. Die Angst vor Sibirien lauerte überall. Sammetweiche Milch. Sie behielt den Tropfen lange auf ihrer Zunge, vergrößerte ihn mit Spucke, bevor er sanft die Kehle hinunterglitt, die Hände wieder rhythmisch am Drücken und Ziehen.

„Das wird schon noch!"

Annegret erschrak, wenngleich die Stimme freundlich klang. Der deutsche Mann sah, mit welcher Entschlossenheit, aber auch Verzweiflung sie melkte und nickte ihr aufmunternd zu. Das gab wieder Kraft. Die zweite Kuh ließ sich schneller melken. Annegret schaffte auch noch die dritte und die vierte. Wankend und erschöpft, mit Schweißperlen auf der Stirn, erhob sie sich neben der vierten, der Deutsche war bereits mit der ihm zugeteilten Kuhreihe fertig und rief fröhlich: „Lass man, ich mach das schon!"

Sie durfte sich ausruhen. Er hob kurz seine Schirmmütze, eine Geste, die er häufig wiederholte, strich mit der anderen Hand sein Haar zurück, hatte die Mütze schon wieder auf und saß blitzschnell unter der nächsten Kuh in ihrer Reihe. Im Nu hatte er seinen Eimer wieder voll.

„Morgen geht alles besser!"

Er nickte Annegret wieder freundlich zu. „Ich heiße Max."
Woher er kam? Wer er war? Das fragte in dieser Zeit niemand.
Auch Annegret nicht. Er mochte vierzig Jahre alt sein oder
fünfzig. Warum sie ihn nicht nach Sibirien verschleppt hatten? Sonst gab es nur ganz alte deutsche Männer, wie den
Pflegevater, oder eben die größeren Jungs von vierzehn,
fünfzehn Jahren, wie ihre ehemaligen Klassenkameraden
Herbert und Helmut und Bruno, Rosis Bruder; sie waren am
nächsten Morgen ebenfalls da. Sie schoben den Kühen Heu
vor und misteten aus, als sie, Annegret, mit schmerzhaftem
Muskelkater in den Armen und zusammengebissenen Zähnen
wieder unter den Kühen saß. Frühmorgens schaffte sie fünf
Kühe. Der Pflegevater hatte sie erneut begleitet: „Unsere
Kläine hat es gut jemacht."

Die ersten Herden blieben nur über Nacht, am nächsten Tag
wurden sie weitergetrieben gen Osten, nach Russland. Bei
der dritten Herde schaffte es Annegret schon, zehn Kühe zu
melken, ohne dabei völlig erschöpft und verzweifelt auszu-
sehen.

Als dann eine Kuhherde in Klipschen blieb, machte sie
aus dem ehemaligen Gutshof eine Kolchose. Der Offizier, der
Annegret zunächst gesagt hatte, sie sei zu klein zum Melken,
wurde der Verwalter.

Er muss so an die fünfzig Jahre alt gewesen sein. Er war freund-
lich. Wir wurden gefragt, ob wir arbeiten wollten, und wir wollten.
Wir hatten ja gedacht, dann bekommen wir auch Essen. Der
Verwalter hatte gesehen, dass ich gut melken konnte und passte
auf, wenn keiner kam. Er trat zu mir beim Melken, dann holte er
mit einem kleinen Litermaß Milch aus meinem Eimer und hielt
sie mir dicht vor meinen Mund und flüsterte: „Malýschka, was du
im Bauch haben, keiner kann sehen." Jeden Tag bekam ich von
nun an einen halben Liter Milch.

Jedes Mal legte er beschwörend den Finger dabei auf den Mund. Niemals würde sie jemandem davon erzählen, auch nicht den Pflegeeltern, sie konnte ihnen ja nichts abgeben, das musste sie in ihrem Herzen verschlossen mit sich herumtragen. Sie würde doch diesen freundlichen Verwalter, den sie vom Tag der Milchgabe an für sich den guten Verwalter nannte, nicht verraten.

Außerdem verlor Annegret die Angst vor Sibirien und vor „Frau komm", zu Friedenszeiten zwei harmlose Worte, jetzt von Russen gesprochen die Androhung von Gewalt.

Annegret wohnte mittlerweile mit Ilse, inzwischen genesen, auf der Kolchose, die Furcht vor Überfällen von Russen hatte ein Ende.

Auf der Kolchose genossen sie tagsüber Schutz bei der Arbeit und auch nachts mussten sie kein lautstarkes Bollern an der Tür mehr fürchten. Soldaten gingen auf der Kolchose Patrouille.

Das ließ die Luft tiefer, ganz tief, in die Lungen hineinströmen und die Angst, nicht weiter melken zu dürfen, schwand dahin.

„Du gut melken können."

Zu ihr, Annegret, hatte der gute Verwalter so etwas gesagt und ihr so freundlich dabei in die Augen geschaut. Das gab Kraft! Nicht nur weil sie täglich Milch bekam. Sie, Annegret, war es, der dieses Kompliment galt. Ilse, die Bauerntochter, hatte zwar ein paar Mal versucht zu melken, aber nicht durchgehalten, sie war zu schwach. Es melkten nur drei Russinnen, die diese Kühe hergetrieben hatten und blieben, und Max und Annegret; Ilses Tanten durften es nicht mehr, nur die Jugendlichen hatten die Erlaubnis, für die Russen zu arbeiten. Ilse half beim Heuholen, Nachharken, Abladen, Stallfegen, Ernten, wo es etwas zu ernten gab. Die drei Jungs kamen weiterhin morgens und gingen abends, versorgten die Kühe, arbeiteten auf dem Feld.

Mit dem Essen klappte es nicht, nicht so wie Annegret es sich erhofft hatte. „Gibt Essen", hatte zwar der gute Verwalter versprochen, „und Milch nach Kalben für Melker, sonst nicht dürfen!", das sagte er laut zu allen, von der Heimlichmilch keinen Ton. „Milch nach Kalben", das war Biestmilch, die noch Wochen auf sich warten ließ. Das Essen, das es morgens nach dem Melken für alle Arbeiter auf der Kolchose gab, von einer Russin in der Schweineküche im großen Kartoffelkessel zubereitet, sah unappetitlich aus:

Fischmehl mit Wasser. Ich glaube, es hatte nicht mal gekocht. Eine Russenfrau, die selber nicht wusste, was es war, hat es gekocht. Fischmehl in den Waschkessel rein, Wasser rein, etwas warm machen und fertig war die Suppe. Sah aus wie Abwaschwasser. Dazu gab es eine Scheibe Brot für den ganzen Tag. Nur wenn etwas da war.

Eine große Kelle voll für jeden in den Napf, seltsamer Weise auch für die Russen, nicht nur für die Deutschen, das wunderte Annegret, warum sie, die Kriegsgewinner, nicht mehr bekamen und nichts Besseres. Erst später würde sie erfahren, dass Russland zu diesem Zeitpunkt ein geschundenes, ein verbranntes Land war und die Russen ebenfalls nicht mehr hatten als dieses Abwaschwasser mit etwas Brot, diese bräunliche Brühe aus Fischmehl, vor dem Krieg Schweinefutter. – Das war, wie gewohnt, zum Leben zu wenig, zum Sterben zu viel, doch im Sommer schickte die Erde Früchte: für den Nachtisch, die Vorspeise oder den Hauptgang, in den verwilderten Gärten wuchsen sie üppig, füllten die Mägen bis zum Rand, wenn auch nur kurzzeitig, aber immerhin, schickten ihre Säfte Kraft in Arme und Beine, ließen die Augen strahlen, den Mangel des Winters vergessen. Abends saßen sie sich auf der Bettkante gegenüber, in einer Kammer im Häuslingshaus. Annegret und Ilse. Es war August und noch hell um halb neun. Annegrets Wecker mit nur einem Standbein, gefunden dort, wo kein Mensch mehr lebte, Annegrets Wecker hielt sein Gleichgewicht mit Hilfe eines Steinchens. Annegrets Wecker tickte in die beginnende Dämmerung hinein. Ilses Gesicht nach wie vor bleich, Annegret bekam einen halben Liter Milch. Ilse davon erzählen? Niemals. Sie würde den guten Verwalter nicht verraten. Und doch nahm die heimliche Milch Platz in ihrem Kopf ein. Sie hatte sie, die anderen nicht. Annegret schaute Ilse verstohlen an, während Ilse den Blick aus dem Fenster lenkte. Ob sie weniger bleich wäre, wenn sie auch heimliche Milch hätte? Annegret konnte schließlich nichts dafür, dass Ilse nicht dazu in der Lage war zu melken; sie hielt ihre rechte Hand fest am Bettgestell, es war aus Metall, die Matratze aus Stroh und jede besaß noch ihr warmes Federbett, das die Flucht hin und zurück überstanden hatte. Sie, Annegret, musste früher aufstehen als Ilse und war später fertig, wegen dem Melken. War es da nicht nur gerecht, dass sie etwas bekam und die anderen nicht? Ihre Augenlider fielen nach unten, sie hob die Beine, legte sich als Erste hin, um endlich Schlaf zu bekommen.

Unter dem Bett lagen die Beutel mit Habseligkeiten, den Kleidungsstücken, und ihr Schatzkästchen. Sie wohnten im Erdgeschoss, zwei-, dreihundert Meter vom Gutshof entfernt, ein Zimmer rechts hinten, ein winziger Ofen, ein Tisch, ein Stuhl und zwei Betten. Vor ihrem Fenster hörten sie die Stiefelschritte der wachhabenden Soldaten. Nebendran und oben Russenfrauen, die mit kürzlich entlassenen Soldaten zusammenwohnten, der gute Verwalter und Max im Haus nebenan. Sie hörten die fremde Sprache im Flur, Gelächter drang über die Treppe nach unten, eine Tür fiel ins Schloss.

Ihr Zimmer ließ sich nicht abschließen. Sie stellten jeden Abend einen Stuhl vor ihre Tür, er würde polternd umfallen, wenn Streuner hereinkämen, der Wachsoldat ihnen durch ihr Geschrei zu Hilfe eilen. Hoffentlich. Dafür war er schließlich da. Vielleicht kämen auch die Russinnen mit den tiefgründigen, Annegret fremd erscheinenden Augen. So kräftige Haare hatten sie, blond oder schwarz, Annegrets und Ilses Haare waren kurz, und ein „Sdráwstwuite" oder „Guten Tag" hatten sie auf den Lippen, wenn sie den Deutschen begegneten. Sie verstanden Deutsch und sprachen einige Worte. Weshalb sie es konnten, war für Annegret nicht vorstellbar. Was die Deutschen im Krieg mit ihnen gemacht hatten? Nie davon gehört. Sie hatte von Weitem Zwangsarbeiter auf dem Gutshof in Klipschen beim Säckeschleppen, Ausmisten, Rübenladen, Hoffegen gesehen, Zwangsarbeiter, denen man sich nicht nähern durfte, weil sie als gefährlich galten. Dass auch Frauen unter erbärmlichen Bedingungen in Deutschland schuften mussten, wegen Hunger, Entkräftung, Krankheit, standrechtlicher Erschießung nie mehr nach Hause zurückkamen oder wie Swetlana, Nadja und Natascha nach dem Krieg hier in Klipschen strandeten – woher sollte sie, die Vierzehnjährige, das wissen?

Anfangs streiften sich ihre Blicke flüchtig, heimlich schaute man sich die anderen an, aber vorsichtig, nicht zu lange verweilend, sich gegenseitig aus den Augenwinkeln beobachtend. Morgens und abends nickte man sich zu, wenn man sich beim Melken begegnete, aber lieber den Kopf etwas weiter nach unten geneigt, zaghaft die Mundwinkel bewegt. Nadja, die Schwarzhaarige, schaute skeptisch, sie grüßte zwar, aber kühl, ihr Blick blieb stur geradeaus. Was hatten die Deutschen ihren Schwestern in ihrer Heimat angetan! Sie wollte jetzt, nach dem Krieg, nicht auch noch mit Deutschen zu tun haben müssen.

Von Swetlana, der Freundlichsten, bekam Annegret ein zart angedeutetes Lächeln nach einigen Wochen gemeinsamen Melkens. Swetlana, die Annegret beim Melken leise singen gehört hatte, eine traurige und doch so schöne Melodie, Swetlana musste innehalten dabei und lauschen. Mit über vierzig war sie die Älteste, mit dem kugelrunden Gesicht, kinnlangen blonden Haaren, grünen, blitzenden Augen. Swetlana sagte am häufigsten „Guten Tag" statt „Sdráwstwuite", mit heller Stimme sagte sie das. Wann sie was sagte? Annegret hatte ein paar Mal versucht, darauf zu achten, aber es nicht herausbekommen. Natascha, die üppige Blondine, die gerne bei jeder Gelegenheit ihren Kopf nach hinten schüttelte, besonders wenn sie sich das Kopftuch nach dem Melken abzog, sicherlich um ihre schulterlange Haarpracht zu zeigen, Natascha schien es gleichgültig zu sein, ob sie jemanden sah oder nicht, sie grüßte leise, scheinbar geistesabwesend, aber sie grüßte.

Die Männer grüßten knapp, aber klar und deutlich, Annegret grüßte sie leise, hielt ihren Kopf stets gesenkt.

Ihr Wecker mit nur einem Bein riss sie um vier Uhr morgens aus dem Schlaf. Zwanzig Kühe melkte sie allein, ihre Arme, inzwischen sehnig, kräftig, nach wie vor mager, zogen das Nachthemd über den Kopf. Sie schlüpfte in Unterwäsche, Bluse, Rock, band sich Schürze und Kopftuch um, hinten verknotet, hörte, wie Ilse sich im Bett noch einmal herumdrehte und eilte den Sandweg zum Kuhstall entlang.

„Morgen!"

„Sdráwstwuite!"

Im Halbdunkel schob Annegret ihren Kuhreihen etwas Heu vor und tastete sich zu ihren Kühen. Nebendran strullte die Milch rhythmisch in den Eimer. Max hatte bereits begonnen. Die Kühe drippelten nicht mehr unruhig hin und her, sie gingen wohlwollend zur Seite, wenn Annegret sich unter sie setzte. Man kannte sich bereits: Kuh und Mensch, Jahrtausende der Domestizierung hatten die Kuh gefügig gemacht, das wilde Wesen stand lammfromm neben Annegret, die nur wenige Worte gebraucht hatte und Streicheleinheiten, das Erlösen von dem Druck der Milch, um das Tier für sich zu gewinnen, Vertrauen aufzubauen.

Die Kuh, unter der sie jetzt saß, stellte die Ohren auf, wenn Annegret mit ihr sprach, die anderen ebenso; zwanzig Kühe, die sie melkte – immer am gleichen Platz, wenn Max sie am Spätnachmittag nach dem Hüten zum ehemaligen Gutshofstall trieb und Annegret darauf achtete, dass keine fremde Kuh in ihren zwei Reihen stand. Sie waren für Annegret die mit den runden Hörnern, dem schwarzen Kopf, der kleinen Blesse, den spitzen Hörnern, dem weißen Fleck am rechten, am linken Bauch, an der Keule, am Vorderbein, die mit dem weißen, dem schwarzen Schwanz. „Na? – Schön stillstehen." Annegret strich der Kuh, neben der sie stand, über das Hinterteil, weiter nach unten zum Euter hin, ging in die Hocke, drückte ihren Kopf fest zwischen Bauch und Keule, so, wie Max ihr das gezeigt hatte, „Genau an diese Stelle", dann würde die Kuh garantiert nicht ausschlagen, und melkte flink und gekonnt, stets achtsam lauschend, es sei denn, er war an dem Tag schon bei ihr gewesen, ob der gute Verwalter kam, ihr sein gefülltes Litermaß vor den Mund zu halten. Milch, die sie in einem Zug trank und trank und trank, als würde sie ewig weitertrinken, während er wieder einen Schritt zurücktrat zum Mistgang und dort scheinbar geschäftig auf und ab ging, nebenbei mit seinen Blicken die Eingangstüren streifte, durch die Tür am Mistgang hinaustrat, um zu erspähen, ob von draußen jemand kam … Er wusste, dass es verboten war, einer Deutschen Milch zukommen zu lassen, doch wer so hart und gekonnt arbeitete wie dieses Kind, sie war die achtsamste Melkerin, brauchte etwas Nahrhaftes zu essen. Sie trank nicht hastig, bloß nicht verschlucken und ihn verraten, diese Milch war heimlich verabreicht, aber zügig Schluck um Schluck, damit er nicht zu lange warten musste. Bald schon würde er seine Hand fordernd zum Litermaß strecken, während sie den letzten Schluck

Milch in ihren Mund kippte, die Wangen damit prall füllte, die Lippen spitz zusammengepresst, ihm dankend zunickte. Erst beim Weitermelken würde sie diesen letzten üppigen Schluck Milch auf drei bis vier kleine Schlückchen verteilen, ihnen genüsslich hinterher spüren, wenn sie von der Speiseröhre in ihren vollen Magen glitten.

Einen vollen Magen, den hatte sie einmal am Tag. Danach hörte sie sein Glucksen und stellte sich vor, wie die Kraft der kostbaren Milch ihr beim Melken bereits in den Körper strömte und die Arbeit erleichterte.

„Wie Name?", hatte er eines Tages gefragt, sie war nach dem Melken noch dabei die Melkeimer zu waschen, die Russinnen waren schon gegangen.

„Annegret."

„Anuje?"

„Nein, Annegret."

„Nix Annegret, du Anuschka!"

Freundlich gelacht hatte er dabei und auf Anuschka, dieses liebe Kind, geschaut, das so fleißig war und selbst beim anstrengenden Melken fröhlich blieb. Wer melkte, musste von den Russen angesprochen werden können, die anderen Deutschen arbeiteten überwiegend draußen und zusammen, Anuschka war für sich allein. Er hatte dafür zu sorgen, dass die Russinnen mit ihr auskamen. Und wer von ihnen wollte schon gerne einen deutschen Namen rufen?

„Du Anuschka", wiederholte er, weil sie ein wenig skeptisch schaute.

Anuschka? Warum nicht. Er hatte sie nie im Stich gelassen, der große freundliche Mann, mit Mütze und Uniform, so stand er im Kuhstall. Er schaute nie grimmig oder böse. Nachdenklich, in die Ferne gerichtet, schien sein Blick manchmal. Morgens oder abends, einmal am Tag kam er, der gute Verwalter, den sie nicht vergessen wollte.

Andere Augen, Kinderaugen – nicht die der Zwillinge, die Zwillinge blieben immer bei ihr, resigniert versuchte sie es zu begreifen – wieder andere Augen konnte sie offensichtlich auch nicht vergessen, obwohl sie es wollte.

Das war im Sommer gewesen, irgendwann nach dem Beginn ihrer Arbeit auf der Kolchose. Gesichter aus dieser Zeit blieben an Annegret haften, während sie weiter ihre Zettel sortierte und begann, sie sauber abzuschreiben, Gesichter von Kindern, die keine gewesen waren.

Annegret nahm den Sandweg zum verlassenen Hof, der nicht allzu weit von der Kolchose entfernt lag. Ganz alleine wollte sie nicht sein, das Gefühl, dass jemand wieder ihren Arm packen und sie in eine Waschküche zerren könnte, war geblieben, auch als sie pflückte, was in den herrenlosen Gärten jedem gehörte: Zwetschen zum Magenfüllen, Äpfel gegen Durst und Hunger, Himbeeren, Johannis- und Stachelbeeren zwischendurch, Birnen, hart beim Hineinbeißen oder schon butterweich – und dann noch einmal das ganze Menü wieder von vorne. Sie hielt sich die Hand auf den Bauch. Kein Hungergefühl mehr. Der Magen randvoll! Sie reckte sich erneut nach einem besonders leuchtenden Apfel, wollte der Pflegemutter Obst bringen, Obst, das die Pflegemutter in Scheiben geschnitten auf Fäden zog oder auf dünne Holzzweige gespießt auf dem Boden dicht beim warmen Schornstein trocknete, um es dann möglichst schnell im geheimen Versteck verschwinden zu lassen; Streuner, die plötzlich bei der Pflegemutter die Tür aufrissen und nahmen, was sie greifen konnten, gab es immer noch. Annegret stand auf Zehenspitzen, wollte gerade diesen prächtig goldgelb leuchtenden Apfel greifen, als sie erstarrte, sich schnell nach unten duckte, hinter den großen Johannisbeerbüschen verschwand. Sie hatte Stimmen gehört. Keine Russenstimmen. Schon sah sie die verfilzten Haarschöpfe, Läuse dick am Haaransatz, darunter Schmuddelgesichter, ein Junge, zwei

Mädchen, zwei, drei Jahre jünger als sie, guckten, als wären sie andere Wesen. Das Äußere eines Kindes, die Gesichter verwildert, blickten sie wie finstere Erwachsene. Annegret blieb in der Hocke, abwarten bis die Kinder am Essen sind, dann Richtung Kolchose entkommen. Sie wollte nicht schon wieder Läuse, diese lästigen Begleiter während der Flucht.

Am Spätnachmittag liefen die Kinder neben Max, als er mit der Kuhherde vom Hüten zurückkam. Er ließ die Frauen mit dem Melken beginnen, ging mit den Kindern in seine Wohnung, wusch ihnen die Haare. Gekämmt und sauber saßen sie hinter dem Stall, waren andere geworden, saubere Kinder mit leeren Augen, am Tag darauf wieder fort. – Wohin? Menschen kamen und gingen. Nicht nur die drei Kinder. Gesichter, gedacht zum Vergessen, und doch noch da, nicht greifbar auf den an Annegret vorbeiziehenden Bildern, wenn sie inne hielt, ein Blatt mit Fremde Menschen in Klipschen in ihrer Hand. Frauengesichter mit Kopftüchern bedeckt, Männer gab es nicht, Kinder an der Hand, tauchten hinten am Kuhstall auf. Fragten, wo sie denn seien? Die Ortsschilder waren verschwunden. Fragten nach der Richtung und nach dem und dem. Gesichter, alle gleich, weil sie alle das Gleiche erlebt hatten, getragen von müden Körpern, die der Wind in verschiedene Himmelsrichtungen trieb.

Der Beschützer

Das Schifflein war mit Wiesenschaumkraut und Klee dekoriert. Der Bach gurgelte sanft, als es fortfuhr und sie ihm sehnsüchtig hinterherschaute.

„Anuschka, du jetzt Kühe hüten", der gute Verwalter hatte sie bedeutsam dabei angeschaut, und sie sich geehrt gefühlt, so etwas traute er ihr zu, es war schließlich eine wichtige Aufgabe, achtzig Kühe zu beaufsichtigen.

Wenngleich sie nicht fassen konnte, dass Max nicht mehr da war. „Und Max?"

„Max weg."

Max war über Nacht verschwunden. – Ob sie ihn doch nach Sibirien verschleppt hatten, obwohl er ein Freund des guten Verwalters zu sein schien? Oder war Max ihnen zu freundlich geworden? Hatte sein Verschwinden etwas mit den Kindern zu tun, denen er die Läuse vom Kopf gewaschen und liebevoll etwas Milch gereicht hatte? Das fragte Annegret sich damals, Fragen über Fragen, wegen Max, wegen seiner Fürsorge, seiner Hilfsbereitschaft, Fragen, die sie nie stellte, die trotzdem bei ihr blieben und nun mit ihr am Küchentisch saßen.

Dass für Max die Verschleppung nach Sibirien nicht galt, wusste sie irgendwann, denn Max tauchte später kurz wieder auf, fröhlich winkend von den Russen begrüßt. Warum? Wieso? – Max, nicht mehr da, als die Kühe frühmorgens gemächlich über den Hof trabten, vorbei an dem, was früher einmal das Gutshaus gewesen war, jetzt bis auf die Mauern heruntergebrannt. Perfekte Auslöschung. Der Gutsbesitzer hatte es selber noch angesteckt, er, von ganz oben bei der SS. Dieses Gerücht wurde im Dorf erzählt, der Pflegevater, der mit seinem Rucksack täglich herumkam, brachte es mit nach Hause, zusammen mit verschrumpelten, keimenden Kartoffeln aus stinkenden Mieten, Lederriemen und Lederstücken zum Pantinenherstellen für den Tausch gegen Essbares.

Nun, während die Kühe weiterzogen, schaute Annegret auf erste Brennnesseln, die sich aus der Asche empordrückten. Unterhalb der ehemaligen Veranda breiteten sich Brombeeren aus. Frisches Gras, saftiger Löwenzahn und Hühnerschwarm

überzogen Blumenrabatten. Dann sah sie ihn. – „Hhhha!"
Diesen tonnenschweren Koloss! Sie glaubte, ihren Augen nicht
zu trauen: Es war ein Bulle unter den Kühen. Sie hätte es sich
doch denken können, hatte ihn aber nie bemerkt, weil sie sich
im Stall nur bei ihren zwanzig Kühen aufhielt. Sein wuchtiger
Kopf, bis auf einen weißen Fleck mittig unter den Hörnern
schwarz, ein Ring in der Nase, sein Körper schwarz. Dunkel,
bedrohlich, als er seinen Kopf zu drehen begann. Unter seinem
Gewicht schien der Boden zu vibrieren.

„Dawái, dawái!"

Der gute Verwalter hatte dazwischengerufen, ihr befohlen,
an die Arbeit zu gehen, ihr, die vor Schreck stehen geblieben
war und die jetzt zusammenzuckte. Sie wollte ihre Arbeit
behalten. Ihre Heimlichmilch. Ihren Schutz. Sie wollte auf der
Kolchose bleiben.

Der Bulle schaute sie an und sie ihn.

Den ganzen Tag müsste sie mit diesem Ungeheuer verbringen.
Ob der gute Verwalter sich gar nichts dabei dachte? – Von den
Pflegeeltern hatte sie im Sommer zuvor gehört, dass sie sich
vor Bullen in Acht nehmen müsse, dass sie gefährlich seien,
und nachdem ihr auf diesem Gutshof damals, als die Kolchose
noch ein Gutshof gewesen war, die Pflegeeltern hatten sie
manchmal dort hingeschickt, um etwas abzuholen, tatsächlich
ein richtiger Bulle begegnet war, wenn auch vom Schweizer an
einer Stange geführt, wusste sie, was die Pflegeeltern meinten.
Mit einer Kuh, die man streicheln konnte, hatte solch ein
massiges Vieh nicht viel gemeinsam.

„Dawái, dawái!", rief der gute Verwalter noch einmal, dieses
Mal ungeduldig. Sie gab sich einen Ruck, lief den Kühen
hinterher, brach sich im Vorbeigehen eilig einen dicken Stock
von den Holunderbüschen am hinteren Gutshof.

So hatte sie wenigstens einen Stock zum Festhalten und Dage-
genhalten, wenn auch nur einen Holunderstock. Holunderholz

brach leicht. Für Kühe war solch ein Stock gerade recht, Kühe waren leicht zu dirigieren, man brauchte sie nur anzutippen, schon gingen sie weiter, das hatten sie Jahrtausende lang gelernt. Aber er ...?

Sie musste sich beeilen. Die Kühe hatten bereits die Wegbiegung am großen Gebüsch vor dem Weidegrund erreicht, sie kannten ihren Weg, wussten, wo es Futter gab.

Er, der anfangs, als er sie angeschaut hatte, sich im vorderen Drittel der Kuhherde befand, ging jetzt zwischen den zehn letzten Kühen und drehte sich wieder zu ihr um. Ganz kurz ein Blick. Dann ging er weiter. Im großen Gebüsch hinter dem Schafstall waren Bäume, falls er stehen bliebe. In Königsberg hatte ihr keiner etwas beim Klettern vorgemacht, auf dem Weidegrund standen zwei, drei, vier Eichen verstreut. Sie würde an diesem ersten Tag versuchen, sich mit einigen Kühen in der Nähe dieser Eichen aufzuhalten, und wenn er angeschnaubt käme mit wütendem Blick, Hörnern in Angriffsstellung, dann nähme sie Reißaus, flink wie ein Wiesel, so wie sie rennen konnte, und flink wie ein Eichhörnchen, so wie sie klettern konnte, sich an den untersten Ast der Eiche hängend, mit den Füßen abstützend und behände hochziehend. Klettern konnte der Bulle nicht. Darin war sie ihm überlegen. – Sie atmete tief ein, hielt den letzten Gedanken noch einmal fest wie einen rettenden Strohhalm. – Was aber dann? Wie sollte sie je von dem Baum wieder herunterkommen? Sie musste abends zurück mit der Herde und morgens wieder mit ihr hinaus. Wenn sie ihn einmal gegen sich aufgebracht hätte, würde sie ihn immer gegen sich haben. Wie gut, dass ihr einfiel, was die Pflegeeltern ihr im Jahr zuvor geraten hatten, als sie Hans, das Pferd, zum ersten Mal reiten sollte: „Musst bäi Tieren käine Angst nicht zäijen."

Das versuchte Annegret zu beherzigen, nachdem die Pflegeeltern sie auf Hans gehoben hatten, damit sie ihn als

Aushilfspferd zum Kleinbauern in zwei, drei Kilometern Entfernung brachte – und tatsächlich war sie wohlbehalten angekommen. Nachdenklich strich sie mit ihrer linken Hand über ihr Kopftuch. Ein Bulle war kein Pferd. Trotzdem blieb ihr nichts anderes übrig, als zu versuchen, mit ihm zurechtzukommen, sonst würde sie womöglich ihre Arbeit verlieren, den Schutz auf der Kolchose, die Heimlichmilch. Arbeiten war immer besser – was sollte sie den ganzen Tag bei den Pflegeeltern machen?

Er guckte schon wieder; fast sah es aus, als wolle er sehen, wo sie denn blieb.

Die Herde hatte inzwischen das Grasland erreicht. Geistesabwesend stupste Annegret eine Kuh an, die noch am Wegesrand Grasbüschel mit der Zunge abriss: „Nu geh mal weiter. Du bist die letzte!" Er zog bereits bedächtigen Schrittes mit den Kühen über die Weide, die dicht am Wegesrand an den Tagen zuvor abgegrast worden war, aber weiter hinten noch genügend Futter bot, und ließ dann die Kühe vorgehen, während er sein Tempo verlangsamte. Sie dirigierte die letzte Kuh so, dass sie zur rechten Seite der Herde ging. Das schaffte wieder Abstand.

Die Kühe begannen zu grasen, streckten ihre Köpfe nach unten zum Boden, gruppierten sich locker. Er hob prüfend den Kopf, schaute zunächst geradeaus auf die Weide, drehte ihn dann in ihre Richtung, setzte sich langsam in Bewegung. Sie hielt den Stock fest umklammert in ihrer Hand, die Haut spannte, ihre Fingernägel gruben sich in ihre Handfläche, bis es schmerzte, sie bewegte sich vorsichtig zwischen den Kühen am rechten Rand der Herde, redete mit ihnen, freundlich, belanglos, ununterbrochen gegen die Angst: „So, hier bleiben wir. Hier könnt ihr schön grasen, so gutes Gras, ganz saftiges Gras habt ihr hier, und dahinten ist noch so viel Gras für so viele Tage, da können wir morgen hin, und wenn ihr noch weiter auf die Weide rauf wollt, dann können wir das auch machen, aber besser ist es doch, wenn wir hier bleiben, weit genug weg von ihm. Ja, nun grast doch erst mal. Wunderschönes Gras. Ist ja gut. – Das ist ja so gut, dass ihr da seid, dass ich euch bei mir habe und nicht alleine bin. Und noch weiter schön viel Gras fressen. Gras. Gras. Gras. Grünes, saftiges Gras." Sie hatte noch nie so viel über Gras gesprochen, für ein Gespräch mit den Kühen reichte es, hier unter dem ostpreußischen Himmel, nach dem Annegret sich für den Rest ihres Lebens sehnen würde, von dem sie nicht im Geringsten mehr wusste, ob er an diesem ersten Tag mit dem Bullen blau, grau oder blaugrau gewesen war – geregnet hatte es nicht, sonst hätte sie ihre Decke dabeigehabt und über ihren Schultern gespürt. Sie drehte ihren Kopf so, dass es für ihn aussah, als würde sie in eine andere Richtung schauen, aber wenn sie ihre Pupillen nach links bis zum Anschlag drehte, stand er am Rand ihrer linken Blickfeldhälfte.

Er hatte seinen Abstand zu ihr deutlich verringert, vier Kühe grasten nur noch dazwischen, blieb dann aber stehen, hielt seinen Kopf hoch, als würde er die frische Luft schnuppern oder nach den Wolken gucken. Sie sprach weiter, als wäre nichts geschehen, begann liebevoll einigen Kühen den Kopf zu kraulen. Wenn sie den Schwanz kraulen wollte, musste sie sich bewegen. Und sie bewegte sich so, dass der Abstand zwischen ihnen wieder wuchs, fünf Kühe zwischen ihnen. Er könnte doch nicht und er würde auch nicht seine Kühe umrennen.

Am linken Blickfeldrand bewegte sich etwas. Den Kopf hielt er nicht mehr ganz so hoch. Er schaute sie an, nicht versehentlich, sondern genauso intensiv, wie er vorher prüfend nach oben geschaut hatte, ohne Anstalten zu machen, dies zu ändern. Wollte er wissen, wer sie war? Sie sprach weiter, das beruhigte, bewegte sich mit den Kühen, wenn sie gingen, bemerkte, dass er bedächtig hinterher kam, durchaus diesen Abstand respektierend, und stellte irgendwann mit

Erleichterung fest, dass auch er seinen Kopf nach unten streckte zum Grasen. – Wer friedlich grast, hat nichts Böses im Sinn!

Die Sonne hatte bereits ihre Bahn geändert. Annegret holte ihr schmales Stück Brot heraus und kaute langsam, nicht wie die Kühe, die das Gras so schnell wie möglich in sich hineinschlangen und später erst genüsslich wiederkäuten, sie kaute so lange es ging auf den Körnerteilen des feuchten russischen Schwarzbrotes, das der gute Verwalter ihr gereicht hatte, bevor die Kühe losgebunden wurden. Sauerampferblätter als Belag, Sauerampfer, den ihr Blick schielend am Boden erheischte; lieber nicht, wenn sie sich bückte, könnte er sie nicht mehr sehen. Das würde ihn herlocken. Auch der Versuchung sich hinzusetzen widersetzte sie sich. Seit vier Uhr morgens auf den Beinen. – Jetzt war es Mittag. Sie bekam zu wenig Schlaf, abends wurde es neun Uhr, manchmal sogar später. „Bloß wach bleiben", flüsterte sie sich selber zu und stützte sich auf ihren Stock. Plötzlich ruckelte es, sie stolperte nach vorne und erschrak. Hatte sie etwa im Stehen geschlafen? Er war wieder ein Stück nähergekommen, nur noch zwei Kühe zwischen ihnen, guckte, vermutlich durch ihr Stolpern aufmerksam gemacht, flüchtig zu ihr hinüber, graste dann aber weiter. Sie nutzte die Gelegenheit, wieder mehr Kühe dazwischenzuschieben, wandelte kraulend um sie herum.

Als die Kühe begannen, sich hinzulegen und wiederzukäuen, sah sie ihn in seiner mächtigen Größe, er, nach wie vor mit dem Grasen beschäftigt, vier liegende Kühe zwischen ihnen. Sie ertappte sich dabei, nervös mit der Hand über ihren Mund hin- und herzufahren. Ruhe! Langsam die Hand wieder nach unten nehmen, keine unüberlegte Bewegung. Keine Angst zeigen und ihn im linken Blickfeld unter Kontrolle behalten. Wenn er einen Angriff geplant hätte, dann doch schon längst, gleich morgens – mit Anlauf, laut schnaubend und vorher mit dem Fuße gescharrt. Vielleicht wollte er nur seine Ruhe und einschätzen, was sie für eine war? Ob sie ihm gefährlich werden könne?

Als Annegret eine Kuh weiter hinten auf dem Weidegrund Reißaus nehmen sah, musste sie ihre Position verändern. Bedächtigen Schrittes ging sie dorthin, während er ihr ein Stückchen folgte, aber so, dass es noch genügend Abstand gab. Dann hatte er wieder zu grasen begonnen und offensichtlich verstanden, dass sie diesen Abstand wollte. – Zumindest zu diesem Zeitpunkt noch. Steine plumpsten von Annegrets Herzen, als er sich hinlegte und wiederkäute, wie die Kühe auch, er mit Blick zu ihr, und sie mit ihrem Blick an ihm vorbei, nur ihre Pupille regelmäßig den linken Bildrand kontrollierend. So verbrachten sie den Rest des Nachmittags.

Als die Sonne mit ihrem Stand den Spätnachmittag ankündigte und die ersten Kühe ungeduldig Richtung Kolchose guckten, auf dem bereits abgegrasten vorderen Teil der Weide muhend herumstanden, dachte auch sie, Annegret, dass der Zeitpunkt gekommen sei, den Weg zurück zum Stall anzutreten.

„Komm her, komm! Komm her, komm!"

Sie rief es zunächst leise zur Herde hinüber, damit er nicht erschrak, dann immer lauter, ihre Hände zu einem Megaphon formend.

„Komm her, komm! Komm her, komm!"

Und sie kamen alle, auch die letzte Kuh. Einigen, die dicht an ihr vorüberzogen und neugierig stehenblieben, kraulte sie im Vorbeigehen den Kopf, ihnen ein paar aufmunternde Worte zusprechend: „Ist ja gut. Ist ja gut. Jetzt geht's nach Hause!" Nur er zögerte, ließ wie ein guterzogener Kavalier allen Kühen den Vortritt und trabte als letzter hinterher. Ihn im Rücken zu haben, war gefährlich, trotzdem reihte sie sich zunächst selbst wie eine von den Kühen in die Herde ein, in der Hoffnung, dass alle folgten. Was sonst hätte sie machen sollten? Auf der Höhe des Gebüsches trat sie zur Seite. Im Gebüsch könnte sie klettern. Sie spürte bereits die Vibration des Erdbodens von seinen Schritten. Hörte sein bedächtiges Stampfen beim Gehen. Ihre Ohren und Augen schienen gewachsen, als sie sich umdrehen wollte und er, der sein Tempo erhöht haben musste, fast schon neben ihr ging. Er, das Riesenvieh! Wie sie innerlich erschrak! Wie sie den Atem zunächst anhielt, dann nur flach ein- und auszuatmen sich getraute. Er würde sie, er könnte sie ... – Aber er tat es nicht. Er hielt mit ihr Schritt. Wenn sie langsamer wurde, wurde auch er langsamer. Als würde er auf sie warten. Schneller zu gehen getraute sie sich nicht, weil sie dann an seinem mächtigen Kopf mit den Hörnern hätte vorbeigehen müssen. Sie hielt Schritt mit ihm auf der Höhe seines Bauches. Bis er verlangsamte und sein riesiger Kopf im Profil neben ihr stand und stehen blieb, während sie weitergingen, er sich ihr vorsichtig zuwendend. Er guckte nicht ärgerlich, nein, er, guckte sie treu und fragend mit seinen dunklen Augen an; wie eine Kuh, die von ihr am Kopf gestreichelt werden wollte.

„Na?" – „Na?", wiederholte sie, um irgendetwas gesprochen zu haben. Er bewegte die Ohren, hielt beim langsamen Gehen immer noch seinen Kopf leicht gedreht zu ihr herüber.

„Oder willst etwa auch gestreichelt werden?" Sie zögerte einen Moment. „Willst das wirklich?" Und Vorsicht!, sei vorsichtig!, woher kam dieser Mut?, streckte sie ihren Arm aus, kraulte ihn am kleinen, weißen Fleck zwischen den Hörnern.

„Bist doch wirklich ein braver Bulle!"

Danach reckte er den Kopf, als wenn sie unten weiterstreicheln sollte! Und sie machte es, sie kraulte ihn unter dem Kopf und am Hals, ließ ihre Fingerspitzen über sein weiches Fell gleiten und spürte, so wie er den Kopf genüsslich streckte, schräg nach oben und in dieser Position verharrend, wie sehr ihm das gefiel.

Dieses Riesenvieh, dieser tonnenschwere Koloss hatte Gefallen daran, von ihr, Annegret, gekrault zu werden? Offensichtlich war er genauso wie die Kühe dressiert worden. Vielleicht hatte er einen Hütejungen gehabt, der ihn immer gekrault hatte? – Wie das den Würgegriff der Angst lockerte. Seite an Seite, der große Bulle und sie, erreichten sie nach diesem ersten gemeinsamen Tag die Kolchose.

Die Angst war zwar verschwunden, als sie am nächsten Morgen wieder mit der Herde loszog, die Habachtstellung blieb. Annegret sah ihn bereits weiter vorne zwischen den Kühen und dachte sich: Das ist gut so. Er aber dachte anders, drehte sich ihr zu, verlangsamte sein Tempo und ging an ihrer Seite.

„Na, Tronka!"

Vom guten Verwalter wusste sie seinen Namen, wer immer ihm diesen gegeben haben mochte, wahrscheinlich die Russen, „Na, Tronka!", seinen Kopf zum Kraulen gewandt, den Hals gereckt, und wieder von vorne, als könnte er nicht genug davon kriegen. Wenn es das nur war, was dieser Bulle von ihr wollte?

Am vierten Tag, es kam ihr jetzt vor wie ein Wunder, während sie ein Blatt mit Tronka in der Hand hielt, am vierten Tag wusste sie bereits, was er ihr bedeutete:

Der Tag hatte begonnen wie jeder andere, dass er anders werden würde, ahnte sie erst, als sie in der Ferne, sie stand wie sonst auch auf ihrem Stock gestützt bei den Kühen, zwei fremde Männer über die Weide kommen sah. Es mussten Russen sein, deutsche Männer in dem Alter gab es nicht und Max war weg. Erst jetzt fiel ihr ein, was der gute Verwalter am ersten Tag des Hütens beiläufig erwähnt hatte: „Wenn Männer kommen und Kühe klauen, du aufpassen!", sie hatte an dem

Tag nur halb hingehört, die Angst vor Tronka hatte dominiert; beim Anblick der Männer fiel ihr der Satz wieder ein. Was sollte sie gegen zwei Kühe stehlende Männer ausrichten? Annegret sprang auf, hielt den Stock fest in der Hand, guckte, ob alle Kühe zusammenstanden, vielleicht eine Reißaus genommen hatte oder gar einzelne Grüppchen sich von der Herde entfernten.

Die Männer jedoch sahen sie an, Annegret, nicht die Kühe, mit lüsternem Lächeln, Annegret im wadenlangen Rock, mit Bluse, Schürze, Strickjacke, Kopftuch wegen der Läuse, fest davon überzeugt, sie damit abwehren zu können, jetzt zeigte es, wie der Rock, dass sie weiblichen Geschlechts war. Da gab es auch nichts zu verheimlichen, die Hüften, ihr fester Busen. Sie war inzwischen vierzehn, immer noch klein, zierlich, und doch die Lippen üppig, die Rundungen sichtbar, die Augen funkelnd, Augen, deren Aufschlag sie verriet. Sie suchte Deckung hinter einer Kuh.

„Frau komm! Komm, komm Frau!", riefen die Männer schon siegessicher, diese Worte, die den Frauen im Krieg so viel Leid ankündigten. Vergewaltigung war zwar offiziell längst verboten, doch fremde Russen, nicht ansässig im Dorf, durchziehende Vagabunden, die auskundschafteten, was es im ehemaligen Ostpreußen zu holen gab, für die galt das doch nicht! Ihr Herz raste, die Männer waren zu zweit und es nur eine Frage der Zeit, wann sie Annegret hinter dieser Kuh in die Zange genommen haben würden, an ihr zerren, sie zu Boden reißen würden. Sie wollte schreien, nein, noch nicht, noch nicht aufgeben, weiter geduckt in die Herde hineingehen, die Männer grölten und lachten, als Annegret nicht sie, die Männer, sondern Tronka, den Bullen Tronka?, näherkommen hörte, schnaubend rannte er auf die beiden Männer zu, während sie sich hinter den Kühen vorsichtig erhob, ihr Kinn vor Staunen nach unten gesackt, ihre Augen weit aufgerissen, sah sie die

Männer in panischer Angst Reißaus nehmen. *So hatte ich einen großen Aufpasser. So ein großes Tier! Das Komische war, er blieb immer in meiner Nähe. Der Bulle war mein Schutzengel, mein großer Beschützer. Keiner konnte in meine Nähe, denn er hat jeden, ich meine wirklich jeden in die Flucht gejagt. Er trug meine Decke, die ich mir bei Regen überhängte. Ich konnte irgendwann sogar neben ihm liegen, konnte ihn kraulen. Und so wurden wir Freunde. Ja, man kann sagen, ich war per Du mit ihm.*

Er mochte es, dass ich auf seinem Hinterteil saß. Das machte ich, aber richtig hinlegen, das traute ich mich trotzdem nicht. Denn ich schlief ja schon im Stehen ein, so müde war ich.

Ungebetene Gäste gab es hin und wieder. So kam der Aufseher der Kolchose, so nannte sie ihn für sich, der zweite Verwalter, ein Mongole, in unregelmäßigen Abständen, alle paar Tage, manchmal zwei Mal am Tag. Er, hoch zu Pferde. Er sprach nichts, auch nicht „Sdráwstwuite", blieb in gebührendem Abstand stehen, schaute auf die Herde und auf sie, Annegret, aber nur kurz, und verschwand genauso leise wie er gekommen war. Zuerst wusste Annegret nicht, was sie davon halten sollte. Im Zweifelsfall hatte sie Tronka, da könnte der Mongole mit seinem Pferd nichts anrichten, und Tronka zu erschießen, würde der sich nicht trauen, Tronka gehörte zur Herde und die gab Milch. Vielleicht hatte er auch Angst vor Tronka?, denn wenn der Mongole bei den anderen Deutschen während der Arbeit zur Kontrolle auftauchte, kam er dichter heran. Vielleicht? Er kam in jedem Fall, um sie zu kontrollieren, ihr zu zeigen, dass es Überwachung gab und sie ertappt würde, wenn sie heimlich an ein Kuheuter ginge, um sich Milch gleich in den Mund rinnen zu lassen.

Natürlich waren ihre Gedanken und Blicke oft genug über die prallen Euter gestreift, wenn der Magen knurrte, das Sommerobst im Bauch längst verdaut war, der Sauerampfer nicht sättigte und es, wie viel zu oft, kein Stück Brot mit auf die Weide gegeben hatte. Aber heimlich ohne des guten Verwalters Genehmigung Milch zu trinken, käme ihr nicht in den Sinn. – Danach wäre Schluss mit der Heimlichmilch, mit dem Kühehüten, dem Melken, der Aussicht auf Biestmilch und wahrscheinlich mit der Arbeit auf der Kolchose überhaupt. Danach gäbe es eine Strafe. Die Angst vor Sibirien lauerte nach wie vor.

Ein gebetener Gast auf dem Weidegrund war der Pflegevater, „Marjellchen", rief er stets schon von Weitem und hielt einen Henkelmann in der Hand. Oft gefüllt mit einem leckeren Pilzgericht, von der Pflegemutter zubereitet, aus Pilzen, die Annegret beim Hüten gefunden und abends der Pflegemutter in die Küche gereicht hatte: Champignons, Birkenpilze, Steinpilze ... Da gab es noch andere, deren Namen ihr nicht mehr einfielen. Doch was waren schon Namen? Es ging um Pilze, die den Magen richtig füllten, dufteten, Pilze, auf die man beißen konnte, köstlich im Geschmack.

Es kamen noch andere Russen auf dem Weidegrund vorbei, mehrere Male. Annegret versuchte sich zu erinnern, wusste auch, dass sie sich sogar mit einigen unterhalten, sich einmal einen Scherz erlaubt hatte, mit Tronka in der Nähe war nichts zu befürchten. Aber so sehr sie sich auch anstrengte, sich zu erinnern, was für ein Scherz das gewesen war, es fiel ihr nicht ein.

Allerdings erinnerte sie sich, dabei begann sie schon zu lachen, an die Russen auf dem Baum. Sie hatte sie nicht kommen sehen, sondern plötzlich Hilfeschreie von Russen gehört, die dabei waren, auf einen Baum zu klettern. Tronka war außer sich vor Wut, er stieß wie besessen immer wieder gegen den Baum, stampfte mit den Füßen auf, brüllte gefährlich laut. Dazwischen schrien die drei Russen, wild mit den Händen gestikulierend, um Annegret zu warnen, „Weg! Weg!",und konnten es nicht fassen, dass sie, das kleine, dünne Mädchen, auf den mächtigen Bullen zuging, um ihn zu beruhigen und mit sich fortzuziehen, damit die Russen, wie sie danach gerannt waren!, vom Baum herunterkonnten, während sie lachend neben Tronka stand. Tronka. Das war ihr Tronka, ihr Beschützer!

Nachts im Traum, nachdem Annegret tagsüber diese unbeschwerte Erinnerung auf ihren Schreibblock übertragen hatte, sie schrieb nur noch tagsüber, wenn sie alleine zu Hause war, nachts im Traum stand Tronka da und schaute sie vorwurfsvoll an, so vorwurfsvoll, dass sie ihn nicht mehr anblicken mochte, die Hände vors Gesicht haltend, ihre Augen geschlossen, was natürlich nicht half. Menschen können vorwurfsvoll blicken, aber Tiere?

Es war ein Bild, das blieb, sie jedoch nicht aus dem Bett trieb, wie noch ein paar Jahre zuvor, sondern gebührenden Abstand hielt. Trotzdem war es gut, dass sie ihren Kopf wenden und zu Walter hinüberschauen konnte, der wie immer friedlich schlief. Eine Locke lag auf seiner Stirn, sein schönes gelocktes Haar, inzwischen ergraut.

Vor so vielen Jahren waren es braune Locken gewesen, braun wie seine Augen, braune Locken, mit denen sie ihn zum ersten Mal gesehen hatte. Vom Ackerwagen aus hatte er ihr zugelacht, später ihr geholfen, nach vorne zu schauen. Walter war einer, von dem sie sich anfassen ließ. Bei anderen erstarrte sie oder schlug zurück. Wie bei Helmut noch.

Der Anfang in Bekenbostel war nicht schön gewesen. Ja, wenn der Krieg nicht gewesen wäre, wäre einiges anders gekommen, hätte sie eine Ausbildung im Modegeschäft bei einer Tochter der Pflegeeltern in Tilsit gemacht, weil sie so gut handarbeiten konnte ... In Bekenbostel hieß es nur: „Als Lehrling nehmn wir ja ersma die Einheimischn ... Und n Zeugnis haste doch wohl auch nich?“

„Ich habe nuscht. Bin froh, dass ich lebe."

Das letzte Zeugnis war aus der sechsten Klasse und nicht mehr da. Danach hatte sie kein Zeugnis mehr bekommen, ab Sommer waren die Schulen geschlossen, im Oktober waren sie bereits auf der Flucht und im Januar von den Russen eingeholt! Nicht einmal die Volksschule hatte sie beenden können. Aber das hatte niemals jemanden interessiert. Kein einziger hatte gefragt, auch nicht ihre Mutter, „Nach vorne schauen", hieß es, „und nicht zurück." Der Pastor von Bekenbostel schrie sie an, statt ihr zu helfen: „Waaas? Du bist noch nicht mal konfirmiert? – Und das in deinem Alter!"

Wie gerne hätte sie ihren Konfirmandenunterricht fortgesetzt. Zum ersten Mal kroch der Gedanke in ihr hoch: Wärst du doch in Ostpreußen geblieben. Keine Papiere! Pahh, in Ostpreußen hatte nie jemand danach gefragt. Und dann die Leute hier! Bei der Tankstelle als Hilfskraft lehnte sie selber ab, das Gesocks aus dem Osten, hatte es geheißen, würde doch nur klauen. Sie und Gesocks? Sie und klauen? Da ging sie lieber zum Bauern in Stellung. Kühe melken konnte sie. Im Vergleich zur Kolchose waren die sechs Kühe des Bauern Hölms ein Klacks für sie gewesen:

„Watt, du bis all fertich?", hatte der Bauer am ersten Morgen gesagt, weil so schnell noch nie jemand seine Kühe gemolken hatte. Danach ging er eigenhändig von Kuh zu Kuh und versuchte nachzumelken, bekam aber nicht einen einzigen Tropfen mehr heraus. Was sie sich dabei heimlich amüsiert hatte!

Amüsieren war besser als nachdenken. Und wirklich niemals zurück. Die schlimmen Jahre waren vorüber! Schnell weiter. Nach vorne! Walter hatte damals spitzbübisch gelacht. Als sie eine Stelle im Haushalt eines Arztes in Osnabrück annahm, wartete er einen Monat später vor dem Haus jenes Arztes auf sie. Es war an einem Samstagnachmittag. Er stand neben einem Fahrrad, das er sich ausgeliehen hatte. Freitagnacht war er aufgestanden und eigens für sie über einhundertfünfzig Kilometer an seinem freien Wochenende mit dem Fahrrad gefahren. Nur um sie zu sehen! Und er würde auch wieder die über einhundertfünfzig Kilometer zurückfahren, nur um sie gesehen zu haben. Sie küssten sich. Wenige Monate später kehrte Annegret nach Bekenbostel zurück. Sie heirateten. Die Kinder kamen. Die Kühe mussten trotzdem gemolken werden. Aufstehen. Arbeiten. Hinlegen.

So viel hatte sie in ihrem Leben gearbeitet. Jetzt brauchte sie nur noch den Haushalt zu erledigen, und trotzdem ging es ihr manchmal unerträglich schlecht. Ihre Kinder und Enkelkinder waren zu Besuch gewesen, ein fröhliches Beisammensein! Abends mit der Ruhe kam das Herzrasen zurück, dann der Schwindel, Tage später hatte sie eine Lungenentzündung bekommen, Fieberträume gehabt, Schüsse gehört, sie stand auf der Dorfstraße, kein Mensch weit und breit. Schüsse in Bekenbostel? – Außer beim Schützenfest gab es doch so etwas nicht.

Und während sie am nächsten Morgen noch über den seltsamen Traum nachdachte, hörte sie andere Schüsse. Nein, sie hörte gar keine Schüsse, sie hörte das Knacken einer Pistole, bedrohliche Rufe: „Stoi, stoi!", und den Ruf des Pflegevaters: „Rein in den Schützengraben!" Gejagt von einer Meute wie ein junges Reh. Die Schützengrabenzeit! Das war die Zeit gewesen, direkt nach ihrer Rückkehr nach Klipschen, in der Annegret von Klipschen kaum etwas gesehen hatte, wohl aber die Schichten aus Lehm, Sand und Gestein, die sie studiert hatte, helle, dunkle, gröbere Sandkörner, Steinchen, Einschließungen, Geräusche wahrnehmend, die keine waren, nach Vogelgezwitscher die Ohren stellend, von Vögeln, die es nicht gab. Nur das Rascheln einer Maus, das Wogen der Halme, wenn der Wind hindurchstrich. Der russischen Armee hatten die Schützengräben nicht getrotzt, wohl aber den begehrlichen Blicken ihrer Soldaten. Wie viele Stunden hatte sie dort verbracht? Zuerst noch mit Ilse, als Ilse an Typhus erkrankte, alleine. Tag um Tag. So lange war es damals gewesen, im Rückblick jetzt kurz ...

Die Schützengrabenzeit hatte sie vergessen. Als sie auf der Kolchose lebte, war die längst vorbei. Einiges von der Zeit auf der Kolchose stand bereits fein säuberlich abgeschrieben in ihrem Schreibblock. Dort würde sie es nicht einfügen wollen, das gäbe nur ein Durcheinander, wie sollte das dann noch jemand anderes, der ihren Text lesen wollte, verstehen? Dann hätte sie auch gleich ihre Lose-Blatt-Sammlung weitergeben können. – Aber weglassen wollte sie es auch nicht. Verschwitzt noch vom Fiebertraum griff sie ihren Bademantel, holte wieder Blätter aus der Küchenschublade, besser auf einem losen Blatt etwas aufschreiben als gar nicht.

Damals, der Krieg vorüber und sie zu Hause. Der Pflegevater und sie hatten die Leiche, die im Teich schwamm, begraben. Die Pflegemutter feuerte gut ein, nicht ahnend, dass sie mit aufsteigendem Rauch Russen anlocken würde, Russen, die auch prompt kamen, die ein- und ausgingen, wie im Dorf ohne Namen.

Tür auf! – Gepolter! In unmittelbarer Nähe lag eine Einheit. Sie trampelten über die Gartenbeete, damit frisch Ausgesätes nicht gedieh, rissen die Tür auf, guckten in Schränke, Schubladen, zogen Vorhänge beiseite, nahmen vom mühselig Geernteten, den vergrabenen Schmalztopf, Eingemachtes, hoben Topf- und Fassdeckel hoch, knallten ... sie knallten die Topfdeckel wieder zu und mit der Pistole in die Luft, als der Pflegevater rief: „Rein in den Schützengraben!" Erst danach war das schaurige Knacken der Pistole gekommen, saß die Todesangst ihr im Genick, damals wie heute: Gleich kommt die Kugel – als würde sie die gewaltige Erschütterung bereits in ihrem Herzen spüren, ihr Blut durch ihre Bluse sickern sehen.

Mir liegt immer noch so viel auf der Seele, auch diese beiden Soldaten! Sie fuchtelten immer mit der Pistole rum, sie meinten, ich sollte gehen und Ilse holen, dann sollten wir mitkommen. Während sie noch unser Haus durchsuchten, sagte mein Pflegevater zu mir: „Lauf so schnell du kannst zu Ilse und dann rein in den Schützengraben, und macht, dass ihr weit fort vom Hof kommt." Mensch, bin ich geflitzt. Die Russen hatten es bemerkt und schrien, „Stoi, stoi", das heißt stehenbleiben. Als ich mich umsah, sah ich, wie ein Russe auf mich zielte. In dem Moment war wohl mein Schutzengel da, denn die Pistole ging nicht los, so oft er auch abdrückte. Im Schützengraben hörten Ilse und ich dann die Schüsse, die die Soldaten immer noch abfeuerten. Wir dachten, jetzt haben sie alle abgeschossen. Das war die schrecklichste Vorstellung gewesen. – Die Pflegeeltern nicht mehr da? Die Mutter wer-weiß-wo, falls sie überhaupt noch lebt? Hämmerte es damals von innen gegen ihre Stirn.

„Wir bleiben erst mal hier", hörte sie sich mit gefasster Stimme zu Ilse sagen. Weit, ganz weit waren sie in den Schützengraben hineingelaufen. Bloß nicht zu dicht an die in der Nähe stationierten Russen gelangen. Zusammengekauert schauten sie auf die Schichten aus Lehm und lauschten. Würde man ihnen folgen? Waren schon Schritte zu hören? Erst gegen Abend gab es Entwarnung durch einen an der Ziehbrunnenstange der Pflegeeltern hochgezogenen Lappen. Alle waren wohlauf.

Wie viel besser als die Schützengrabenzeit war doch die Arbeit auf der Kolchose! Sie mit Tronka auf dem Weidegrund, Tronka mächtig und stark, Tronka ihr Beschützer. Tronka beim Grasen, wenn er über die Wiese zog, Tronka mitten im Bild, sie vorne, ganz klein, unten in der Hocke. Klar und deutlich war zu sehen, was auf dem Sandweg beim Weidegrund geschrieben stand.

EIN REGENWURM GING EINST SPAZIEREN,
WOLLTE ES EINMAL AUSPROBIEREN.
ER SAH NICHT DAS HUHN, DAS AM WEGESRAND STAND,
NICHT MAL DEN VOGEL, DER ÜBER IHM SCHWAND.
ICH SAGTE: „VERSTECK DICH, DU KLEINER WICHT,
SONST FRISST DICH DER VOGEL UND DU BIST EIN NICHTS."

Irgendwann hatte sie auch beim Hüten angefangen zu schreiben, hatte ihr kleines Stöckchen in der Hand gehalten, mit dem sie diesen Text in den feuchten Sand des zuvor sorgfältig mit ihren Pantinen geglätteten Weges vor der Weide geritzt hatte, sich ihre Wolldecke, die sie Tronka bei Regenbeginn vom Rücken genommen hatte, zum Schutz gegen den Regen weiter über den Kopf nach vorne gezogen, die Seiten über Schultern und Arme geschlungen, das Stöckchen unter das erste Wort gehalten, es vorsichtig nach rechts bewegt, als schien es all ihre Wörter unterstreichen zu wollen. Doch sie hielt den Stock so, dass er nicht den Boden berührte, sondern wie ein Lesezeichen unter ihren Wörtern längs glitt, während sie las, wieder und wieder, sie konnte sich nicht satthören: „Ein Regenwurm ging einst spazieren, wollte es einmal ..." – Wie lange hatte sie nicht mehr geschrieben? Seit sie in die Wirren des Krieges geraten waren nicht mehr.

Sie blickte gen Himmel. Es gab keine Vögel mehr. Der Regenwurm, dem sie damals dieses Gedicht gewidmet hatte, schlängelte sich von unten links kühn auf ihr Wort „Vogel" zu. Im Jahr davor hatte sie bei feuchtem Wetter einen Wurm auf dem Hof der Pflegeeltern beobachtet, und noch bevor sie das Gedicht zu Ende gesprochen hatte, war ein Huhn gekommen und hatte den armen, nackten, schutzlosen Wurm aufgepickt und verschlungen. Dieser Wurm hier war der Gefahr, von Federvieh verschlungen zu werden, entronnen, es gab keines mehr. Jetzt lauerten andere Gefahren, die Klauen der Kühe, wenn sie, Annegret, sie zurück zur Kolchose trieb, all ihre Wörter auslöschend und, ahnungslos wie sie waren, den Regenwurm unter ihren Klauen zermalmend. Annegrets Schreibstöckchen, sie hatte es des Morgens von einem Holunderstrauch gebrochen, die Blätter entfernt, setzte sich wieder in Bewegung, nicht um unter den Wörtern längs zu gleiten, sondern um zwei neue Zeilen hinzuzufügen, sorgfältig geritzt in den sanft befeuchteten Sand dieses Nieselregentages. Nieselregen gab die beste Sandkrume zum Schreiben. Nieselregen ließ so gut leserliche Buchstaben formen und die schönsten Reime schreiben. Nieselregen konnte ihr nichts anhaben unter ihrer Wolldecke, die sie, wenn die Wolken sich lichteten, wieder auf Tronkas Rücken zum Trocknen legen würde.

UND IST DA KEIN VOGEL, DANN KOMMT DIE KUH,
DIE TRITT AUF DICH DRAUF UND MATSCH BIST DU.

Dabei tippte sie den Regenwurm, der sich immer noch um ihr Wort „Vogel" herumschlängelte, zart mit dem linken Zeigefinger an: „Hast du gehört? – Und Matsch bist du."

Zwei neue Zeilen standen unter dem Regenwurm. Zwei neue Zeilen machten diesen Tag zu einem besonderen Tag, zwei neue Zeilen, die sie wiederholte, zehnmal, zwanzigmal, damit sie im Kopf blieben. Sie hatte zwar noch ihren winzigen Bleistiftstummel in ihrer Schatztruhe unter dem Bett, aber kein Heft, kein einziges Blatt Papier, „Und ist da kein Vogel, dann kommt die Kuh ...", sie würde sich am nächsten Tag grün und blau ärgern, wenn dieser Zweizeiler ihr nicht wieder einfiele, „... die tritt auf dich drauf und Matsch bist du." Wieder von vorne, im Achtzeiler ließen sich die beiden neuen Zielen bestimmt besser einprägen, „Ein Regenwurm ...", laut in die Weite Wiesenlandschaft hinausrufend, ihren Kühen, Tronka zu, „Ein Regenwurm ...", ihre Stimme ausfahrend; sie gebrauchen können, auch wenn keine Antwort kam, sprechen, an diesen einsamen Tagen des langen Hütens: „Ein Regenwurm ...", sie wartete vergeblich auf das Echo, eine menschliche Stimme. Unerwünschte Besucher würde Tronka vertreiben und die Russen von der Kolchose verständen nicht, was sie rief. „Und ist da kein Vogel ...", sie könnte auf Nummer sicher gehen, der Weg war lang, die Kühe gingen nur Richtung Kolchose. Schon sprang sie auf, schrieb abseits ihrer jetzigen Textstelle, dort, wo der Weg in der entgegengesetzten Richtung eine Ausbuchtung machte, den ganzen Text noch einmal auf; dort würde sie ihre neuen Zeilen mit Sicherheit am nächsten Tag wiederfinden.

Sie musste sich beeilen, die Sonne stand schon tief, wie schnell die Zeit an diesem Nachmittag vergangen war. So konnte sie die Zeit, die an langen Tagen beim Kühehüten auf der Stelle zu treten schien, in Bewegung bringen. Nicht nur an diesem Nachmittag, nicht nur mit diesem Reim. Sämtliche Reime, die sie kannte, sämtliche Lieder mit all ihren Strophen, egal ob sie beim Singen stockte oder der Text sprudelte, ein geschriebenes Lied sah doch ganz anders aus, wurden dem Wegessand anvertraut.

Annegret schlug des Morgens inzwischen eine andere Richtung mit ihrer Herde ein. Die Weiden hinter dem Gut waren abgegrast, ihre Texte, die im Wegessand Spuren hinterlassen hatten, vom Wind davongetragen oder unter den Klauen der Kühe zermalmt.

Nicht mehr am Gebüsch hinter dem Schafstall zog sie vorbei, sie trieb die Kühe und Tronka auf der Seite des einge-äscherten Gutshauses vom Hof, damit sie, dem breiten Weg folgend, zunächst an Ilses Hof, dann am Hof der Pflegeeltern vorbeigingen, wo Annegret dem Pflegevater am Ziehbrunnen zuwinken oder der Pflegemutter auf dem Rückweg im Laufschritt Kräuter, gepflücktes Obst oder Pilze in die Küche reichen konnte, um danach den Mühlenbach mit der schmalen Holzbrücke zu überqueren, der von Weiden umsäumt seines Weges zog, links auf der großen Wiese die Kühe grasen oder im Bach trinken zu lassen, während sie, Annegret, dem vertrauten Plätschern und Gurgeln des Baches hinterherlauschen würde. Sie – einsam. Und doch sprach der Bach zu ihr, sprach beruhigende Worte. Sie kannte sie vom Vorjahr, auf der gegenüberliegenden Seite weiter hinten hatten die Pflegeeltern eine kleine Weide mit einem Strohhaufen gehabt und sie, Annegret, dort zum ersten Mal ihre Schifflein zu Wasser gelassen, Wasserschnellen, Strudel, Buchten kennengelernt und gewusst, wo er sanft ihre Schiffchen aufnahm.

Dafür war jetzt noch keine Zeit, sie hatte Wichtigeres zu tun, eine große Herde zu beaufsichtigen, das Gelände zu erkunden.

Unter den Weiden hindurch schaute sie auf das Haus der Pflegeeltern, mit einer Vierteldrehung auf drei unbewohnte kleine Gehöfte, noch einmal gedreht auf das Haus der alten Frau, die seit Kurzem im Altersheim in Tilsit lebte. Wochen zuvor noch, während ihrer Schützengrabenzeit, hatte Annegret sie regelmäßig besucht, frühmorgens bevor die Russen im Anmarsch waren. Gerne wäre Annegret jetzt noch einmal zu ihr gegangen, hätte ihr Essen gebracht, wenn der Pflegevater wieder in einer Miete undenkbar verschrumpelte Kartoffeln vom letzten Jahr gefunden und die Pflegemutter Melde- oder Brennnesselspinat dazu gekocht hatte, oder Sirup von alten Zuckerrüben, ein paar in der Kaffeemühle gemahlene Getreidekörner hinzugefügt, und wäre von dieser alten, gebrechlichen Frau mit den tief gelegten Falten im Gesicht gefragt worden: „Mechtest mich die Haare machen?"

Gerne war sie mit ihrem Kamm durch das schüttere weiße

Haar der Frau gefahren, gerne frisierte sie andere Menschen, ihre jüngeren Geschwister in Königsberg hatte sie so oft gekämmt, ihnen Schleifchen gebunden, Zöpfchen geflochten, Spangen gesteckt, neue Frisuren ausprobiert. Die alte Frau, die schielte, ihre Augen in alle Richtungen gleiten ließ, erzählte mit Vorliebe von ihrem Furunkel, „Und das tut mich weh". Einmal hob sie völlig unvermittelt, diesen Anblick konnte Annegret nicht vergessen, ihren langen schwarzen Rock, zog ihre dicke, schlüpferfarbige Unterhose herunter und streckte Annegret ihren schrumpeligen Hintern mit der handtellergroßen, rot-blau verquollenen offenen Hautstelle entgegen. Wie sich dieses Bild bei ihr eingeprägt hatte, zusammen mit dem Bild von dem Schützengraben. Immer wieder der Schützengraben. Nachts sah sie manchmal nur die Erdschichten vor sich.

Nur ein kleines Stück rechts von der Frau mit dem Furunkel wohnte ein älteres Ehepaar, sie hatten sich mit zwei Ziegen, eingetauscht in Tilsit auf dem Markt gegen einen gut ein-gegrabenen und wieder ausgegrabenen wertvollen Teppich, im Stall ihres Bauernhauses eingerichtet. Aus Furcht, diese wertvollen Tiere gestohlen zu bekommen, wohnten sie bei ihnen im Stall. Wenn sie Gras für ihre Ziegen schnitten oder diese an der Leine am Wegesrand grasen ließen, riefen sie manches Mal laut über den Weidegrund hinüber: „Magst Käse?", und legten Annegret mit ihren knochigen Händen ein Stück auf die blanke Hand oder reichten ihr einen Becher Ziegenbuttermilch, die Annegret zuerst nicht trinken mochte, die jedoch mit jedem Schluck köstlicher geworden war.

Die unbewohnten kleinen Gehöfte am gegenüberliegenden Rande des Weidengrundes kannte Annegret noch nicht. Üppig bewachsene Obstbäume ließen sich darauf vermuten. Sie sah bereits, wie sie lief, mit hohen Schritten über das saftige Wie-sengras, übermütig wie ein Storch im Salat. Ihr Magen sendete

Hungerwarnung, Tronka war ihr mit wenigen Metern Abstand gefolgt. Das glänzende Grün der Äpfel lockte, obwohl ihnen noch einige Tage Reife gut tun würden, Annegrets Magen gönnte sie ihnen nicht.

Sie pflückte bereits dicke, kräftige Früchte, ließ sie in ihren Beutel gleiten, biss zwischendurch krachend in einen Apfel hinein, ließ den Saft an den Mundwinkeln zum Kinn hinunterrinnen, und blickte, weil die Kühe friedlich beisammen noch am Grasen waren, neugierig und ängstlich zugleich, die Erinnerung an den sie packenden russischen Soldaten war noch zu frisch, zu den kaputten Fenstern des kleinen Bauernhauses hinüber. – Die Neugier siegte. Mit ihrem Beschützer als Begleitung und in nicht allzu weiter Entfernung vom Haus ihrer Pflegeeltern wurde sie mutiger, ließ sie sich von den offenen Fenstern anlocken, steckte vorsichtig ihre Nasenspitze hinein: Es sah aus wie in allen verlassenen Häusern. Schmutz und Unrat lag herum, Möbel waren zerschlagen; zu hören war nichts, außer den Geräuschen von Tronka, der seine Hörner an den Gartenbüschen rieb. Sollte sie es wagen hineinzugehen? Ihre Zweifel waren noch nicht beseitigt, allein, ihre Beine hatten sich bereits in Bewegung gesetzt, trugen Annegret um die Ecke zum Eingang des Hauses. Die angelehnte Tür stieß sie sachte mit ihrem Hütestock auf. Sie lauschte, nichts war zu vernehmen, die nächste Tür zur Küche knarrte. Es lag kein verstümmeltes Etwas auf dem Boden herum. Vorne rechts zwischen Dreckhaufen erblickte sie einen kleinen grauen Eimer, den sie, war da etwas vorbeigehuscht?, eine Maus?, hastig am Bügel packte und schnurstracks mit ihm durch den Garten bis auf die Weide rannte, wo sie nicht ohne Stolz diesen stabilen Eimer in Ruhe betrachtete: Zwei bis drei Liter mochte er fassen, grau emailliert mit einem Holzgriff, von dem nur noch ein kläglicher Rest am Bügel hing. Sie rupfte Grasbüschel, wischte ihn damit sauber, klopfte mit den Fingerkuppen gegen die Seiten, hielt ihn gegen das Licht. Es war kein Loch zu sehen. Mit diesem Eimerchen, den sie von nun an immer in ihrem Beutel dabeihaben würde, könnte sie wohlbehalten Himbeeren, Brombeeren und sonstige Schätze transportieren. Die Himbeerernte war zwar längst vorüber, Brombeeren hatte sie unlängst noch gesehen, erblickte aber jetzt Pilze am Rande des Gehöfts unter einer Birke, die sie behutsam in diesen neuen Eimer legte. – Das würde die Pflegeeltern freuen: „Unsere Kläine hat Pilzchens jefunden!"

Wenn auch am Mühlenbach sich der Sandweg zum Schreibbogen verwandelte, weil die Tage am Bach ebenfalls lange Tage waren, kamen neue Lieder zum Vorschein, sprudelten aus dem plätschernden Wasser hervor: „Wenn die bunten Fahnen wehen, geht die Fahrt wohl übers Meer – nein, über den Bach." Das musste schnell notiert werden, auch die neue Fassung von JETZT FAHRN WIR ÜBERN BACH ÜBERN BACH, JETZT FAHRN WIR ÜBERN BACH. Erst danach erlaubte sich Annegret, sich an den Mühlenbach zu setzen, einen Schluck klaren Wassers aus der hohlen Hand zu trinken, er half gegen Hunger, der halbe Liter Heimlichmilch war längst verdaut, ein Stück Brot nicht mitgegeben worden, und er half gegen Durst; schon mochte sie laut singen, nur wenige Zweige zu Wasser lassen, schauen, wohin die Strömung sie trieb, oder sorgfältig Schifflein bauen. Weidenzweige und Gräser zum Binden gab es in Hülle und Fülle. Moos fand sie zur Polsterung, bunte Blüten statt bunter Fahnen. Und los ging die Fahrt, wenn die Strudel am Rand überwunden und es mittig auf dem Bach hinter der Biegung verschwand, sang sie aus voller Kehle: „Wär' gerne mitgefahren. Ganz gleich wohin es fährt."
Manchmal kamen einige Kühe hinzu und tranken, Tronka stand ohnehin nur wenige Meter von ihr entfernt, und wenn sie umgeben von genügend Kühen war, ging sie mit ihren

Kleidern ins Wasser, wie wohl das tat!, rubbelte die nasse Kleidung sauber, spülte im klaren Bachwasser nach, ließ sie auf ihrer Haut trocknen – drehte sich dabei unter dem Schutz breiter Kuhleiber und Tronkas wacher Augen im warmen Sommerwind.

Diese Erfrischung führte sie zum „Land der dunklen Wälder und kristallnen Seen", dessen Klang sie mit ihrem Gesang über das Wasser schickte, und der wie das Echo des Chores zurückkam, dem sie früher angehörte, als sie noch in Königsberg zur Schule ging und mit ihrer Schulklasse den verwundeten Soldaten im Lazarett in der Prinzenstraße vorsang; einige von oben bis unten verbunden, andere, die sich aufrichten konnten, nur an den Gliedmaßen, den zehnjährigen Mädchen zuhörend, als sie im Chor dieses Lieblingslied in den mit unzähligen Betten vollgestellten Saal hineinsingen durften. Ein wundersamer Klang hatte diesen Raum erfüllt, auch Annegrets Ohr. Nur der säuselnde Wiesenwind trieb ihn davon. Trieb ein anderes Liedchen her, einen Reim aus ihrem Lieblingsmärchen „Die Gänseliesel", das sie in Königsberg im Märchentheater gehört hatte. Der Reim war nicht laut aufgesagt, sondern auf der Bühne geflüstert worden und doch so laut, dass alle Kinder in diesem warmen, mit rotem Samt bespannten Theater ihn verstehen konnten, „Weh, weh Windchen/ nimm Kürdchen sein Hütchen/ und lass'n sich mit jagen ...", und sie, Annegret, sah Kürdchen, so wie er über die Bühne gelaufen war, hier auf der Wiese sich drehen und wenden, während der Wind durch die Weiden am Mühlenbach fuhr, sie ans Märchenende dachte, und sich fragte, ja, plötzlich brach diese Frage über sie herein, ob für sie, Annegret, wie für die Gänseliesel alles gut ausgehen würde?

Die Zweifel wurden größer und lauter. Vielleicht, weil sie morgens, trotz dieses Schönwettertages, sie wusste nicht warum, erste Schluchzer hatte von sich geben müssen?

War es, weil sie Ilse und die Jungs sich fröhlich unterhalten gesehen hatte und sie mit den Kühen fortmusste, einsam und alleine, später abends nach dem Melken zu müde für eine Unterhaltung? Oder kamen die Schluchzer, die ihren Brustkorb traurig auf- und ab wippen ließen, weil sie mit ihren Gedanken ganz weit fort in Königsberg bei Menschen in der Prinzenstraße herumgelaufen war, aber nicht die Menschen gesehen hatte, die sie liebte? Ihre Mutter, ihre Geschwister – von denen sie nicht einmal wusste, ob es die noch gab? Oder weil ihre Schiffe im Mühlenbach sich auf den Weg Richtung Ostsee gemacht hatten, also Richtung Königsberg mit ihrem Zuhause, denn Königsberg lag an der Ostsee und alle fließenden Gewässer gelangten dorthin? Oder war es die Menge dieser von der Erinnerung gelieferten Eindrücke, die sie schluchzend zu Boden warfen wie ein naher Blitzeinschlag bei einem plötzlich aufziehen Gewitter, Tronka in gebührendem Abstand teilnahmsvoll schauend?

Oder ihre Einsamkeit, die jetzt an ihr fraß, sehr viel schmerzhafter als das nagende Hungerloch – Hunger hatten sie alle gemeinsam gehabt. Einsam war nur sie allein. Keine Menschenseele weit und breit. Sie, von allen verlassen. Wie das den Weg ebnete für tiefe, tiefe Sehnsucht. War ihre Mutter tatsächlich noch am Leben? Und die Geschwister? Gab es überhaupt noch jemanden, der sie liebte? – Dann sang Annegret traurige Lieder, „Es kommt ein Vogel geflogen", und die Mutter mit sorgenvollem Gesicht erschien; oder es wurden die „Zwei Königskinder" bemüht und Annegret sah ihre Geschwister vor sich, die immer noch nicht zu ihr kommen konnten. Sturzbäche von Tränen rannen längst über ihre Wangen.

Spätestens dann kam Tronka dichter heran, stand andächtig still, drehte ihr seinen Kopf verständnisvoll zu, ohne ein

Streicheln, ein Kraulen von ihr zu erwarten, war aber damit einverstanden, wenn sie aufstand, ihre Hand sanft an sein warmes Fell drückte, mit der anderen das von beiden Seiten nassgeweinte Taschentuch hielt. Sie, erschöpft vom Schluchzen, spürte inzwischen doch ein wenig Erleichterung, die Mutter schaute nicht mehr sorgenvoll, aber Schiepelchen schrie und Karin, die in Rastenburg im Heim geblieben war, saß schmollend in der Ecke. Annegret hatte sich weder von ihr noch von den anderen Mädchen im Heim, mit denen sie tagtäglich gespielt hatte, verabschieden, nicht einmal „Lebt wohl" sagen dürfen! Und die dachten vermutlich, dass Annegret nichts mit ihnen zu tun haben wolle, sie ihr gleichgültig seien. Wie das nagte, wie das wehtat! Sie schluckte tapfer, damit sie weitersingen konnte, wischte Tränen fort, „Auch euch ihr meine Lieben, soll heute nicht betrüben, kein Unfall noch Gefahr ... mit Hilfe seiner Engel Schar." Diese Zeilen aus dem Lieblingslied der Zwillinge „Nun ruhen alle Wälder" hätte sie ihnen, den Mädchen im Heim, doch ebenfalls gerne gewünscht.

Was war das denn dort hoch am Himmel? Hatte sich da nicht etwas bewegt? Sie ging zur Seite, ließ Tronka stehen, ihren Blick nach oben gerichtet zu den Wolken. Kam von dort ein Gruß von ihren Lieben? Von einem Engelsflügel über dem grau verhangenen Himmel zu ihr herübergewunken? Würden die himmlischen Heerscharen ihr helfen? – Denn nur die konnten es gewesen sein, etwas anderes gab es dort nicht. Die mussten es gewesen sein! Das hatte sie noch in Königsberg in der Sonntagsschule gelernt, dass Engel stets hilfreich zur Stelle waren. Sonntagmorgens hatte man ihr das beigebracht, ihr, mit einem roten Käppchen auf dem Kopf und ihrem großen Bruder, Manfred, an ihrer Seite. – Hier in Klipschen konnte sie sie sehen.

Was sich alles hinter den Wolken tummelte! Nein, sie war nicht ganz alleine, nicht ohne eine helfende Seele. Schon wieder winkte ein Flügelschlag nach dem anderen. – Wenn das so war, würden die Engel doch eine Botschaft von ihr weitergeben können. Bestimmt! Sie strich mit ihren Pantinen rasch über die versandete Stelle am Bach, griff nach ihrem Stock, brach ihn entzwei, nahm das kürzere Ende, ritzte Buchstaben in den Sand: LIEBE KARIN! ICH HABE DICH NICHT VERGESSEN. ICH DURFTE NICHT AUF WIEDERSEHEN SAGEN. AUCH NICHT DEN ANDEREN MÄDCHEN. SIE HABEN MICH EINFACH MITGENOMMEN. LASST ES EUCH GUT GEHEN. HERZLICHE GRÜSSE DEINE SCHWESTER ANNEGRET.

Auch Engel können lesen. Felsenfest war sie davon überzeugt.

Sie stand auf, versuchte noch einmal die weißen Flügelchen zu erspähen. Doch kaum bemerkt, waren sie schon wieder verschwunden. – Vielleicht hatten sie die Botschaft bereits mitgenommen? Und vielleicht wartete woanders doch jemand auf ein Lebenszeichen von ihr? Die Mutter, der tatsächlich die Flucht geglückt war im Gegensatz zu ihr? Die jetzt, wie sie in ihrem letzten Brief geschrieben hatte, an sie dachte, während sie, Annegret, sich in Selbstzweifeln zerrieb? Das musste sie wiedergutmachen. Wenn die Engel eine Botschaft weitergegeben hatten, warum dann nicht auch die nächste? – LIEBES MUTTCHEN! ICH BIN HIER IN KLIPSCHEN, WO DU MICH LETZTES JAHR BESUCHT HAST. BITTE, SCHICKE MIR EINEN GRUSS ZURÜCK. DEIN ANNCHEN.

Oben am Himmel war nichts mehr zu sehen, aber eine Melodie lag in der Luft: „Kommt ein Vogel geflogen, setzt sich nieder auf mein' Fuß, hat nen Zettel im Schnabel, von der Mutter ein' Gruß." War das etwa schon ihre Antwort? Ging das so schnell? – Warum hatte sie nur daran gezweifelt, dass ihre Mutter lebte? Dass ihre Mutter sie liebte? Sie, Annegret, hatte wenigstens eine Mutter, die immer zu ihr stand und immer in Gedanken bei ihr war.

Das arme Mädchen in der Königsberger Siedlung, mit dem sie oft gespielt hatte, das immer so traurig in den Keller geschickt wurde, wenn der Stiefvater kam, das hatte keine liebende Mutter gehabt. Dieser Mutter war der Stiefvater wichtiger gewesen und diesem Mädchen war es wirklich schlecht ergangen.

Ja, ihr, Annegret, ging es dagegen doch viel besser, und bei dieser Gewissheit entspannten sich ihre Gesichtszüge, waren die Tränen endgültig versiegt.

Sie schaute über die Wiese, über den Bach, bemerkte, dass sich nicht nur bei den Wolken am Himmel, sondern auch dort auf der anderen Seite mitten auf der Wiese etwas bewegte. Dort, wo sie auf der gegenüberliegenden Seite im Jahr zuvor gestanden und nicht achtzig Kühe gehütet hatte, sondern nur eine Kuh, Lina, die Kuh der Pflegeeltern, an einer langen Kette, die am Pflock im Wiesengrund befestigt war. Jedes Mal, wenn Lina eine Parzelle Gras leergefressen hatte, ging sie zum Schluss in die Knie, um am Rand ihrer abgegrasten Parzelle noch frisches Gras mit ihrer weit aus dem Maul herausreichenden Zunge zu ergattern. Dann war Annegret mit Lina ein paar Meter weiter gezogen und hatte mitten zwischen frischem Gras den Pflock befestigt, sich auf die abgegraste Parzelle gesetzt und die Jungstörche bei ihren Flugversuchen beobachtet. Ach, wie sehr sie die Störche vermisste! – Doch wenn sie jetzt ihre Augen schloss, sanft, nicht gekniffen, sah sie sie alle wieder, und so wie vor wenigen Minuten eine Melodie in ihr Ohr geströmt war, strömten nun Worte einer ihr vertrauten Stimme ins Ohr, „... schau nur Kindchen, schau ...“ Vor einem Jahr hatte sie diese Stimme hier in der Nähe dieser Weide auch schon gehört, mit geschlossenen Augen im Traum. Was für ein schöner Traum das gewesen war. Wie schnell man etwas vergaß, und diesen Traum wollte sie nie, niemals vergessen:

ALS ICH LINA GEHÜTET HABE, SASS ICH AUF DER WIESE
AM BACH. ICH KONNTE JUNGSTÖRCHE BEOBACHTEN,
WIE SIE VERSUCHTEN ZU FLIEGEN. SIE BEWEGTEN
IMMER WIEDER DIE FLÜGEL. ZUERST SAH ICH MEINE
SCHWESTER KARIN IM SANDKASTEN SPIELEN. SIE
WAR IM HEIM IN RASTENBURG ZURÜCKGEBLIEBEN.
AUS DER FERNE HÖRTE ICH JEMANDEN SAGEN:
„SCHAU NUR KINDCHEN, SCHAU, WIE DIE STÖRCHE
VERSUCHEN ZU FLIEGEN." ICH HATTE GEANTWORTET:
„MUTTER, MUTTER, KOMM NUR SCHNELL HER."

Es war ruhig um sie herum gewesen, das wusste sie, so viele
Jahre später, nur Linas stetiges Abreißen der Grasbüschel zu
hören, der Himmel über der Wiese blau, kornblumenblau wie
sonst nie mehr, und dann war dazwischen die Stimme des
Pflegevaters gefahren, die sie aus diesem schönen Traum weg
von ihrer Mutter gerissen hatte.

„Marjellchen, bist krank?"

Er hatte sie mehrfach gerufen und sie ihm nicht geantwortet,
sondern mit ihrer Mutter gesprochen, die nicht da war.
„Unsere kläine Träumerin", hatte er dann gesagt und den Kopf
geschüttelt.

Jetzt auf der Wiese hörte sie die Stimme ihrer Mutter
wieder, auch beim Schreiben noch einmal, *Mein Traum,*
stand als Überschrift auf ihrem Blatt. Nein, sie verbesserte,
Mein schönster Traum, nur die Augen schließen, „... schau nur
Kindchen, schau ...", und sie, die Mutter, war wieder bei ihr,
mit ihrer Stimme, als hätte sie sich liebevoll über sie gebeugt.
Annegret richtete sich auf, das tiefe Tief, in das sie alle paar
Wochen, manchmal alle paar Tage rutschte, war überwunden.

Wenn sie sich von nun an langweilte und an einem einsamen
Nachmittag, Vormittag so sehr eine Antwort auf ihr „Na!?"
oder „Was meinst du, Tronka?" wünschte, eine menschliche

Stimme hören wollte, einfühlsam im Tonfall, in der Wortwahl, liebe Wörter sanft formend, fröhlich stimmende Sätze sagend, etwas, und eine ihr liebevoll dabei auf die Schulter klopfende Hand spüren wollte, drehte sie sich manchmal Tronka zu, schaute ihm im Abstand von nicht mehr als zehn Zentimetern vorwurfsvoll in die Augen: „Dass du nicht wenigstens ein paar Sätze sprechen kannst!"

Wie im Galopp lief dieser Gedanke durch ihren Kopf und genauso lief er wieder hinaus, denn Tronka war Tronka, ihr guter Freund, und sie wollte doch ihm nicht grollen.

Wörter hatte sie selber genug, Wörter, die sie sich noch mit den anderen Mädchen im Heim ausgedacht hatte und die nun auch bei ihr auf der Weide waren, zu Besuch, wenn sie an sie dachte, ihre zarten Stimmen fragen hörte: „Was wollen wir spielen?" – „Dir fällt doch immer was ein!" – „Wörterfinden!" Zwei Gruppen bildeten sich, wer das längste Wort gefunden, hatte gewonnen: „Pregelschiffermatrosenanzug!" – „Donaudampfschiffkapitän." – „Ach, das kennt doch jeder!" – „Sonnen-strahlaufwärmecke!", ließ sie ihre ehemaligen Spielgefährtinnen nacheinander in die Runde rufen, ih-re Stimmen, die Stimmen der Mädchen aus Rastenburg, auf- und abebben, bis sie, Annegret, laut dazwischen ging: „Ich hab noch ganz andere Wörter hier in Klipschen bei meinen Kühen!" Ihre Gehirnwindungen ließen ih-rer Phantasie freien Lauf, „Kuhschwanzwedelhaare", „Bach-schiffbauermatrose", „Bachschiffbaueroberoffizier", „Wolkenhimmelwindböenengel." Na klar, ihre neuen Wortfindungen wollte sie ihnen nicht vorenthalten, die wurden geschickt, die Windböenengel bekämen etwas zu tun:

LIEBE MÄDCHEN IN RASTENBURG, HIER KOMMEN DIE NEUESTEN LANGWÖRTER ...

Sie konnte ihr Schreibstöckchen nicht ruhen lassen, gab ihm vor, was es in den Sand zu schreiben habe, während das

Stimmengewirr der Mädchen verschwand, Ruhe einkehrte, und sie, wie mit dem Finger geschnipst, wieder alleine bei Tronka und ihren Kühen war.

Anuschka Spezialist

Das letzte Schifflein, das sie in dem Jahr zu Wasser ließ, wurde vom kalten Herbststurm zerzaust, zerfleddert und in kleine Stücke zerfetzt.

Biestmilch! Endlich kalbte eine von Annegrets Kühen. Endlich bekam sie den versprochenen Lohn, den sie Löffel für Löffel ihrem Magen würde einverleiben können.

Morgens, als Annegret die frisch gekalbte Kuh melkte – die Kühe blieben bereits im Stall, draußen fielen nasse Schneeflocken hernieder, wie schnell die Weidezeit vergangen war – kündigte sich die Biestmilch zusammen mit dem Winter an. Die Kuh hatte über Nacht gekalbt, genügend Zeit war bis zum Melken verstrichen, Annegret wusste, dass man sie nicht direkt nach dem Kalben melken durfte, sie streichelte vorsichtig das Euter der Kuh und melkte die gelbe Flüssigkeit heraus. Annegret verzog angewidert den Mund. Biestmilch, gelbe Milch, an einigen Stellen mit rötlichen Blutschlieren versehen, besonders nahrhaft, für das kleine Kalb gedacht, damit es zu Kräften käme. Der gute Verwalter goss die Milch nicht in die Kanne für die Molkerei, sondern etwas in einen kleinen Eimer für das Kalb am Morgen, etwas in einen anderen kleinen Eimer für das Kalb am Mittag.

„Und das für dich", er hob den Eimer mit einem Rest Milch, Annegret streckte ihm ihr Eimerchen entgegen. Ihren halben Liter Heimlichmilch hatte sie bereits getrunken. Es war ein dreiviertel Liter, höchstens, den der gute Verwalter hineingoss. Ihr erster offizieller Lohn auf der Kolchose. Zu gut wusste sie noch, wie stolz sie ihn in Empfang genommen hatte, nach dem Bügel ihres Eimerchens mit dem kaputten Holzgriff langte und ihren Lohn forttrug – nicht zu ihrem Zimmer.

Die erste Biestmilch, die ich bekam, brachte ich nach Hause zu den Pflegeeltern. „Oh je Marjellchen", sagte der Pflegevater, „da bringst du uns ganz was Fäines." Es kamen ihm sogar die Tränen. Ich hatte gefragt, „Was macht man damit?" Und so zeigte mir die Pflegemutter, wie es gemacht wird. Sie erwärmte die Biestmilch in einer Schale im heißen Wasserbad mit Deckel drauf. Die Biestmilch wurde dann fest und sah aus wie Eierstich. Ich mochte es nicht essen. Sie schnitt mir ein Stückchen ab und gab es mir: „Nun man los", sagte sie, „und rinn damit! Äiwäiß und Fett, das brauchst jetzt." Es hat mich wirklich eine Überwindung gekostet, das in den Mund zu stecken. Schmeckte ganz gut. Na ja, der Hunger trieb es hinein.

„Ich bin's!" – Die nächste Biestmilch brachte Annegret mit in ihr Zimmer. Es war etwas mehr als am Vormittag, mindestens ein Liter, denn abends bekam das Kalb nur einmal etwas von der Milch, weil es über Nacht nicht getränkt wurde. Bei manchen Kühen blieb nach dem Kälbertränken zwar kaum etwas für Annegret übrig, zumindest an den ersten beiden Tagen nach dem Kalben, aber diese Kuh gab großzügig von ihrer nahrhaften Biestmilch, und selbst wenn es nur wenig war, auch das Wenige teilte Annegret gerne mit Ilse; zumindest zu dem Zeitpunkt noch.

Ilse, mit der sie nun schon seit Monaten im gleichen Zimmer schlief, Ilse, der sie abends, wenn die Arbeit gemacht und sie nicht zu müde war, vieles anvertraute, aber nicht alles, was sie am Tag erlebt hatte, solange sie noch mit den Kühen unterwegs gewesen war: Was die Kühe tagsüber gemacht hatten. Dass die eine ausgerissen war, zu weit weg von der Herde und Tronka alles gutmütig mit angeschaut habe. Wie dort draußen das Wetter gewesen war.

Wo genau sie die Kühe geweidet habe? Ob sie an ihrem Hof vorbeigekommen sei?, wollte Ilse gerne wissen, ob sie ihre beiden kleinen Geschwister gesehen habe? Mehr fragte Ilse nicht und mehr wollte Annegret nicht erzählen, obwohl sie zu gerne von den Wolkenhimmelwindböenengeln berichtet hätte und was sie den Sandwegen anvertraut hatte. Heimlichmilch blieb selbstverständlich auch tabu, aber der Mutter hatte sie wieder einen Brief geschrieben: MACH DIR KEINE SORGEN, LIEBES MUTTCHEN, ICH KRIEGE JEDEN TAG EINEN HALBEN LITER MILCH.

Doch obwohl es genügend Tabus gab, drückte Annegret trotzdem abends gerne die Türklinke zu ihrer Kammer herunter: „Ich bin's", mit diesen Worten trat sie stets ein, Ilse ebenso. „Ich bin's", ihr Codewort. Kein Fremder. Nicht die Decke hochziehen müssen bis zum Hals, vom Stuhl hochspringen, die Luft anhalten, das sollte geklärt sein, wenn eine hereinkam, die Tür wurde sorgfältig ins Schloss gedrückt. Ein Zuhause. Besser als keines. Ein vertrauter Mensch, wenn man kam. Ein junger Mensch, nicht so uralt wie die Pflegeeltern.

Sie lächelten freundlich und sprachen, worüber sie sprechen wollten: „Ich war heute mit den Jungs beim Heumachen auf der anderen Seite von Klipschen. – Was da für Frösche waren!" Oder: „Was die Jungs heute für'n Quatsch gemacht haben!" Wie Annegret sie darum beneidete, nicht weil es Jungs waren, aber wegen der Gesellschaft.

„Ach, heute war's langweilig"

„Ja, nicht nur bei dir."

„Nur als Wasili kam, wär fast was los gewesen. ‚Die Russen holen das Heu viel zu früh rein', hat Bruno auf einmal ganz laut gesagt, aber dann schnell den Mund gehalten, Wasili stand direkt hinter ihm."

„Und Wasili?"

„Ich glaub, der hat das nicht gehört. Hinterher haben wir natürlich gelacht."

Ilse, ein junges Mädchen wie sie. Sich austauschen wollen, leben, lachen. Ilse, auch ohne Mutter. Darüber nicht sprechen.

Im Schützengraben, ein einziges Mal, hatten sie darüber gesprochen. Noch nicht beim ersten Verschwinden dorthin, als die Schüsse fielen, sie noch befürchteten, dass all ihre Angehörigen, Ilses Tanten, Geschwister, die Pflegeeltern getötet worden und Annegret und Ilse sich noch zu fremd waren; schließlich hatte Ilse bei der Flucht stets zu Rosi gehalten, mit ihr getuschelt, sie, Annegret, das Heim- und Pflegekind ausgeschlossen. Im Schützengraben, ein einziges Mal, hatten sie darüber gesprochen, als sie sich täglich dort versteckt hielten, gemeinsames Leid schweißt zusammen, lässt Fragen zu, die sonst nicht gefragt werden, im Schützengraben ... Nein, Annegret war sich dessen plötzlich ganz sicher, sie hatten bei dem Gespräch nicht auf dem Boden des Schützengrabens gehockt und auf die Sandschichten gestarrt, sie hatten ihren Blick über die menschenleere, in der Junisonne dösende Ebene Klipschens streifen lassen, wo die Häuser und kleinen Gehöfte von Klipschen verstreut wie Würfel und Quader auf einem Tischbrett lagen, dahinter Wiesen, Weiden und Ackerland. Keine Menschenseele. Der große Gutshof in der Mitte mit intakten Wirtschaftsgebäuden, Stallungen, Häuslingshäusern, zwei Siedlungshäusern, Ilses Hof ein Stückchen weiter, das Lehmhaus der Pflegeeltern auf der kleinen Anhöhe. Sie waren hochgeklettert vom Schützengraben aus, ins Kornfeld hinein, möglicherweise wären sie dort sicherer. Platt auf dem Boden liegend waren sie ins Getreide gerobbt, waren unter den Getreidehalmen verschwunden, sie hinter sich wieder hochkämmend, um keine Spuren zu hinterlassen. Annegret hatte trotzig begonnen, die Körner der Ähren zu pulen. Es musste Wintergetreide gewesen sein, das die Bauern noch im Herbst vor der Flucht hatten ausbringen können, im Frühjahr war kein Feld mehr bestellt worden. Bloß nicht hochkommen, bloß nicht von Weitem gesehen werden. Sie biss auf das erste Korn, wenigstens hatten sie etwas zu essen, etwas, worauf sie herumkauen konnten, vielleicht verband auch das? Und während sie auf der Wintergerste kauten und ihren Blick vorsichtig durch die Ähren wandern ließen, zum Ziehbrunnen vor dem Haus der Pflegeeltern, genauer gesagt zu dessen Stange, an der immer noch nicht mit einem weißen Lappen Entwarnung angekündigt worden war, und gleichzeitig angespannt horchten, ob Stiefelschritte sich im Schützengraben näherten, wurde die Frage gestellt, im Flüsterton, ob ihre Mütter wohl noch lebten?

„Nein, meine Mutter ist ganz bestimmt tot."

Schroff sagte Ilse das, ihre Mutter war mit Waffengewalt verschleppt worden, kurz nachdem sie noch hatte mit ansehen müssen, dass ein Offizier ihre Tochter, Ilse, zur Vergewaltigung holte. Und als der sie, Ilse, zurückbrachte, war ihre Mutter schon fort.

„Hundert Prozent tot!"

Ilse sprach mit Ausrufezeichen, im Brustton der Überzeugung, ungewöhnlich scharf, aber mit nach innen gekehrtem Blick; eine tote Mutter ließ sich eher verkraften als eine, die sich grämte und in Sibirien noch zugrunde gerichtet wurde. Annegret fragte niemals weiter nach, nicht nach den Offizieren, nach ihnen schon gar nicht, ein eisernes Gesetz, von der Scham diktiert, nirgendwo geschrieben und doch ganz klar. – Unbedingt schweigen, nach Ilses Mutter fragte sie ebenfalls nicht mehr.

Vielleicht weil sie selber hoffte und Ilse keinen Hoffnungsschimmer behielt? Ein Mensch ohne Hoffnung ist schlechter dran. Annegret erzählte niemals von ihrer eigenen Mutter, obwohl sie es so gerne gemacht hätte. Von ihrer lieben zarten Mutter, die ihr so sanft über den Kopf gestrichen, die mit ihr und ihren vier Geschwistern lachend am Küchentisch in Königsberg in der Siedlung vor dem Sackheimer Tor gesessen hatte, auch von den Kopfsteinpflasterstraßen in Königsberg, den Schaufenstern, dem Theater, den Denkmälern, dem schönen Sackheimer Tor, durch das sie täglich mehrere Male gegangen war ... Lieber schweigen. Wenn dann Fragen kämen zur Stadt und Gedanken an die Stadtpomeranze, oder Fragen zum Vater? Warum der die Familie verlassen hatte? Warum sie ins Heim gemusst hatte? Ob sie denn überhaupt eine richtige Mutter habe?, wurde damals gemunkelt, in Frage gestellt, als sie in Klipschen bei der Mühle zur Schule kam und keiner mit ihr spielen wollte, außer beim Völkerball, denn da war sie die Beste.

Ilse, die von einem Bauernhof kam, die bei ihrer Mutter gelebt und einen richtigen Vater im Krieg hatte, die nicht bei Pflegeeltern aufwuchs und nicht als „Stadtpomeranze" verschrien worden war, Ilse hatte zusammen mit Rosi gelacht, wenn Helmut „Stadtpomeranze" laut über den Schulhof geschrien.

Ilse, bei der früher alles besser gewesen war. – Jetzt, Ilse mit einer Mutter, hundert Prozent tot. Erst bei dem Satz hatte Annegret damals im Getreidefeld bemerkt, wie sehr Ilse ihr leid tat. Ilse, manchmal einsilbig. Vielleicht deshalb. Ilse, die bald darauf fast an Typhus gestorben wäre, Annegret hatte sie, am Ende der wegen Ilses Krankheit dann folgenden einsamen Schützengrabennachmittage, wenn der Lappen am Ziehbrunnen und auf Ilses Hof reine Luft ankündigte, fast jeden Abend besucht. Abgemagert bis auf Haut und

Knochen. Riesige Schatten standen hinter den fiebrigen Augen, ihr kurzgeschnittenes blondes Haar klebte verschwitzt am Kopf. Annegret kam nicht umhin, nach einem weiteren Ergänzungszettel zu greifen: *Die Tanten hatten mich schon am Vormittag geholt, weil es mit Ilse zu Ende gehen sollte.„Du wirst wieder gesund", habe ich zu ihr gesagt, denn ich wusste nicht, was ich sagen sollte. Einige Tage später ging es langsam mit Ilse bergauf.*

„Ich bin's!" Und weil es ein besonderer Abend war, wegen der Biestmilch in ihrem Eimerchen, ließ Annegret, nicht wie sonst, Ilse den Vortritt beim Tagesbericht. „Ich hab was!", schob sie stolz sogleich hinterher und streckte das Eimerchen mit der Biestmilch Ilse entgegen. Ilse saß bereits im Unterrock auf ihrem Bett. In der Kiste neben dem Ofen lagen noch einige Stücke Torf. Annegret legte nach, holte einen Eimer Wasser vom Brunnen vor den Häuslingshäusern, nahm mit dem Feuerhaken so viele Kochringe vom Herd, dass der einzige große Topf, den sie hatten, direkt aufs Feuer gesetzt werden konnte und stellte in Ermangelung einer Schüssel das Emailleeimerchen mit der Biestmilch ins Wasserbad, ließ sie ziehen, bis sie fest wurde.

Die Biestmilch selber mit dem Messer zerteilen, in zwei gleiche Hälften, und die eine stolz auf Ilses Teller legen; nicht verschweigen müssen, nicht heimlich schnell sie zum Verschwinden bringen wie die Heimlichmilch. Ilse, inzwischen genauso knochig wie Annegret, aber blasser, obwohl kräftiger gebaut, jedoch nicht kräftig genug, um zu melken, Ilse mit ihren kurzgerupften blonden Haaren verzog für den Bruchteil einer Sekunde das Gesicht, schob dann, wie Annegret, langsam und andächtig einen Löffel nach dem anderen in den Mund, schluckte die cremige Masse. Der Hunger nach Eiweiß und Fett, der solange schon anhielt, zumindest für Ilse, trieb sie an, half das Loch zu stopfen, den Schlucken hinterherzuspüren, bis sie im Magen verschwanden.

Ilse war wenigstens ein gleichaltriges Mädchen, auch nur ein armes Menschchen, das ohne Mutter diese Zeit zu überstehen hatte, und bei „chen" blieb Annegret nichts anderes übrig, als doch an ihre eigene Mutter zu denken, die beim Sprechen, wie es in Ostpreußen üblich war, so gerne ein „chen" hinter die Worte hing: Kindchen, Schiepelchen, Mädelchen, Annchen, mein Ännchen ... Dabei hörte sie ihre Stimme, Tränen schienen sich anzukündigen ... Nicht nachgeben, nicht bei diesem Festmahl. Nicht schon wieder traurig sein und Trübsal blasen, jetzt, wo sie nicht alleine war.

Sie sprang impulsiv hoch, nahm ihren Teller, der letzte Löffel voll mit Biestmilch war gerade verspeist, leckte ihn genüsslich ab, guckte verschmitzt hinter dem Tellerrand hervor, um auch Ilse zum Lachen zu bringen, schon leckten beide schmatzend wie die Katzen, damit nichts von der kostbaren Biestmilch verkam. „Morgen gibt es wie-der Biestmilch, gibt es wieder Bie-hist-milch ..." Die Melodie von „Wenn die bunten Fahnen wehen" ließ sich ebenso gut auf andere Texte übertragen.

„Ilse macht Stahlpflege", sagte einer der Jungs, Bruno war es, und grinste übers ganze Gesicht, Ilse lachte dazu, sie nahm es ihm nicht übel, sie mochte ihn und er sie. „Stahlpflege" war etwas, das jeder konnte, Stahlpflege, so hieß es damals, das waren die einfachen Arbeiten. Ilse musste das Lager der Kühe herrichten, also das Stroh, auf dem sie lagen, aufschütteln, wenn die Jungs ausgemistet hatten, oder sie musste mit dem Strauchbesen alles sauberfegen, Spinnweben fortmachen, beim Aufladen helfen, Futter heranschieben, Runkeln säubern und in einem handgedrehten Hechsler zerkleinern. Sie ging den Jungen zur Hand, hatte somit während des Sommers von morgens bis abends Gesellschaft gehabt. Und doch bemerkte Annegret – obwohl sie selber, solange sie die Kühe jeden Tag hinaustrieb, mit den Jungs wenig Kontakt gehabt hatte, außer dass man sich zunickte, guten Morgen wünschte, die ersten Blicke waren ein wenig scheu gewesen – dass die Jungs ihr tatsächlich zugewandt schienen. Sie arbeiteten im gleichen Stall, Annegret saß unter den Kühen, während Helmut, Herbert und Bruno den noch dampfenden Mist auf die Mistkarre warfen und hinausschoben. Hin und wieder schenkten sie ihr ein Lachen, gaben sich hilfsbereit: „Soll ich das machen?", wenn eine Kuhkette sich verhakte. Vor dem Wegtreiben der Kühe verabschiedeten sie sich sogar oder teilten einen Scherz mit ihr. Konnte sie das glauben? Ob diejenigen, die ihr ein Jahr zuvor bei der Mühle in der Nähe der Schule die Luft aus dem Reifen gelassen und ihr, wann immer sie konnten, Beleidigungen hinterhergeschrien hatten, ob die sie nun, da sie mehr arbeitete als eine Bauerntochter, wegen ihres Arbeitsvermögens akzeptierten? Vielleicht sogar mochten? Oder etwa gar wegen Tronka, der ihnen nicht nur Respekt einflößte, sondern Angst machte, Annegret gegenüber aber gefügig war?

Eines Tages war sie, sie hatte es nicht geplant und nicht gewollt, nicht umhin gekommen, ihnen eine Lektion zu erteilen. Einen harmlosen Streich nur hatte sie spielen wollen, sie ein bisschen ärgern, als die Jungs Tronkas Stall ausgemistet hatten und sie Tronka wieder hereinholen sollte. Die Jungs waren noch damit beschäftigt, das Stroh zu verteilen, sie tat, als sehe sie sie nicht, als sie die Tür zum Stall öffnete und Tronka hineinließ, obwohl die Jungs noch in seinem Stall waren. Wie von einer Tarantel gestochen stürzte Tronka brüllend in den Stall und brüllend auf die Jungs zu; Annegrets Schreie, „Tronka komm her! Tronka!", waren umsonst, und nur mit Mühe und Not schafften die Jungs es, über die Gitterstangen an Tronkas Futtertrog in den Kuhstall zu entkommen.

Was, wenn er tatsächlich schneller gewesen wäre als sie? Niemals hätte er ihnen etwas zu Leide tun sollen. Nur sich auch einmal einen kleinen Spaß gönnen, wie die Jungs ein Jahr zuvor mit ihr, dem Heimkind, dem Pflegekind, der Stadtpomeranze, was auch immer sie war?

Und jetzt diese Kehrtwende? Konnte sie sich darauf verlassen? Oder würde sie doch in unkontrollierten Momenten mit Stadtpomeranzengeschrei und Die-kalte-Schulter-Zeigen rechnen müssen? Oder war es ihre Fröhlichkeit, die die Jungs an ihr mochten? Sie lachte gerne. War es das? Sie spaßte gerne … Wie's drinnen aussieht, geht keinen was an. Annegret drehte sich abrupt um, nicht weiter darüber nachdenken, sondern froh sein, dass die, zu denen sie ein Jahr zuvor schon hatte gehören wollen, sie nun als Ihresgleichen akzeptierten? Wenngleich …? Sie kam nicht umhin, das traurige Ziehen zu spüren, das sich ein Jahr zuvor um ihr Herz gelegt hatte und nun an seine Existenz erinnerte, wenn auch nur flüchtig zuckend, als läge es in den letzten Wehen, aber doch nicht vollständig verschwand, denn etwas von ihm war noch bei ihr, jetzt, während sie im Kuhstall stand, wohlig warm, dampfend vom Atem der Kühe, draußen war es fröstelnd kalt, zu Tronka in seinem Stall hinüberschaute, dem traurigen Ziehen in ihrem Herzen mit einer wegwerfenden Handbewegung auf die Sprünge zu helfen versuchte.

Jetzt, was ist schon jetzt, wenn so viele „Jetzt" an einem vorübergezogen waren?

Jetzt, zu Hause in Bekenbostel, während sie bei der Spurensuche den Stimmen hinterherlauschte, die Gesichter festzuhalten versuchte, sich fragte, ob die Traurigkeit hinter ihrem Lachen verschwunden war, damals, weil die Jungs, so viel größer und stärker als sie, wie kleine Kinder vor Angst geflüchtet waren, ihr also nichts mehr antun konnten? War es das gewesen? Oder wollte sie es nach den vielen Jahren so sehen?

Seit sie tagsüber nicht mehr mit der Kuhherde zum Weidegrund zog, war Annegret wie Ilse die ganze Zeit mit den Jungs zusammen. – Wie sie es liebte! Annegret, ihrer Einsamkeit entflohen. Im flapsigen Gespräch bei der Arbeit, menschliche, ihr wohlgesonnene Stimmen. Nein, sie würde keine Gemeinheiten von den Jungs mehr zu befürchten haben. Lachende Blicke, albernes Kichern, tagein, tagaus waren sie nun damit beschäftigt, den Stall sauber zu halten, Futter heranzuholen von leerstehenden Bauernhöfen, alten Mieten von vor einem Jahr, deren innerer Kern auch den Sommer über nicht verfault war, Rüben, mit denen sie zwischendrin, wenn sonst niemand zu sehen war, Kullerball spielten, sie und Helmut. Was konnte sie plötzlich mit ihm lachen! Rübenkullerball, bevor sie den Wagen damit beluden. Heu und Stroh warfen sie sich vom riesigen Boden über dem Kuhstall gegenseitig forkenweise zu, kletterten vorher auf die aufgetürmten Haufen, sprangen mit Gejuchze hinunter, bewarfen sich mit Heu. Annegret traute sich am höchsten zu klettern, die Büschel am kühnsten zu schleudern, Kinderkram zwischendrin! Sie waren vierzehn und fünfzehn, fast zwei Jahre lang, seit man sie vom Heim zu den Pflegeeltern gebracht hatte, hatte sie einsam ohne Gesellschaft von Gleichaltrigen in Klipschen leben müssen. – „Jetzt machen wir aber weiter", Bruno ergriff mal wieder die Initiative, er erinnerte an die Arbeit, trieb aber nicht an, sie arbeiteten alle gerne, Arbeit füllte den Tag.

Futter für die Tiere heranzuholen hatte seinen Sinn, vertrieb Gedanken, die nach den Lieben fragten, nach Müttern, Vätern, Geschwistern, nach allem, was sie vermissten, nach Ostpreußen oder Deutschland – wo immer das jetzt war? Ob das jemals wieder sein würde? Wann sie den oder die wiedersehen könnten? Und wie? Und wo? Und überhaupt? Nein, das lieber nicht denken.

Forken mit Futter flogen, wo sie hinsollten, schließlich durch die große Bodenluke, mit geschäftigem Schweigen oder fröhlichem Geplapper, sich mit den Forken verhakelnd und lachend. Lachen, lachen, immer nur lachen, und doch dabei das Fuder Rüben vollbekommen.

Was diese unbeschwerten Momente Annegrets einsamer Seele guttaten! Wie ihr Lachen, wieder erwacht, sich ausbreitete, den Raum füllte, ihre Seele zum Hüpfen brachte. Nicht mehr einsam und allein. Sie hatte sogar den Eindruck, dass die Jungs sie lieber mochten als Ilse. Ilse drehte sich hin und wieder abrupt zur Seite, die Lippen ernst zusammengekniffen, das Lächeln aus ihrem Gesicht verschwunden, als wären traurige Gedanken darüber gehuscht, die es verzogen und sie daran erinnerten, dass man nicht zu fröhlich sein konnte, durfte, mit erhobenem Zeigefinger. Traurige Gedanken zum Grauen zurück, dem Grauen des Krieges, stark genug, Ilse kurzzeitig herauszureißen aus ihrem Beisammensein, sie mit sich nehmend.

Auch jetzt an der Bodenluke hatte sie ihnen plötzlich den Rücken zugekehrt, sich auf die Forke gestützt, in die Ferne geschaut. Kein Wort von sich gegeben. Auch wenn man sie fragte. Nicht lange, nein, aber es ließ bei den anderen ebenfalls flüchtige, schaurige Schatten vorbeihuschen, sonst mit Geschäftigkeit davongejagt. Die eben gefundene Leichtigkeit war wie eine Seifenblase zerplatzt. Bis sie, die deutschen Kolchosearbeiter, wieder zu ihr zurückfanden, bis Annegret die Stimme hörte, wie's drinnen aussieht ..., nein, nein, und die Lippen zu einem Lächeln zog, Mundwinkel nach oben, fröhlich, wenn auch nur äußerlich. „Komm", Bruno holte Ilse gedanklich wieder zurück, Bruno stupste sie an, ein zaghafter Versuch zu lächeln. Immerhin. Gemeinsam gingen sie die Heubodentreppe hinunter zum Stall, schoben das Heu den Kühen vor. Ilse nun wie immer wieder dabei.

Annegret stoppte vor Tronkas Stall, „Tronka, mein Tronka",

flüsterte sie, damit keiner es hörte, kraulte ihm den Hals im Vorbeigehen, die Blässe, fuhr mit ihren Fingern durch sein Fell. Wenn die anderen in der Nähe waren, sprach sie nur kurz mit Tronka, wollte bei ihnen sein, kein Gerede wegen Tronka haben. Kam sie morgens in der Frühe, war die Nacht eine traurige gewesen, im Traum die Mutter erschienen, ganz weit weg, hinten im Bild Schiepelchen, die schrie, oder hatten die Tränen sich wochenlang gestaut, bedurften nur eines Fingerschnipsens, um sich ihre Wege zu bahnen, dann half ihr Tronka, „Tronka, mein lieber Tronka, du bist auch immer allein, hast keine Mutter, nie deine Geschwister gesehen? – Oder doch? Ist eine deiner Schwestern hier bei den Kühen, nur du weißt es nicht?" Tronka, sein warmes Fell, an das sie sich schmiegte, seine großen Augen, sie fragend anschauend, die Ohren ihr aufmerksam zugestellt.

Annegret wurde unverhofft von den Russen ein Beiname verliehen, der stolz ihre Brust anschwellen und ihren entschlossenen Blick noch entschlossener werden ließ. Es war im November, der grimmige Winter hatte sich noch nicht angekündigt. Es begann damit, dass eines Morgens nach dem Melken der gute Verwalter klappernd in den Stall kam. Die Jungs hatten draußen zu tun, Annegret war dabei, ihren Melkeimer abzuwaschen, Ilse den Stall zu fegen, Swetlana goss die letzte frisch gemolkene Milch in die Kanne, Nadja und Natascha schauten ihr zu, als der gute Verwalter Ilse und Annegret zurief: „Ihr das kennen?"

Er zeigte ihnen einige Metallteile, die er auf die Schrotkiste legte: zwei runde Teile mit je einem Schaft, ein Gehäuse, ein großes Becken mit einem Aufsatz, eine Kurbel mit Holzgriff, vermutlich hatte er sie auf dem Speicher über der Scheune oder im Keller des heruntergebrannten Gutshauses gefunden oder es von einem anderen verlassenen Hof gebracht bekommen.

„Ihr kennen?", er wiederholte seine Frage, mittlerweile waren alle Frauen hergekommen, er hob einige der Metallteile wieder hoch, zeigte sie in die Runde. Annegret braucht nicht lange zu überlegen, das war eine Zentrifuge. Sie hatte im Jahr zuvor schon die Milch der Kuh Lina bei den Pflegeeltern zentrifugiert, aus der die Pflegemutter damals Butter zubereitete, dann und wann Käsekuchen rührte. Käsekuchen mit Butter. Ilse würde das Zentrifugieren auch kennen. Sie schaute Ilse fragend an, vordrängeln wollte sie sich nicht.

„Willst du oder soll ich?"

„Mach du", Ilse nickte bestätigend.

„Ich weiß, was es ist", Annegret sprach es laut in die Runde. Wichtig war jetzt nur, die Teile in der richtigen Reihenfolge zusammenzubauen. Annegret wollte sich ja nicht blamieren. Die leichtere Sahne, die beim Drehen der Kurbel abgetrennt wurde, musste aus dem oberen Schaft und unten die Magermilch herausfließen. Sie nahm ein Teil nach dem anderen und mit wenigen Handgriffen hatte sie das Gerät zusammengebaut.

„Nun die Milch rein!"

Zwei Eimer wurden untergestellt zum Auffangen von Sahne und Magermilch, vorsichtig die Milch hineingegossen, schon drehte Annegret die Kurbel und alle, inzwischen waren auch Andrej, Wasili und noch ein Russe, einer von den Soldaten, die immer mal wieder halfen, herbeigekommen, hielten neugierig ihre Nasen über die Zentrifuge, und sahen, dass es funktionierte: Annegret musste nicht lange kurbeln, bis die ersten Rahmtropfen, zunächst in einem dünnen Rinnsal, dann in einem immer kräftiger werdenden Strahl in das dafür vorgesehene Gefäß flossen.

Nadja und Natascha warfen sich anerkennende Blicke zu, Swetlana schlug vor Erstaunen die Hände zusammen, ihren Mund zu einem staunenden O geformt, wandte sie sich als erstes Annegret zu: „Anuschka, du Spezialist!" In die Stille, nur das Fließen von Sahne und Magermilch war zu hören, sagte sie es deutlich vernehmbar hinein, und nicht zuletzt weil sie, die Männer und Frauen, Annegrets leuchtende Augen sahen, riefen sie lachend durcheinander hinterher: „Du Spezialist!"

Hatte jemals irgendeiner so etwas zu ihr gesagt? – Die Russen mochten sie auch. Den Eindruck hatte sie schon länger, nicht nur weil sie alles konnte, was man ihr an Aufgaben zuwies, sondern auch, weil sie gerne bei der Arbeit sang. – „Schöne Lied", selbst Natascha hatte es ein paar Mal von ihrer Kuhreihe zu Annegret hinübergerufen.

Jetzt hieß es, „Anuschka Spezialist!", Swetlana rief es noch einmal, Annegret anerkennend auf die Schulter klopfend.

Wenn Annegret diesen Beinamen, der sich anfühlte wie ein Titel, nicht schon gehabt hätte, spätestens mit dem folgenden Ereignis wäre er ihr verliehen worden. Ein Ereignis, klar in ihrer Erinnerung wie ein gerade scharf gestelltes Dia. Der gute Verwalter mit seinen freundlichen braunen Augen, in die Annegret gerne geschaut hatte, rief betont, jede Silbe hatte dabei ihre Bedeutung: „A-nusch-ka!" Das hieß, dass er etwas wollte, eine Aufgabe für sie hatte, „A-nusch-ka, du wissen? Der Oberst hat Kuh." Der Oberst war im Spätsommer nach Klipschen gekommen, leerstehende Häuser gab es genug, und besaß zu dem Zeitpunkt als erster Russe eine eigene Kuh.

Diese Begebenheit hatte Annegret längst notiert. Sie griff zu dem Blätterhäufchen auf der linken Seite des Küchentisches: *Dem Oberst seine Kuh.*

„Gestern Kalb gekommen, heute Kuh von Oberst krank! Sie nicht stehen kann. Fallen um. Was jetzt machen?", sagte der gute Verwalter. Zusammen mit dem Verwalter ging ich zum Stall, in dem die Kuh des Oberst war. Ich sah gleich, dass sie Milchfieber hatte. Ich sah am schlaffen Euter, dass sie ganz leer gemolken

war. Das darf man auf gar keinen Fall gleich nach dem Kalben machen, und wie ich hörte, hatten einige von den Frauen sogar schon vorher, vor dem Kalben gemolken. Kein Wunder, dass es der Kuh so schlecht ging! Eile war angesagt, und ich sagte ihm, was sie hatte. Er wusste nicht, was das ist. Ich musste ihm erklären, was zu tun war und sagte ihm: „Die Kuh hat Milchfieber. Alle vier Striche müssen aufgepumpt werden."

Er sah mich ganz verdattert an, vielleicht dachte er ja auch, die spinnt. Es wurde aber trotzdem so gemacht, wie ich es gesagt hatte. Man steckte ein kleines Ventil oder Röhrchen in den Strich, dann kommt Luft rein, so dass das Euter aussieht, als wenn viel Milch darin wäre. So hatte ich das den Russen erklärt. Ich wusste das vom Jahr zuvor. Ich hatte schon immer meine Augen und Ohren auf, und so hatte ich auch damals, als die Kuh von den Pflegeeltern Milchfieber hatte, aufgepasst. Ich musste damals zum Gut laufen und den Schweizer zur Hilfe holen. Als er dann kam, sagte er, was sie hatte. Und so habe ich ganz genau aufgepasst, was er gemacht hat. Und das kam mir jetzt zu Gute. Zwei oder drei Stunden später kam der gute Verwalter schon an und sagte: „Die Kuh stehen schon!"

Kein zuckender Schmerz war in Annegrets Brust zu spüren, kein Seufzer, der ihrer Seele entschwand, wie bei den Gedanken an die Jungs, wenn sie auf dieses Blatt schaute. – Wie sie sich gefühlt hatte damals, als der gute Verwalter diese Nachricht gebracht hatte, wie ihre Augen geleuchtet hatten, wie Swetlana unter einer Kuh vorkam, „Was, Kuh von Oberst heil? – Anuschka Spezialist!"

Swetlana. Was wohl aus ihr geworden ist ? Ob sie immer in Klipschen geblieben ist? Swetlana, mit ihrem kugelrunden Gesicht. Der gute Verwalter, groß und schlank und freundlich, der gute … Nein, die Seufzer im Anmarsch, nicht ausschweifen, das führte zu nichts. Niemand von damals mehr da.

Der Oberst hatte sich großzügig gezeigt, der Oberst hatte sich so großzügig gezeigt, dass Annegret, kurz bevor der Winter nicht nur mit bitterer Kälte, sondern auch mit kneifendem Hunger einzog, zwei Tage lang weiße Milch bekam, nicht die gelbe, dicke Biestmilch, es war die weiße, köstliche Milch, die die Kuh bereits eine Woche nach dem Kalben gab, und nicht in ihrem kleinen Eimerchen trug Annegret sie fort, sondern im großen Melkeimer. Eine Woche nach dem Kalben gab die Kuh des Oberst bereits mehr Milch als zweieinhalb Liter, Annegret füllte zwei Tassen damit, trank sie, die weiße Milch, mit Ilse gemeinsam, nicht heimlich schnellen Schluckes unter der Kuh, saß ihr am Küchentisch gegenüber, andächtig Schluck um Schluck. Den Rest der Milch trug sie abgedeckt mit ihrem Leinenbeutel wie eine Trophäe den Pflegeeltern entgegen.

Waren es diese Gemeinsamkeiten im Kuhstall, die die Deutschen und Russen, durch jahrelangen Krieg und jahrelanger Propaganda zu Feinden erklärt, einander näherbrachten? Auf Lieder, auf Annegrets unter den Kühen gesungene traurige Melodien, hatten die Russinnen, Swetlana vorneweg, längst reagiert, aber man konnte nicht sagen, dass sie sich wirklich interessierten, näherkamen, dazugesellten.

Das änderte sich, als sie zu fünft, sie hatte sich nach dem Füttern im Kuhstall auf einem großen Heuhaufen platziert, ein Lied nach dem anderen sangen. Annegret fiel immer noch eine Strophe ein, die anderen summten dann mit, „Woher kannst du bloß so viele Strophen?", fragte Ilse dazwischen, Annegret zuckte mit den Schultern, sollte sie sagen, dass sie sie im Sommer beim Hüten geübt hatte, dass ihr nach und nach alle Strophen wieder eingefallen waren, dass sie sie in den Sand geschrieben und so behalten hatte? Sie konnte sie eben. Sie musste nur aufpassen, dass sie sich nicht versang. „Jetzt fahr'n wir übern Bach, übern Bach" wurde schnell zurückgeändert in „übern See, übern See". Das konnte doch nicht so schwer sein. Irgendwann waren sie bei „Bunt sind schon die Wälder" angelangt, obwohl der Novembersturm längst sämtliche Blätter vom Baum gerissen hatte, als zuerst Andrej, dann Swetlana, schließlich auch Nadja und Natascha neben ihnen standen und zustimmend lauschten. Annegret klopfte mit der Hand auf einen freien Platz neben sich, während sie weitersang, als Aufforderung für Swetlana und die anderen. Es dauerte ein wenig, die Blicke gingen hin und her, dann setzten sie sich zaghaft dazu; nicht ganz dicht heran, ein klein wenig Abstand ließen sie, und packten die Gelegenheit beim Schopfe, mit russischen Liedern die deutschen zu beantworten.

Man beließ es zunächst beim Singen, sich freundlich zunicken, nur wenige Worte wechseln, aber es dauerte nicht lange, sie hatten schon einige Male gemeinsam gesungen, bis sich kurze Gespräche anbahnten. Nicht nur aus Höflichkeitsfloskeln bestehend, aus „Schöne Lied", „Schön singen", man begann, sich füreinander zu interessieren – soweit es die Sprache zuließ.

„Frau hier", dabei deutete eine der Russinnen Richtung Hof der Pflegeeltern, „deine mámotschka?" Annegret schüttelte den Kopf, wie sollte sie es erklären, Pflegemutter verstand doch keiner.

„Bábuschka?"

Nein, wieder schüttelte sie den Kopf, „Pflegemutter! Nicht mámotschka. Mámotschka tot? Mámotschka lebt. – Ich weiß nicht." Dann kam Ilse dran. Sie erzählte, dass sie von dem großen Hof neben dem von Annegrets Pflegeeltern komme.

„Kapitalist!"

Nikolai hatte es nicht freundlich dazwischengerufen und Ilse kritisch dabei angeschaut.

„Nix Kapitalist", Annegret guckte Nikolai empört von der Seite an, ihre Pupillen waren in die rechten Augenwinkel gerutscht, das konnte sie doch so nicht stehen lassen, die anderen Deutschen nickten bestätigend, „Mámotschka vielleicht Sibirien!"

Das war durchaus vorwurfsvoll gesagt. Einen Moment lang waren alle still. Annegret schaute vorsichtig, wie freundlich oder unfreundlich sich die Mienen zeigten, auch wenn die Russen Anuschka Spezialist zu ihr gesagt hatten, vielleicht würden sie ihr das jetzt übel nehmen? Aufstehen? Ihr den Rücken kehren? Im Zweifelsfall hatten sie Recht ...

Ilse fand als Erste die Sprache wieder: „Mutter nicht weiß. Vater nicht weiß. Vielleicht kaputt."

„Ja, Krieg nix gut. Alles nix gut", Swetlana nickte dazu, sie, die Älteste, verstand am besten. Aber was sie selber im Krieg gemacht hatte oder die anderen Russen, davon sprach keiner. Lieber über den Alltag sprechen, nicht über das, was zurücklag, Swetlana hob stolz einen Fuß hoch, zeigte ihre neuen Pantinen. „Von deine ...", da sie nicht wusste, was Pflegevater hieß, deutete sie in die Richtung, in der das Haus der Pflegeeltern lag. Gut gemachte Pantinen, mit dicken Wollstrümpfen hielten sie die Füße warm. Dann ging das Gespräch auf Russisch weiter, die Deutschen schwiegen, Annegret versuchte Brocken aufzuschnappen, hing ihren Gedanken hinterher. Sprachen die Russen über sie, ihre Pflegeeltern? Die Russen hatten offensichtlich immer noch nicht verstanden, wer sie für sie waren.

Am nächsten Tag würde sie nach dem Melken zur Pflegemutter gehen, ihren Wäschebeutel mit Schmutzwäsche mitnehmen und baden, „Übermorgen kannst baden", hatte die Pflegemutter am Tag zuvor gesagt. Sie kümmerte sich nach wie vor um sie, aber sie war nun mal nicht ihre Mut... Andrej bemerkte Annegrets nachdenkliches Gesicht: „Ach, besser noch eine Lied!"

Der Pflegevater verstand sie besser als die Pflegemutter, obwohl er kräftig gebaut war, groß, breitschultrig, er, in seiner grauen

Joppe, der grünen Mütze, den dunklen Arbeitshosen, seine Statur verlieh ihm etwas Derbes, vermittelte den Eindruck, er habe für sensible Fragen des Lebens kein Gespür. Doch seine Augen waren liebevoll, liebevoller als die der Pflegemutter, gleich am ersten Tag bemerkte Annegret es, als sie ihnen in der Küche des kleinen Lehmhauses in Klipschen gegenüberstand, diesem einsamen Ort fünfzehn Kilometer von Tilsit entfernt, in dem sie von einer Erzieherin des Rastenburger Heimes abgegeben wurde. Die Pflegemutter dagegen war klein und zart, ihr dünnes Haar zum Knoten zusammengesteckt, zeigte lichte Stellen auf der Kopfhaut, ihr Rücken leicht gewölbt, sie trug einen dunklen Rock, Bluse, Schürze. Sie hatte etwas Skeptisches in ihren Augen: na, ob die wohl zu uns passt?, als sie Annegret von oben bis unten mit strengem Blick musterte, in diesem winzigen Haus, das Kinderheim war riesig gewesen, voller Lärm und voller Kinder, hier waren nur die beiden Alten, die mit über sechzig Jahren ihre Großeltern hätten sein können. Vielleicht war es das, was Annegret, damals zwölfeinhalb Jahre alt, am meisten verschreckte und ihr die Sprache verschlug, die Kehle zuschnürte, ihre Augen enttäuscht nach unten blicken ließ? Dazu die Angst vor der Einsamkeit, die dort über dem dunklen Zementboden waberte und die Sehnsucht nach den vielen Kindern, die sie im Heim um sich gehabt hatte, und nach Königsberg. „Piep, piep, piep. Keiner hat mich lieb", der einsam frierende Spatz hinter dem Küchenfenster im kalten Winter bei ihrer Ankunft hatte es ihr gesungen und sie hatte nicht einmal die angebotene Tasse Milch trinken können, obwohl sie Milch so gerne trank. Solche alten Leute konnten doch ihre Mutter nicht ersetzen.

Der Pflegevater verstand auf Anhieb in ihren Augen zu lesen, ihre Verzweiflung zu sehen, sprach aus, was Annegret sich nicht getraute: „Mädelchen, magst nicht bäi uns säin?"

Liebevoll hatte er das gesagt und die Pflegemutter sich

Mühe gegeben, „Magst Räderkuchen backen?", hatte sie am nächsten Tag gefragt. Die zweite Tasse Milch konnte Annegret annehmen. – Eine Mutter hatte sie nur eine und das war ihre, die sie Pfingsten vierundvierzig dort in Klipschen besuchte, zu dem Zeitpunkt, als Annegret mit den Tieren auf dem Hof längst Freundschaft geschlossen hatte. Mit den Kindern aus dem Dorf nicht, die sah sie nur in der Schule und auf dem Weg dorthin, nach der Schule spielte sie mit niemandem, sie, die Stadtpomeranze, das Heim- und Pflegekind. Kaum war die Mutter angekommen, lag Annegret mit vierzig Fieber im Bett. Die Mutter machte Wadenwickel, strich ihr liebevoll mit der Hand über den Kopf, nahm sie in den Arm und sang bei der Abschiedsumarmung „Ännchen von Tharau", „Ännchen von Tharau ist die mir gefällt."

Die Pflegemutter dagegen war streng, dann, wenn es ihr nicht gut genug schien, wie Annegret den Rock umsäumt, die Kuh gemolken, den Garten umgegraben, den Weg geharkt hatte. Der Pflegevater schaute sie verständnisvoll an, er wusste zu schätzen, wie gut Annegret mit Tieren um gehen konnte, und er versuchte sie aufzuheitern, spielte „Mensch ärgere dich nicht" mit ihr, sprach Ostpreußisch, weil es sie erfreute, „Ojemine, Gustchen, das spindeldürre Marjellchen, se hat wieder mäin Klötzche jeschmissen."

„Mannche, die is schneller als wir!"

Er guckte Annegret dann so freundlich an, dass ihre Mundwinkel sich nach oben bewegten.

„Wäißte was Muttchen, se kann ja auch lachen."

Das war der Anfang gewesen. Als Annegret jetzt zur Pflegemutter kam, war das Wasser auf dem Herd schon heiß. Sie bereitete ihr alle vier Wochen ein Bad, im Sommer im Stall, in dem ein Jahr zuvor noch die Kuh Lina gestanden hatte, im Winter in der Küche, ein heißes Kräuterbad im hölzernen Badezuber. Nur die Pflegemutter war dabei, der Pflegevater wurde weggeschickt, zum Ausschau halten. Ob sich jemand Fremdes dem Haus näherte? Das Wasser dampfte wohlriechend aus dem Zuber heraus, „Heute hast Scharfgarbe", es gab auch Majoran, Fenchel, Schachtelhalm, all die Kräuter, die Annegret im Laufe des Sommers vom Weidegrund mitgebracht hatte, jetzt schwammen sie im Leinensäckchen im warmen Nass, dem Annegrets Poren in der Haut sich entgegenzustrecken schienen, diesem wohltuenden, weichduftenden Nass, dem sie sich hingab, der anhaltenden Dauer des plätschernden Wohltuns, während sie ihre Arme, Beine, Bauch, Busen, Rücken, Hals, Gesicht liebevoll mit dem kostbaren Nass abrieb, prustete, wenn sie sich selbst das Wasser mit den Händen ins Gesicht schüttete, mit ihrem Eimerchen über den Kopf goss. Im Frühjahr würde sie wieder Birkenwasser bekommen, der Pflegevater die Rinde anschneiden, Birkensaft im kleinen Napf auffangen, das Bohrloch zustopfen, damit die Birke nicht verblutete und sie ihn sich duftend in die Haare reiben konnte. Birkensaft zur Haarpflege. Einwirken lassen, abspülen, sich zurücklehnen, durchatmen, wenn auch nur kurz.

Sie bekam das Handtuch gereicht. Nicht zu lange verweilen, wenn doch jemand ...? Die Pflegemutter streifte Annegrets mageren Körper, als er aus dem Wasser emporstieg, mit einem fürsorglichen Blick: „Pass auf, dass käin Wind nicht kommt, der pustet dich um und du fliechst mit ihm fort."

Wenn Annegret dann das raue Leinentuch nahm, um das wohlig riechende Kräuterwasser abzutrocknen, frisch gewaschene Wäsche anzog, Wäsche, die mit Asche von der Pflegemutter gewaschen worden war, um dünnen Schaum ins Waschwasser zu bringen, war sie einen Augenblick lang, für einen huschenden Moment am Samstagnachmittag in Königsberg, wenn die Mutter ein Kind nach dem anderen in der kleinen Zinkwanne in der Küche abgeschrubbt hatte, „Die Haare gut abtrocknen, Annchen ...", nicht daran zurückdenken! Schnell herunterschlucken! Sie hielt ihren Kopf über die wärmestrahlende Platte des Küchenherdes in der Küche der Pflegeeltern, wuselte zwischen dem Kurzhaar mit den Fingern, damit es schneller trocknete, band sich ein frisches Kopftuch um.

„Mit Kopftuch kommen käine Läuse nicht", die Pflegemutter tätschelte ihr den knochigen Rücken. Annegret zog den Mantel über, den Tante Hannchen aus Berlin, eine Nichte der Pflegemutter, mit vielen anderen schönen Sachen im Jahr zuvor geschickt hatte, hüllte die Wolldecke drum herum, draußen ging schon wieder Schneeregen hernieder, der Wind kam von Nordost, blies ihr kalte Matschflocken ins Gesicht: Annegret, forschen Schrittes auf dem Weg zur Kolchose. Das half gegen das Zittern.

Die Abenddämmerung setzte ein. Es wurde Zeit zu melken.

Winter

Was der Sturm von den Schiffchen übrig gelassen, der gebündelte Bug, ein Halm, das Blatt einer Blume, schaute aus dem Eis, im Frost erstarrt.

Als Annegret zum ersten Mal an den Winter von fünfundvierzig auf sechsundvierzig dachte, erinnerte sie sich nur dieser, im flackernden Licht des heißen Herdes an Weihnachten gebackenen, unglaublichen Kartoffelfladen und eines einzelnen Lichts, hell und groß, das die sie umgebende Dunkelheit durchbrochen hatte. Wie durch eine geöffnete Klappe schaute sie auf diese leuchtende, Glück verheißende Erinnerung, zusammen mit dem tiefen Gefühl von Zufriedenheit, als die Plinsen, nie wieder hatte ihr je ein Gebäck so köstlich geschmeckt, ein Weihnachten sich so großartig und zufrieden angefühlt wie dieses, ihren und Ilses hohlen Magen warm ausfüllten. Dazu das Licht und dahinter strahlende Augen, mehrere Augenpaare. Erst sehr viel später, Wochen, Monate danach fiel ihr ein, dass das einzelne Licht nicht in ihrer Kammer geleuchtet hatte, sondern in der Küche von Swetlana.

Es hatte geschneit über Nacht und schneite des Morgens weiter, sanfte weiche Flocken. Eigentlich wollte Ilse zu den Tanten, die ihre beiden kleinen Geschwister betreuten, und Annegret zu den Pflegeeltern gehen, schließlich war Weihnachten, aber es gab kein Stroh mehr für die Kühe, sie sollten es von anderen, leer stehenden Höfen holen, deshalb durften sie nicht gehen. Bevor sie losfuhren, wurden zwei Soldaten, sie kamen regelmäßig zum Helfen zur Kolchose, mit Pferden losgeschickt, um zu schauen, wo es noch Stroh zu holen gab, und so standen sie, die Kolchosearbeiter, im Kuhstall. Frierend hielten sie sich die Arme vor den Leib, schauten durch den Spalt der Tür nach draußen auf den treibenden Schnee und warteten, dass die Soldaten zurückkämen.

Wie gerne wäre Annegret zu den Pflegeeltern gegangen an diesem Morgen, so viel Zeit hätte sie mit ihnen verbringen können, denn früh waren sie mit Füttern und Melken fertig geworden.

„Ist kalt?"

Swetlanas warme, helle Stimme erklang von hinten, Annegret und Ilse nickten, auch die drei Jungs standen frierend herum, Andrej, Nikolai und Wasili lachten hinten im Kuhstall, sie hörten, wie die Russinnen miteinander redeten, bis Swetlana auf einmal rief: „Mitkommen! Ihr mitkommen, Küche warm."

Dorthin gingen sie alle und dort bei Swetlana saßen sie um den Tisch, nicht nur sie, die auf der Kolchose arbeiteten, auch eine fremde Frau, eine Deutsche mit einem fünfjährigen Kind, das mit großen Augen, wie sie alle, in die kleine Öllampe mit einem Docht in einer kleinen Büchse auf Swetlanas Küchentisch schaute. Am Tag zuvor waren sie vorbeigekommen, die Deutsche hatte gefragt, wo sie denn überhaupt sei, deutsche Ortsschilder gab es nicht mehr, sie wollte zu einem zwanzig Kilometer entfernten Dorf, um nach Verwandten zu suchen. Bei diesem Wetter konnte sie allerdings nicht mit dem Kind weitergehen. Wo sie übernachtet hatte? In einer Kammer neben Swetlanas Wohnung? Im Kuhstall auf Resten von Stroh? Annegret erinnerte sich nur an diesen Tisch, um den sie gesessen hatten, das Licht, die vielen Augenpaare. Dann an den Gesang. „Anuschka, du Lied", Nadja hatte sie aufgefordert zu singen, alle Deutschen eingestimmt, „Oh du Fröhliche", die Russinnen mitgesummt, danach erklangen russische Lieder, warm und wohlig. – Dann wurde es bitterlich kalt, der Gesang, wie an Weihnachten, Gesang mit Licht an Swetlanas Tisch, war vorüber. Mittag war es, der Magen trieb sie, sie streifte mit Ilse durch die kalten Scheunen und Schuppen, das Wort „grimmig" schlich sich in Annegrets Gedankenwelt, so war er gewesen und beißend der Hunger, bitterlich kalt die Luft, die beim Atmen wie eine Wolke nach draußen strömte.

Wir bekamen das Zimmer kaum warm. Nachmittags hatten Ilse und ich im Holzschuppen noch grüne gefrorene Kartoffeln gesehen. Wir fragten den Verwalter, ob wir die nehmen dürfen, und als wir die hatten, fanden wir in der Scheune noch ein paar Roggenähren von früher, die nahmen wir auch und pulten sie aus. Die gekochten Kartoffeln haben wir durch den Fleischwolf gedreht und zu Kugeln geformt. Es hat gestunken, aber wir brauchten etwas zu essen. Mit der alten Kaffeemühle hatten wir zuletzt noch die paar Roggenkörner gemahlen. Wir haben dann die kleinen Plinsen in dem groben Mehl gewälzt, dann langsam trocknen lassen. Die Plinsen wollten nicht zusammenhalten und klebten an der Herdplatte fest, wir konnten sie nur direkt auf dem Herd backen. Wir hatten keine Pfanne und kein Öl. Wir hatten auch nichts, womit wir sie umdrehen konnten und haben uns die Finger verbrannt. Am Anfang haben wir trotzdem gelacht und uns gefreut. Wir hatten etwas zu essen und wir bildeten uns ein, es wären die schönsten Plätzchen. Wir jungen Menschen waren mit allem zufrieden. Nur heute könnte ich das graue Etwas nicht mehr runterbringen.

Und doch würden Annegret und Ilse schon wenige Monate später, abends in ihrem Zimmer, die Fenster geöffnet, laue Sommerluft strömte herein, keinen Gedanken mehr an grimmigen Frost, Hunger und Kälte verschwenden, der Sommer hielt für sie wieder Früchte parat, der üppige Sommer ließ vergessen, nur von den fröhlichen Seiten der Kartoffelpuffer sprechen, „Weißt du noch – unsere komischen gebackenen Plinsen?", und sich lachend dabei auf die mageren Oberschenkel hauen.

Bis dahin würde es noch dauern. Bis dahin würden ihre Mägen eine schlechte Zeit zu erwarten haben. Wo nichts ist, ist nichts zu holen. – Nur Kälte, Eis, Schnee und Hunger gab es in Hülle und Fülle.

Vor Hunger haben wir nicht Schnee gegessen, wir haben gelutscht, weil wir das als Kinder auch schon gemacht haben. Beim Lutschen vergisst man den Hunger ein wenig. Man hält den Eiszapfen in der Hand. Der Pflegevater kam selten, und wenn er kam, brachte er gekochtes Backobst, da waren ganz kleine Klößchen darin und ein Zwetschenkern zum Lutschen. Manchmal gab es Fischmehlsuppe auf der Kolchose. Mal ein Stück Brot von den Russen.

Wenn wir etwas hatten, haben wir was gegessen. Und wenn wir nichts hatten, haben wir nichts gegessen.

Tagelang ging es gut. Dann wurde der Hunger stärker als sie, der halbe Liter Heimlichmilch schwächelte dagegen an. Es war Hunger, der biss wie ein scharfgemachter Hund. Auf der Flucht zurück hatte Annegret diesen grausigen Gesellen kennengelernt und war angesichts seiner Macht in Tränen ausgebrochen. Als säße ein gefräßiges Ungeheuer in ihrem Magen. Und doch war keines da, kein Ungeheuer, aber dieses Loch, das den Magen weiter aushöhlte und sich in den Gedanken, den Gehirnwindungen im Kopf einnistete wie eine Laus im Haar, wo sie Eier ablegte und neue Läuse gebar. Selbst wenn es kurzzeitig gelang, das Loch zu vergessen, weil man den Blick über die Schneefläche gleiten ließ, die Sonnenstrahlen und Schatten wandern sah, dann plötzlich war er wieder da, der Hunger, dieser lästige Begleiter, der den Ton vorgab.

Jetzt, an diesem kalten Tag im Januar beim Füttern der Kühe, kreisten Annegrets Gedanken um einzelne Runkelstücke, die die Kühe mit ihrem Maul sich einverleibten und mit ihren Backenzähen zermalmen durften, sie spürte das kräftige Knacken der Rüben zwischen ihren Zähnen, stellte sich vor, wie sie einen Bissen nach dem anderen herunterschlucken könnte, der Magen sich füllte. Wenn es nur Steckrüben gewesen wären, die die Tiere bekamen, die Pflegeeltern hatten ein Jahr zuvor noch welche gehabt, Steckrüben schmeckten lecker. Aber Runkeln? Die Pflegemutter hatte mehrmals gesagt, dass man die nicht essen könne, hatte sie es aber wirklich probiert? Oder wurde das nur so gesagt? Annegrets Hand schob sich vorsichtig über ihren Magen. Helmut schaute sie fragend von der Seite an, ließ die Schaufel ruhen, die den Kühen Runkelstückchen über Runkelstückchen vorgeworfen hatte. Sie schauten beide neidisch auf das die Runkeln zermalmende Kuhmaul, Ilse, Horst und Bruno hielten ebenfalls inne:

„Ich hab so einen Kohldampf."

„Runkeln soll man nicht essen."

„Und hast sie schon mal gegessen?"

„Nein, nie!"

„Los! Wir probieren die jetzt aus."

Sie griffen in Horsts Rübenkarre, die noch am vollsten war, wischten sich die Stücke an der Hose oder dem Schürzenzipfel sauber, bissen zuerst vorsichtig hinein, verzogen das Gesicht, sie kauten trotzdem hungrig weiter, schluckten gierig hinunter, bissen wieder ab und wieder und wieder, hörten zwischen ihren Zähnen die Sandkörner knirschen, griffen sogleich zum nächsten Stück, und wieder hineinbeißen in die feste Masse, es zwischen den Zähnen krachen und den Speichel laufen lassen. Annegret konnte gerade noch sagen, „Na, ganz so schlecht schmeckt es nun auch nicht", als das Würgen begann. Ihr Magen in Aufruhr, lief sie zum Mistgang, beugte den Kopf über die Mistrinne, würgte; alles, selbst die dünne Fischmehlsuppe vom Vormittag kam hinterher.

„Die reiert ja!", Horst war es, den sie hinter sich sprechen hörte, danach hörte sie die anderen lachen. Nur einen Moment lang. Dann standen sie neben ihr über die Mistrinne gebeugt. Hinterher lagen sie auf dem Strohhaufen, alle Viere von sich gestreckt.

Helmut kam schnell wieder zu sich und holte Eiszapfen zum Lutschen, reichte Annegret den ersten. Eis, das den Ekel abkühlte, die bittere Enttäuschung betäubte. Eis, das den Magen füllte. Eislutschen, das sie beruhigte. Die Kühe, die noch nicht gefüttert worden waren, begannen zu muhen. Sie, die fünf jungen Leute streckten sich die Hände entgegen, zogen sich gegenseitig hoch, gingen an die Arbeit. Arbeit, die vergessen ließ, auch das, was den Magen so schön hätte füllen können.

Und doch fanden sie einmal, zweimal, vielleicht sogar öfter, etwas, das den Magen füllen konnte, richtig füllen, mitten im weißen Schnee, Blutspuren waren noch zu sehen. Wenn die Russen eine Kuh geschlachtet hatten, ließen sie den Pansen und das Euter liegen. Ilse und Annegret hatten es gefunden, Nikolai stand in der Nähe.

„Warum lasst ihr das liegen?"

„Das Mist, nix gut für Essen."

Annegret nickte, so beiläufig wie möglich hatte sie gefragt, offiziell durften sie nichts von der Kolchose nehmen. Aber Mist, Abfall? Und so wie Nikolai das betont hatte, würden die Russen keinen Wert darauf legen, deshalb holten sie ihre Beutel, sobald Nikolai verschwunden war, stopften alles so schnell wie möglich hinein, wischten ihre schmierig-blutigen Hände sauber im weißen Schnee, liefen zu Ilses Tanten und Annegrets Pflegeeltern, teilten es auf, bekamen ihren Anteil gekocht gebracht. Das füllte den Magen, das hielt sogar an.

Der Winter zog sich. Die Eiszapfen wurden noch länger. Annegret legte sich abends mit ihrem zu kurzen und zu engen Mantel ins Bett und fror. Sie war tatsächlich seit Kriegsende gewachsen.

Im Kuhstall war es warm durch den Atem der Kühe, warm durch die schwere Arbeit, warm von unten und von den Seiten durch das liebe Stroh, das sich beim Sitzen zu einer Kuhle formte mit Wänden, in der ihre eigene Wärme sie schützte, sie wohlig umhüllte, wenn sie eine Pause machten. Weil die Jungs unzählige Stroh- und Rübenkarren herüberschieben mussten, halfen Annegret und Ilse beim Ausmisten, luden eine Forke Mist nach der anderen auf die Karre, damit einer der Jungs sie nur zum Misthaufen zu fahren brauchte, schleppten einen Eimer Wasser nach dem anderen zu den Kühen, die Tränken waren längst eingefroren, putzten den groben Sand von den Runkeln und halfen sie durch den Rübenhäcksler zu drehen, schaufelten den Weg durch den Schnee zum Schafstall frei, warfen den Schafen und Rindern Futter vor, schaufelten den Weg zum Pferdestall frei von den nächtlich angehäuften Schneemengen, fütterten Heu, gehäckseltes Stroh an die Pferde, die mit ihrem Kopf die prächtige Mähne schüttelten, ihn weit über das Gatter hielten, damit Annegret auch sie kraulen konnte, den Kopf streicheln, den Hals tätscheln, lässig über die Mähne fahren und zu ihnen in den Stall kam, sich dicht neben sie stellte, den eigenen Kopf an sie geschmiegt, wie im Sommer nur an Tronka, die Stimme zum Ohr gerichtet, das sich aufmerksam nach oben stellte, flüsterte sie ihnen liebevolle Wort zu, ließ sie den Kopf senken, Annegret an die Mähne fassen – schon zog sie sich behände hoch.

Sie saß oben auf dem Pferd, so wie sie früher in Windeseile in Königsberg auf den Bäumen gesessen hatte. Hoch oben, noch schaute das Pferd erstaunt, ließ sich tätscheln, zur Ruhe bringen, hielt still. „Ich bin hier oben", rief sie den anderen zu, die es ohnehin sahen, die linke Hand riss sie überschwänglich hoch. Hier oben hatte der Hunger keinen Platz, hier oben regierte etwas anderes, hier oben sah sie sich bereits weit draußen, draußen auf den schneefreien Wegen gehen, wie damals mit Hans dem Pferd. „Pass bloß auf, die können dich abschütteln!", Helmut mahnte zur Vorsicht, Ilse schüttelte verwundert den Kopf. Andrej dagegen taxierte Annegret von oben bis unten und schnalzte vor Anerkennung mit der Zunge: „Anuschka, du Spezialist!" Beim nächsten Mal würde sie auf ein anderes Pferd steigen, danach sich, wie jetzt, mit dem Oberkörper flach auf die Mähne legen und dann behutsam wieder nach unten gleiten lassen.

„Wir müssen noch zu den Kälbern!", Bruno mahnte die Weiterarbeit an. Die Russen ließen die Deutschen gewähren, solange sie ihre Arbeit machten. Die Kälberställe wurden ausgemistet, zwischendrin den kleinen Kälbern, die angestupst kamen, zwei Finger der linken Hand zum Lutschen hingehalten, an denen sie mit ihrem klebrigen Speichel sabberten und kräftig sogen. Kleine Kälber waren niedlich, warm, schmusig, kleine Kälber ließen vergessen, was fehlte.

Das letzte Stück Brot von eineinhalb Tagen zuvor war längst verdaut. Die Fischmehlbrühe vom Vormittag hielt nicht lange vor. Auch nicht die Kohlsuppe mit großen Blättern, nur halb gar gekocht. Ilse und Annegret trugen ihre Näpfe zu ihrem Zimmer, wo sie die Kohlblätter in dem großen gusseisernen Topf wenigstens gar kochten. Auch gar gekochte Kohlsuppe hielt nicht lange vor. Nachmittags, bevor das Füttern wieder begann, durfte Annegret schlafen, auch morgens nach dem Melken, wenn sie es wollte; von ihrem Zimmer den schweren eisernen Topf geholt, ihn mit Schnee gefüllt, das Feuer auf dem Küchenherd neben ihren Betten mit wenig Buschholz und Torf entfacht, die eisernen Ringe vom Herdfeuer genommen, warme Funken stiegen über dem Küchenherd hoch, den schweren eisernen Topf aufgesetzt, damit der Schnee schmolz und sie sich im warmen Wasser waschen konnte. Dazwischen mischte sich Rauch. Sie hatte aus Ermangelung von Brennholz wie die Russen, bei ihnen hatten sie das gesehen, einen Weidezaunpfahl in den Ofen geschoben – auch wenn er noch herausschaute und qualmte, so wärmte er doch. Mit allem, was sie anzuziehen hatte, lag sie danach im Bett, schloss sie die Augen und schlief, immer die erste morgens, immer müde. Wenn noch Zeit verblieb, holte sie die Stricknadeln hervor, Wollreste, die sie noch im Herbst in leer stehenden Häusern zusammengeklaubt hatte, mal alleine, lieber in Begleitung des Pflegevaters, die Angst vor grausigen Funden oder einem sie am Arm packenden Mann wie immer dabei, fand sie wenige, kleine Knäuel für eine bunte Mischung. Immerhin. Je länger der Schal werden würde, desto öfter könnte sie ihn um sich herumwickeln.

Manchmal kreisten die Gedanken um die letzte Suppe, wieder vom Pflegevater gebracht, aber nur manchmal. So oft kam er nicht im Winter. Gekochtes Trockenobst, gekochte getrocknete Äpfel, Birnen und Zwetschen mit wenigen ganz kleinen Roggenmehlklößchen, mit Wasser und Mehl angerührt, die am besten das Hungerloch stopften, auch wenn sie viel zu klein waren. „Musst den Pflaumenstäin lange lutschen, dann hast immer was im Mund und was zu tun, Marjellchen", sagte der Pflegevater jedes Mal, wenn er die Backobstsuppe brachte mit mindestens einem Zwetschenkern. Lutschen war nicht so gut wie essen. Aber Lutschen war besser als nichts.

Der Pflegevater selber aß hin und wieder, viel zu selten aus seiner Sicht, Spatzensuppe. Das war eine Suppe für ihn, nicht für Annegret. Ein paar Mal gelang es ihm sogar, einen Spatz am weit heruntergezogenen Strohdach seines Hauses mit einem übergestülpten Tuch zu fangen, abends, wenn sie sich dort zum Schlafen verkrochen, dann wurde solch ein winziges verschrecktes Spätzchen, aus dem die Pflegemutter nach dem Rupfen wenigstens eine Brühe zubereiten konnte, manchmal briet sie es auch, vom Pflegevater verzehrt. Annegret aß nie davon, weder von der Suppe noch vom Spatz, war doch kaum etwas an den Knöchelchen. „Annegret, kannst mich heute Abend helfen, Spatzen fangen?"

Das hatte er im Sommer gesagt, im Winter war doch alles von Schnee bedeckt. Im Sommer! Das hatte sie ebenfalls völlig übersehen, als sie ihren Text fein säuberlich auf ihren Schreibblock übertrug. – Wie ärgerlich, dass jetzt alles soweit der Reihenfolge nach abgeschrieben war. Die Blätter hingen in der Schreibblockgummierung, so sollte es sein, so hatte sie es sich vorgenommen. Ihr Text sollte zusammenhängend und nicht durcheinander im Schreibblock stehen, deshalb hatte sie ja ihre losen Blätter darauf übertragen ... Im Sommer, dem ersten Sommer auf der Kolchose, hatte er seine aus Holz und Drahtgeflecht bestehende Spatzenfalle genommen. Unten befand sich ein Brett, auf dem etwas Futter gestreut war, das Drahtgestell wurde mit Hilfe eines Hakens hochgehalten, sodass die Spatzen in die Falle gehen konnten, und mit Hilfe eines circa zwanzig Meter langen, am Haken befestigten Bindfadens, an dessen anderen Ende Annegret und der Pflegevater auf der Lauer lagen, konnte die Falle zugezogen werden. Konnte. Wie oft klemmte der Haken! Die Falle ging nicht schnell genug zu, und die Spatzen entkamen. „Der Kreet is se wieder wechjeflojen." Welch eine Enttäuschung in seiner wackeligen Stimme gelegen hatte! Eine Rebhuhnfalle hatte der Pflegevater auch gehabt, die allerdings immer leer blieb.

Ja, es war wirklich zu dumm, dass sie diese Begebenheit vergessen hatte aufzuschreiben. Jetzt würde sie schon wieder einen Zettel zwischen die sauber abgeschriebenen Blätter des Blockes legen müssen. Irgendwann würden die Ecken herausschauen, wie bei der Begebenheit mit dem Blindgänger, die sie auch nachträglich hineingelegt hatte. Sie zog an der hervorlugenden Zettelspitze. *Ich stand auf einem Blindgänger.* Ahnungslos, sie hatte nicht im Geringsten gewusst, was es war, Andrej klärte sie erst viel später darüber auf. *Ich stand auf einem Blindgänger.* Doch darum ging es nicht, es ging um streunende Russen. Tronka, wie treu sorgend er sie doch wieder beschützt hatte. Es war beim Wäldchen gewesen, bevor sie die Kühe zum Teich mit dem Enterich getrieben hatte, sie las sich ihren Text laut vor: *Da kamen zwei junge Russen und wollten zwei Kühe „kaufen". Das sagten sie, aber sie wollten eigentlich klauen. Und auf mich hatten sie auch schon einen Blick geworfen. Es ging immer hin und her, ich sagte: „Nix Rubel, nix Karova!" Ich konnte es mir ja erlauben, hatte mitbekommen, dass Tronka die Russen gesehen hatte und anfing zu brüllen und ankam. Die Russen machten, dass sie fortkamen.*

Wie sie ihnen damals hinterhergeschaut hatte, triumphierend! Russen, die vor ihr fortrannten, wie sie auf und davonliefen, sich hin und wieder umschauten, ängstlich, zwei starke Männer auf der Flucht vor ihr. – Na ja, eher vor Tronka, den sie in ihrer Erinnerung mit einem Blumenkranz sah. Blumen, die sie gepflückt hatte, um die lang werdenden Stunden des Nachmittags zu vertreiben, Blumen und Gräser, die ihre Hände geschäftig hielten beim Winden eines großes Kranzes, groß genug für Tronkas dicken Hals, aus weißen Wiesenblumen geflochten, mit Blüten, ähnlich denen der Margeriten, nur viel kleiner und zarter und doch mit einem kräftigen Stiel, gut zum Winden ihres Blütenkranzes, verziert mit geflochtenen Herzchen aus Büschelgras. „Oh, Tronka heute sehr schön!" Das war die Stimme des guten Verwalters gewesen.

Nein, nein, nein. Nicht sich im Sommer verlieren. An den Sommer zu denken war einfacher.

Wenn sie zurückdachte, einfach so, ohne nach einer bestimmten Begebenheit in ihrem Kopf zu suchen, waren die Bäume belaubt, die Wiesen grün, der Himmel so blau. Das sagte ihre Erinnerung, obwohl ihr Gedächtnis wusste, wie nasskalter Regen, beißende Kälte, schneidender Ostwind ihr zugesetzt und aufbrausender Gewittersturm ihr Furcht eingeflößt hatte.

Im Winter hatte sie sich mit dem Einmaleins über Wasser gehalten. Wenn schon nichts in den Wegessand schreiben, weil der Schnee ihn verdeckte, dann lieber rechnen. Das kleine Einmaleins trug die Gedanken schnell fort. Als das kleine Einmaleins wieder saß wie aus dem Effeff, kam das große dran: vierzehn mal vierzehn? Dreiundzwanzig mal fünfundzwanzig? Die Zahlenreihen ratterten durch ihren Kopf. Beim Rechnen brauchte Annegret nichts aufzuschreiben. Im Winter schrieb Annegret überhaupt nichts auf, sie schrieb nicht auf Schnee, im Winter hatte sie die anderen zum Reden, saßen sie auf den Strohbergen im Kuhstall der Kolchose, warm zusammengedrängt, wie gerne dachte sie daran zurück. Keine Angst mehr vor bösen Wörtern, „Wie, die kommt aus dem Heim? – Was ist denn das für eine?", längst vergangen, längst vergessen. Sie hatten alle Hunger im Bauch, kamen aber alle irgendwie über den Winter, hatten alle so viel Suppe und Brot, dass sie nicht zusammenbrachen, sie, Annegret, eine von ihnen, eine von allen, nicht mehr eine, die aus dem Heim kam, aus der Stadt ohne richtige Eltern. Eltern hatte Ilse hier auch nicht mehr.

„Mensch, lasst uns doch mal eine Pause machen!"

Die Tiere standen vor vollen Trögen, Horst warf sich als erstes auf den Strohhaufen, Helmut schichtete zu beiden Seiten weiteres Stroh auf. „Wenn schon nichts im Magen, dann wenigstens warm. Das ist schließlich unsere beste Stube." Annegret summte eine Melodie, Ilse stimmte ein, danach die Jungs, beim Singen verschwand der Hunger am ehesten. Sie sangen aus vollem Herzen, sangen den Hunger weg und die Stunden, die er ihnen von ihrer Zeit stehlen wollte, sangen, dass ihnen von innen warm wurde. Sie sangen alles, was sie in der Schule gelernt hatten, sie sangen „Winter ade", „Wenn die bunten Fahnen wehen", am liebsten sangen sie zu fünft „Kein schöner Land", zuerst gemeinsam, alle vier Strophen, dann im Kanon, die Jungs begannen, Annegret und Ilse stimmten ein nach „Kein schöner Land in dieser Zeit, als hier das unsre weit und breit" mit „Kein schöner Land". Und immer wieder von vorne. Nicht nur die Kühe lauschten, die Russen hatten sich bereits zu ihnen gesetzt. Gesungen. Gesprochen. Wenn sie abglitten in ihre Sprache, die Russen ins Russische, die Deutschen ins Deutsche, wurden die Blicke manchmal skeptisch, fragten sich beide Gruppen, worüber die anderen sprachen, fragten dann aber doch lieber nach und gingen freundlich auseinander.

Einmal nur, sie alle hatten sich vor Hunger den Magen gehalten, Annegret war davon überzeugt, dass die Russen auch nicht viel mehr bekamen als sie, sie konnte sich nicht erinnern, dass einer von ihnen das Wort „Hitler" erwähnt hatte, die Russen schienen es allerdings so verstanden zu haben, horchten erschrocken auf, strafften ihre Haltung im Sitzen und plötzlich stand die Frage im Raum, die auch die Deutschen zusammenzucken ließ: „Hitler gut?" Sewtlana hatte sie aufgebracht dazwischen gerufen und Annegret, die tagelang kein Stück Brot in der Hand gehalten hatte, die ihren Magen liebevoll mit der Hand schützte, wenn nichts hineinkam, sollte wenigstens die Hand wärmen, Annegret, die wusste, wie hart sie arbeitete, die außerdem nur Gutes über Hitler gehört und gesehen hatte, in Rastenburg tätschelte er nur wenige Meter von ihr entfernt liebevoll einem Jungen die Wange, Annegret, die nichts von Völkermord wusste und nichts von mehr als zwanzig Millionen toten Russen, die nur wusste, dass die russischen Soldaten sich kindisch gefreut hatten bei der Nachricht von Hitlers Tod, Annegret entgegnete trotzig: „Bei Hitler wenigstens Brot!"

Swetlana guckte ungläubig und stand wortlos auf. Das war zu viel für sie! Anuschka war eben doch eine Deutsche, und die Deutschen hatten die russischen Zwangsarbeiter hungern und verhungern lassen! An das Elend in Russland wollte sie lieber gar nicht denken. Swetlana, die Annegret sonst immer zugewandt war, kehrte ihr den Rücken zu. Andrej lächelte verlegen.

Erst dann kam die Angst.

Im Zweifelsfall hatten die Russen das letzte Wort. Annegret sprang von den Deutschen als Erste hoch: „Ich bei Runkeln weitermachen", sie sprach es versehentlich in Russisch gefärbtem Deutsch, arbeitete noch eifriger als sonst, stets vorsichtig nach hinten lauschend.

Es passierte nichts. Das war einmal gewesen. Ein achtlos dahin gesprochenes Wort hatte die Gräben zwischen ihnen wieder geöffnet. Es dauerte eine Weile. Die traurige Melodie von „Es waren zwei Königskinder", die Annegret zu Beginn ihrer Arbeit auf der Kolchose leise beim Melken unter den Kühen gesummt hatte, öffnete auch jetzt wieder die Herzen, der Klang von „Kein schöner Land" musste Tage später, Swetlana schaute nicht mehr abweisend, mehrfach durch Futter- und Mistgänge hallen, bis er Russen und Deutschen wieder zusammenbrachte; ein dreiviertel Jahr nach Kriegsende, in der warmen Strohecke, warm durch das Singen und das liebe Stroh, bei den Kühen im Kuhstall, dessen Fenster dick mit prächtigen Eisblumen überzogen waren.

In der Scheune des Pflegevaters wurde es auch warm, die Luft war zwar schneidend kalt, wie der eiskalte Januar und Februar. Warm wurde es in der Scheune des Pflegevaters durch die Arbeit mit dem Dreschflegel. Er hatte Annegret am frühen Mittag eine dünne Backobstsuppe gebracht: „Mädelchen, kannst helfen mit dem Flegel etwas Roggen ausschlagen?" Den Stein zum Lutschen hielt Annegret in der Scheune noch im Mund, als das Schlagen der Getreidebunde mit dem Flegel ihr die Wärme eintrieb. Wenige Garben vom Jahr zuvor hatten die Pflegeeltern noch versteckt, oben, hoch oben in der Scheune, dort wo das Dach die Kante abdeckte, von unten nicht sichtbar, für Annegret mit der großen Leiter leicht erreichbar, Getreidegarben, von denen die Russen nicht wissen durften, dass es die noch gab. „Die Russen", das waren die zwei schlimmen Offiziere, die nicht – wie das neue Jahr – lautlos auf leisen Sohlen nach Klipschen gekommen waren.

Sechsundvierzig. Der Krieg ist schon fast ein Jahr vorbei, dachten die Menschen in Klipschen zunächst, die schlimmen Offiziere waren noch nicht da.

Als sie dann im Januar die Höfe heimsuchten, machten sie das, was längst verboten war: lauthals mit Gebrüll die Tür aufreißen, „Essen!", die Schubladen aufziehen, durch alle Räume gehen, in den Keller, in die Scheune, „Getreide!", sie suchten es zum Schnapsbrennen.

Die Getreidegarben sahen sie nicht. Garben, von denen Annegret zwei nach unten auf ein großes Leinentuch geworfen hatte, um dann auf der Leiter wieder hinunterzuklettern und mit ihren sehnigen Armen den Flegel eins ums andere Mal auf dem Boden in der Scheune aufprallen zu lassen. Der Pflegevater stand derweil draußen und spähte, ob die Luft rein war. „Nuscht jesehen." Er hatte das Scheunentor vorsichtig geöffnet und wieder geschlossen, mit Annegret das Leinentuch hochgenommen und die gedroschenen Roggenkörner sorgfältig zusammengeschüttelt. Sie gaben sie in zwei Blechbüchsen, wenn eine gefunden würde, hätte man noch die andere, die sie unter verschiedenen losen Fußbodenbrettern verbargen, versteckten auch das Stroh, kehrten die Scheune, damit nichts auffiel, mahlten einige Roggenkörner in der Kaffeemühle zu Mehl, kneteten es mit wenig Flüssigkeit zu kleinen Streuseln, kochten sie in Wasser, Milch wäre besser gewesen, schwammen sie oben, hießen sie bereits Klunker, ergaben diese köstliche Klunkermussuppe.

Hunger hatten längst auch die Kühe. Lautes Muhen, auch direkt nach dem Füttern, begleitete inzwischen die Gesänge auf den Strohhaufen. Strohhaufen, die kleiner geworden waren, aber sie, die Deutschen, die auf dem Stroh saßen und sangen, waren eine mehr. Rosi, Brunos Schwester, Ilses Schulfreundin, die Ilse bisher immer dazu gebracht hatte, Annegret zu übersehen und hinter ihrem Rücken über sie zu tuscheln, ausgerechnet Rosi saß jetzt mit ihnen im Stall, sang mit beim Kanon von „Kein schöner Land", hatte ein Bett in ihre kleine Kammer neben Ilses gestellt bekommen, war stets mit dabei, dafür nicht mehr schutzlos der Willkür dieser schlimmen Offiziere ausgeliefert, die nicht nur die Häuser nach letzten Getreidekörnern zum Schnapsbrennen durchkämmten, sondern auch nach Jungmädchenfleisch. Obwohl beide Männer mit zwei Russinnen in Klipschen an der Straße Richtung Mühlhausen zusammenwohnten. Einer von ihnen war der, der Annegret noch Jahrzehnte später nachts in Atemnot versetzen würde. Beide hatten es besonders auf ein achtzehnjähriges Mädchen namens Maria abgesehen, Maria, ein bildhübsches junges Ding mit blonden Haaren, großen Augen, so hübsch, dass ein Verstecken unter weiten Kleidern und Tüchern nichts half, auch nicht das Verstecken in Schützengräben. Einer von beiden fand sie immer: „Frau komm!", schleppte sie mit sich auf einem Panjepferdwagen, die Pistole entladend, Warnschüsse abgebend, raste er oder rasten beide wie Besessene mit ihr fort, schlugen sie, wenn sie ihnen nicht sofort zu Willen war, schlugen ihren Großvater, schleppten auch ihn mit sich fort – so, dass er nicht wiederkam, suchten weiter nach Jungmädchenfleisch, rissen wieder und wieder die Türen auf, nur nicht die auf der Kolchose. Für Rosi war dies die Rettung gewesen. Für Annegret war klar, dass Rosis Ankunft nichts Gutes für sie verhieß, sie, das Heim- und Pflegekind, die Stadtpomeranze, würde wieder ausgeschlossen sein.

In Bekenbostel am Küchentisch hatte sie Herzstiche, wurde der Schwindel aufdringlicher, den sie so oft schon anstandslos hatte wieder fortschicken können. In diesen Tagen, als sie der Ankunft Rosis gedachte, zauderte er, wollte er nicht von ihr weichen, brachte er den Boden zum Wanken, ließ sie schnippische Bemerkungen machen, „Ja, dann bleib, dann bleib ich eben länger sitzen", trotzig mit verschränkten Armen, auf dem Stuhl ließ er sie in Ruhe, der Schreibblock war noch nicht aufgeklappt, und sie sah sich, am Ende dieses ersten Winters, wie sie die Biestmilch von nun an vollständig zu den Pflegeeltern trug: Mit Rosi wollte sie nicht teilen. Rosi, die gerade dabei war, Ilse etwas ins Ohr zu flüstern, Rosi und Ilse hell auflachend, Annegret außen vor, das fünfte Rad am Wagen.

Annegret wurde still, wenn beide sich unterhielten, sie hatte keine Chance, sie blieb freundlich, grüßte morgens weiterhin mit einem Lächeln im Gesicht, einem Lächeln, das nicht von alleine kam, das sie ihren Mundwinkeln befehlen musste, geduldig wartend, vielleicht würde man sie doch ansprechen, mit gesenktem Blick in der Nähe der beiden sitzend, wenn getuschelt wurde – ach, was tat ihr Herz so weh. Sie bemerkte durchaus, dass Rosi ihr Lächeln knapp erwiderte, dass beide im Beisein der Jungs freundlich ihr zugewandt waren, dass ihr Ausgeschlossensein möglicherweise nicht so schlimm werden würde wie während der Schulzeit, Angst verbindet! Trotzdem blieben ihre Gedanken hellwach, sehnte sie sich nach frischer Luft, den weiten Wiesen, der Ruhe beim Sandwörterschreiben. Immer noch lag Schnee, nagte der Hunger, brüllten die Kühe lauter.

„Morgen Stroh holen für Kühe. Weite Weg", hieß es eines Abends, es war Ende Februar oder Anfang März, die Tage hielten länger, die Sonne stand höher am Himmel, schickte wärmere Strahlen, ließ an geschützten Ecken den Erdboden unter der Schneeschicht hervorschimmern und den Pegel der Flüsse und Bäche kräftig ansteigen; der gute Verwalter zeigte beim Weitersprechen mit jedem Du auf einen der jungen Deutschen: „Du, du, du, du, du und du Anuschka! Kann dauern zwei Tage."

Sie hatten schon öfter Stroh geholt. An dieses Strohholen dachte Annegret mit Unbehagen. Es war die Angst, die kam, die mit ihr beim Abschreiben ihrer ersten Aufzeichnungen zu Tische saß. Sie sah die Gespanne, die Pferde, die angestrengt die großen Fuder zogen, mit jedem Ziehen nickend, und sie sah die Brücke, die wankte.

Annegret hatte sich nach dem Melken umgezogen, beim Melken wurde ihr warm, ihre zu kurze Trainingshose über die langen Wollstrümpfe gestreift, den knielangen Rock darüber glatt gestrichen, die die Zehen quetschenden Lederschuhe stramm geschnürt, den engen, zerschlissenen Mantel über Bluse und Strickjacke gezogen und die Mütze von Tante Hannchen aufgesetzt. Den aus Wollresten gestrickten Schal konnte sie zweimal um ihren Hals wickeln, im Laufschritt kam sie aus dem Kuhstall heraus. Die anderen warteten bereits mit drei Gespannen: vorne Bruno mit Ilse und Rosi und einem Soldaten, in der Mitte Helmut mit Andrej und Nikolai und am Ende Horst mit noch einem Soldaten. Die Soldaten wussten, wo es hinging: „Weit, weit. Große Fluss." Sie hatten Papiere dabei und Gewehre. Die Soldaten, Annegret kannte sie vom Sehen, sie standen manchmal im Stall und kippten ihre gemolkene Milch in Kannen, halfen beim Futterholen. Der gute Verwalter verteilte feuchtes russisches Schwarzbrot an jeden, ob Russe oder Deutscher, eine Scheibe für zwei Tage. Bruno fuhr an, die anderen folgten.

Der Himmel war grau, die Sonne nicht zu sehen, es ging nicht Richtung Tilsit, den Weg hätte Annegret gekannt, die Wagen ruckelten über glitschige Wege, die Forken auf den Wagen klirrten gegeneinander, die Pferdehufe bewegten sich im Takt, vorbei an unschuldig daliegenden weißen Feldern, Büschen, deren Zweige sich vom Schneekleid bereits befreit hätten, der Blick weit, ganz weit. Nur in Ortschaften wurden sie erinnert, Ortschaften mit verbrannten Häusern, Bäumen, Ställen, mit Häusern, aus denen vereinzelt Rauch emporstieg.

Die drei Mädchen saßen dicht aneinandergedrückt, um sich zu wärmen, Ilse in der Mitte, Rosi links, Annegret rechts, die Arme vor Kälte schützend vor ihren Körper haltend, die Zehen in den zu engen Schuhen bewegend, damit sie nicht erfroren. Weiße Atemluft wurde in gleichmäßigen Zügen ausgestoßen. Ängstliche Blicke, ob der Soldat genügend Abstand hielt?

Es fing an zu tauen, es war sehr schwierig zu fahren. Wir sind den halben Tag unterwegs gewesen und mussten über einen reißenden Fluss. Vielleicht war es die Große Selse. Die Brücke war aus Holz gewesen und schwankte immer hin und her. Wir hatten Angst, darüberzufahren. Wir Mädchen, Andrej und Nikolai und die Soldaten sind rübergelaufen. Ich bin so schnell rübergelaufen, dass ich ganz außer Atem drüben ankam. Die Jungs sind dann einzeln mit dem Gespann nachgekommen.

Die riesige Scheune war prall gefüllt mit Stroh. Die Jungs inspizierten die Strohvorräte, die anderen Wirtschaftsgebäude, Schuppen, Ställe, fanden einen leeren Speicher, wahrscheinlich von Soldaten, deutschen, russischen, herumstromernden Menschen geräumt, die zwar den Inhalt des Speichers gesehen hatten, nicht aber Reste im Keller.

„Kartoffeln!" Soeben wurden sie von den Jungs entdeckt. Tief im Dunklen unter einem mit langen hellen Keimen übersäten Kartoffelhaufen, der mit seiner Keimschicht wie mit dickem, hellem Papier zugedeckt aussah, gab es zwischen halb verfaulten noch genügend kräftige Kartoffeln, eineinhalb Jahre alt. Von niemandem zuvor gefunden im Niemandsland.

„Kartoffeln! Kartoffeln! Wir haben Kartoffeln!", hallte es von dem Keller hinüber zum Hof. Die Pferde wurden ausgeschirrt, für die Nacht in einen großen Laufstall geführt, Feuerholz aus einem Schuppen geholt und dort, wo das Gutshaus abgebrannt war, sorgsam aufgeschichtet, angezündet, und die Kartoffeln, händeweise Kartoffeln!, die alle leeren Mägen würden wärmen können, ins Feuer geworfen, Feuer, das von einer Seite wohlig erwärmte, während es von hinten zog. Feuer, über dem sie ihre Hände drehten, Feuer, das mit Funken stob. Sie standen im Kreis herum, in Vorfreude wartend.

„Sie sind fertig!"

Sie pieksten mit angespitzten Stöckchen in die garen Kartoffeln, holten eine nach der anderen aus der Glut heraus, pusteten, zogen dürftig die Schale nur an den gröbsten Schmutzstellen ab, verbrannten sich Finger und Mund, ließen die weiche Masse, die so wundersam Mund, Speiseröhre und Magen erwärmte, hinunterrutschen. Man hörte das Knistern des Feuers, das Pusten der Münder, das genussvollen Kauen, hier in der Dunkelheit, irgendwo in Ostpreußen vor einer Scheune, monatelang hatte sie keine menschliche Seele gesehen.

„Mmmh, Kartoffeln gut".

Beim Essen blieb die Furcht gebannt, die Furcht vor der Nacht, vor der wackeligen Holzbrücke beim Rücktransport. Die Glut erloschen, kletterten sie in der Scheune mit Hilfe einer Leiter, die dort noch stand, als wäre erst einen Tag zuvor jemand hinaufgegangen, auf den großen Strohhaufen. Die Mädchen links, die Jungs ein Stückchen weiter, aber in ihrer Nähe, auf der gegenüberliegenden Seite Andrej, Nikolai und die Soldaten. Sie zogen die Leiter nach oben. *Es war sehr kalt gewesen und wir krochen tief ins Stroh hinein. Wir drei Mädchen hatten uns dicht zusammengelegt.*

Am nächsten Tag haben wir dann Stroh geladen, die Fuder waren sehr groß gewesen. Mit den leeren Wagen ging es ja noch, aber mit so viel Stroh und den unruhigen Pferden wieder über die Brücke, das war eine Kunst gewesen. Der Fluss war so breit und reißend. Die Deutschen hatten die alte Brücke, die aus Eisen gewesen war, gesprengt. Wer die Holzbrücke gebaut hatte, weiß ich nicht. Sie schaukelte beim Gehen hin und her. Dass wir da heil rübergekommen sind, das war wohl ein Wunder. Wir hatten alle, ich meine auch alle, sehr große Angst gehabt.

Das Muhen der Kühe wurde weniger, die Fuder Stroh waren schnell an sie verteilt. Eile war geboten. Es gab andere Kolchosen, die ebenfalls Futter brauchten. Von einer Kolchose in der Nähe der Mühle hatte sich bis Klipschen herumgesprochen, dass zwei junge Mädchen in Annegrets und Ilses Alter bei der Fahrt zum Strohholen, während sie hinten auf der Klappe des Anhängers saßen, herunterfielen und vom zweiten Gespann überrollt wurden. Nur eine von ihnen überlebte in Tilsit im Krankhaus.

Mit dieser Angst im Genick saßen sie beim nächsten Strohtransport auf dem Anhänger, Angst, die sie flach in die sie wärmende Märzsonne hineinatmen ließ. Der Fahrtwind war kalt, Nadja und Swetlana fuhren mit, ihre Kopftücher tief ins Gesicht geschoben durch eine oben am Kopf gelegte Falte, die Hände auf dem Bauch, so schaukelten sie auf den Anhängern dem reißenden Fluss entgegen.

„Brücke weg. Neue Brücke gut."

Was das zu bedeuten hatte? Es klang zumindest beruhigend, und tatsächlich waren von der wackeligen Holzbrücke nur die Pfosten geblieben, sie fuhren lange flussabwärts, bis sie auf eine Brücke aus Stein stießen, die in ein Gebiet führte, in dem nicht nur Strohvorräte, sondern auch Heu zu laden war. Sie hielten an einem kleineren Gehöft, nichts war abgebrannt, nur das Wohnhaus geplündert, und doch fand Annegret, während die Russen und die Jungs Stroh- und Heuvorräte inspizierten und Rosi und Ilse hinter ihr zu tuscheln begonnen hatten, in einer Schublade, mit Spinnennetzen überwebt, sorgsam zusammengefaltete Stoffstücke, Kante auf Kante, dünnen Stoff, den sie mit einem Stock nach vorne holte und hastig zwischen Trainingshose und Unterhose unter dem Mantel verbarg. Stoff, er verformte sich schon in Gedanken, Stoff, der für eine Schürze, vielleicht sogar für eine Bluse ausreichen würde. Stoff, für dessen Bearbeitung sie Garn brauchte, nur ein kleines Röllchen lag mit in der Schublade, das würde nicht reichen, Garn, das sie sich von der Pflegemutter würde holen können, Leinenfäden, vorsichtig aus Leinenstoff herausgezogen. Zwei Nähnadeln hatte sie in ihrer Schatzkiste bei den Perlen unter dem Bett. Sie drückte den Stoff unter ihrem Mantel in Form, damit er nicht hinausrutschte, lief auf den Hof, wo die anderen mit dem Beladen begonnen hatten, kletterte hoch auf den Wiemen, half, die Wagen zu beladen mit Futter, das die Tiere über den Winter bringen würde, Fuder um Fuder brachten sie zur Kolchose, Fuder um Fuder mit kräftigen Seilen gut gespannt, Fuder um Fuder für die große Fracht zurück.

Friehling

Das Flüsschen rauschte. Frühlingshochwasser hatte es anschwellen, die frisch gebunden Schiffchen, eines nach dem anderen, im Strudel untergehen lassen.

„Ich frei mir, dass bald Friehling ist!", Annegret rief diesen Spruch des Pflegevaters, am Vortag, als ihm die ersten warmen Sonnenstrahlen den Rücken wärmten, von ihm gesagt, plötzlich in die Weite hinaus, ließ ihn im Echo über die Wiesen verhallen, während sie zwischen Ilse und Swetlana oben auf der Strohladung saß. Wenn das Fuder Stroh auf den Matschwegen zu sehr ins Wanken geriet, klammerten sie sich an den Seilen fest, die es zusammenhielten. Ich frei mir so, dass bald Friehling ist!, ein zweites Mal leise vor sich hin gesprochen, sie würde sonst nur den abfälligen Blick Rosis ernten, musste Annegret diesen Satz noch einmal in Gedanken wiederholen. Friehling! Sie hielt einen kräftigen Strohhalm in der Hand, schrieb imaginäre Schlangenlinien in die Luft, dann Buchstaben, Friehling, sie schaute nach links, Rosi und Ilse waren im Gespräch vertieft, Swetlana zu ihrer Rechten nickte freundlich.

Mit drei Gespannen hatten sie wieder Stroh transportiert, aber nur noch wenig während der Rückfahrt gefroren. Von unten wärmte das Stroh, von oben wärmte die Sonne mit ihren schon kräftigen Strahlen den Mantel, ihren Rücken darunter, die Kopftücher so, dass sie gelüftet werden mussten. Die Vögel sangen erste Frühlingslieder. Der Magen dagegen war leer: keine Kartoffeln im Kartoffelkeller des strohspendenden verlassenen Bauernhofes oder in irgendeiner Miete zu finden, keine Stoff- oder Wollreste in einer verborgenen Schublade, mit denen der leere Magen hätte zugedeckt werden können. Sie schnupperte in die frische Frühlingsluft hinein, das erste sprießende Grün würde nicht mehr lange auf sich warten lassen, rührte sich bereits unter der feuchten Ackerkrume. Nur unter schattigen Bäumen und Hecken hielten sich noch ein paar hartnäckige Fleckchen Schnee.

Die Kühe hörten trotz der neuen Strohladung nicht auf zu Muhen. „Kühe Hunger", der gute Verwalter kratzte sich nachdenklich am Kopf. Als die Sonne mit noch kräftigeren Strahlen zu scheinen begann und ein Hauch von Grün sich über die feuchten Weiden legte, kam endlich die Anweisung, auf die Annegret schon sehnlichst gewartet hatte: „Morgen Kühe raus!"

Die Ketten fielen eine nach der anderen klirrend in den leeren Futtertrog, als sie alle, die Jungs, Annegret, Ilse, Rosi und die Russen, den länglichen Stift am oberen Kuhkettenende durch das Loch der anderen Kettenseite zum Entriegeln steckten und die verdutzten, ob der nahenden Freiheit ungeduldig an der Kette zerrenden Kühe, ungestüm, die Nachbarkühe beim Umdrehen stoßend, muhend, wild durcheinander drängelnd, den engen Winterstall verließen. Sie, die Kühe, nie aufmuckend, die sich ihrem Schicksal, wie immer es ausfiel, anpassten und sich doch mit den fallenden Kuhketten ihrer Generationen zurückliegenden Freiheit in der Wildnis erinnerten, ihres Willens zum Aufbruch, den Ruf der Herde in freier Wildbahn wie einen Ruf aus vergangener Zeit zu vernehmen schienen, der sie laut muhend aus dem Stall heraustrieb; schnellen Schrittes laufend, die Euter dabei schaukelnd, den Kopf laut rufend nach oben gestreckt – immer im Kreis auf dem großen Gutshof herum, einige auf läufige Kühe aufspringend, erste Rangkämpfe beginnend, traten sie mit ihren Hörnern gegeneinander an, die Köpfe gegeneinandergestemmt, den Leib und alles, was an Kraft geblieben war, in die Waagschale des Kampfes legend, das eine oder andere Horn abgestoßen bekommend, Gewinner- oder Verliererhorn, dunkles Blut am Hornansatz, Hörner, die schlapp zur Seite klafften und Tronka, der im Laufstall unruhig zu brüllen begann. Tronka, der nach dem Abklingen der Unruhe von Annegret hinausgelassen wurde, ließ seine Zunge aufgeregt beim Brüllen aus dem Maul hängen, stieß mächtigen Schrittes in die Mitte der Herde, drehte seine Runden, wieder und wieder, kam schließlich zur Ruhe, dann zu Annegret, als sie ihn rief, seinen Kopf zum Kraulen wieder weit nach oben gestreckt. Der Weg zum Weidegang, solange die Tiere sich auf dem Hof austobten, von Deutschen und Russen mit weit ausgestreckten Armen, drohenden Stöcken und lauten Rufen versperrt, wurde nun freigegeben und sie alleine, Annegret, zog mit dieser großen Herde wieder von dannen. Hinaus ins Freie. Der Enge des Stalles, des Hofes entkommen, am Schafstall vorbei auf die Weiden direkt hinter der Kolchose, der Blick über Wiesen von Büschen gesäumt bis weit in die Ferne hinein. Der Atem strömte tief hinunter, tief in den Leib hinein, über die Lungenflügel hinaus, die Sonne trat heraus, die Wolldecke lag bereits auf Tronkas Rücken, das Stück Vollkornbrot blieb nicht lange in Annegrets Hand. Nur ein Hauch von Grün, aber grün war grün, überzog das Land, ließ die Kühe die Köpfe nach unten wenden, zielstrebig die zarten Halme mit der Zunge vom Boden abreißen und sich einverleiben. Ihr Gang, der Gang der Kühe über das Weideland, war schnell, schneller als im Jahr zuvor, weil die Grasbüschel zart und nicht vollmaulig waren, der Hunger dagegen gewaltig.

Annegret ließ sie gewähren, Annegret, die längst ein kurzes Stöckchen in ihrer Hand hielt, längst den Sandweg hinter dem großen Gebüsch am Rande der Kolchose mit ihren Pantinen glattgestrichen hatte, ließ die ersten Buchstaben aus dem zu eng gewordenen Kopf herausssprudeln, zu Wörtern geformt, zu Sätzen in den Sand geritzt, Reime! bildend, „Der Regenwurm ging einst spazieren ...", Lieder!, „... aus allen Wiesen sprießen die Blümlein rot und blau ...", Briefe! – wie lange hatte sie keine Briefe mehr geschrieben. Es war Schwesterntag. Sie hatte so oft im Winter wieder an Karin denken müssen. Sie wusste nichts, gar nichts von ihr. Die Mutter hatte sie zwei Jahre zuvor wenigstens noch ein einziges Mal in Klipschen besucht, aber Karin? LIEBE KARIN! WIE GEHT ES DIR? ICH DENKE IMMER NOCH DARAN, DASS ICH MICH NICHT VON DIR VERABSCHIEDEN KONNTE. WIE GERNE WÜRDE ICH DICH WIEDERSEHEN. WEISST DU ETWAS VON SCHIEPELCHEN?

Schiepelchen?, auch im Winter hatte es genagt, das liebe kleine Schiepelchen. Wenn die Mutter „Alle meine Entchen schwimmen auf dem See, Köpfchen in das Wasser, Dubback in die Höh" sang, hatte Schiepelchen ihren Kopf zwischen die Beine gesteckt und ihren „Dubback in die Höh" gereckt – wie sie darüber gelacht hatten in ihrer kleinen Küche und wie sie alle Schiepelchen dann geherzt und an sich gedrückt hatten und wie sie, Annegret, sich darüber gefreut hatte, wenn sie im Winter in ihren Siebenmeilenstiefeln zwischen Königsberg und Klipschen unterwegs gewesen war, während sie abends im Dunkeln im Bett lag, die Arme ausgebreitet und Schiepelchen mit ihren kleinen Stampferbeinchen angelaufen kam und in ihre Arme flog, juchzend im Kreis herum! – Viereinhalb Jahre zuvor hatte man sie ihr noch schreiend von ihrem Schoß gerissen. Viereinhalb Jahre, da hätte sie doch, wenn der Krieg nicht gewesen wäre, längst eingeschult sein und lesen gelernt haben müssen. Annegret schaute hoch zum Himmel mit seinen Wolkenkulissen. Der noch kühle Frühlingswind, der die Wolken zuerst aufgetürmt hatte, zerfetzte sie nun und ließ sie ziehen. War es nicht Richtung Westen, wo ihre Botschaft hingelangen sollte? LIEBES SCHIEPELCHEN, VIELLEICHT KANNST DU SCHON LESEN ODER ES LIEST DIR JEMAND VOR? ICH HABE DICH SO LIEB, ABER KONNTE DIR NICHT HELFEN, ALS SIE DICH VON MEINEM SCHOSS RISSEN. SIE WAREN STÄRKER ALS ICH. ALLES LIEBE; DEINE SCHWESTER ANNEGRET.

Sie prüfte noch einmal die Windrichtung, was hatte sie denn da gesehen? Die Sonne im Rücken, der Wind von links? Das ging doch Richtung Osten. Da soll die Post doch gar nicht hin! – Was macht ihr denn da oben? Verzweiflung mischte sich in ihre Stimme. – Ach nein! Sie waren es schon! Sie lugten hinter den Wolken hervor, sie, die Wolkenhimmelwindboenengel. Weißes, mächtiges Gefieder, Engel in allen Variationen, mit Flügeln groß genug, dem Wind zu trotzen und in die von ihr gewollte Richtung zu fliegen. Der Pastor in der Sonntagsschule, der mit dem kahlen Kopf und der kleinen Brille und dem schwarzen Umhang, der hatte es gesagt, also musste es doch stimmen: Da oben der liebe Gott sieht alles ... Er und seine himmlischen Heerscharen ... So auch diesen Brief!, während Annegret in der Hocke saß, der Boden war noch zu kalt, mit der linken Hand ihr Kinn stützend.

Sie musste kurz eingenickt sein, hörte plötzlich Tronka furchterregend brüllen, sie schrak hoch, sah Andrej an ihrer Seite. Andrej?! – Es war Sonntag, kein Arbeitstag, wenn Andrej einen Auftrag vom Verwalter gehabt hätte, hätte er von Weitem laut gerufen. Andrej, der lächelte. Wie schaute der sie nur an?

„Anuschka", hörte sie ihn liebevoll säuseln, „Anuschka ...". Ihr Blick streifte über die Herde, die friedlich auf der Weide lag, Tronka stampfte bereits mit dem Fuß auf, Tronka ging bereits auf Andrej zu, Andrej, der ihn mit Nikolai zusammen an der Stange hielt, wenn im Winter eine Kuh brünstig gewesen war und er aufspringen musste, heimlich, hinterhältig am Futtertrog hatten sie diese mächtige Stange an seinem schmerzenden Nasenring befestigt, Andrej, den Tronka sofort riechen konnte, Andrej, sein Feind, der nicht mehr freundlich säuselnd Annegret anschaute, sondern starr vor Schreck die Augen aufriss: „Ich nichts wollen, nichts wollen", flüsterte er ängstlich im Weglaufen und rannte wie besessen zum großen Gebüsch. – Würde sie sich jetzt auch vor Andrej in Acht nehmen müssen? Seine Blicke waren ihr nicht entgangen, seine Blicke, wenn sie im Stall unter der Kuh hervorkam, die Milch ausgoss, mit der Forke in der Hand das Futter vorschob. Sie hatte sich dennoch nichts dabei gedacht, weil er mit Nadja zusammenlebte. – Oder hatte sie das alles missverstanden? „Alles in Ordnung, Tronka", sie ging auf ihn zu, sprach mit ihm, kraulte ihn, ließ ihre Briefe am Wegesrand stehen.

Abends nach dem Melken lauerte Andrej ihr wieder auf, niemand in der Nähe, er hatte offensichtlich vorher geschaut, seine Worte wurden noch weicher, zärtlicher, „Anuschka, du schöne Anuschka. ... Wir beide, du und ich ... Du mich mitnehmen nach Germánija!" „Und Nadja? Du hast doch Nadja! – Nein, nie! Net!", mit abweisendem Tonfall, ihr Blick schaute eisig an ihm vorbei. Musste sie sich jetzt auch auf der Kolchose zur Wehr setzen? Er wollte mit ihr nach Deutschland kommen? Stand das etwa bevor? Die Russen wussten es, nur sie, die Deutschen hatten keine Ahnung? Oder hatte er das nur so gesagt, um klar zu machen, wie ernst es ihm war?

Wie schnell das Weideland hinter der Kolchose abgegrast war! Annegret wunderte sich, im Jahr zuvor hatten die Kühe Tage, wenn nicht gar Wochen dazu gebraucht, schon trieb sie sie des Morgens in die andere Richtung, wieder vorbei an Inges Hof, dem Hof der Pflegeeltern, die im Winter ihren geliebten Kirschbaum neben dem Ziehbrunnen, zerstört durch den Krieg hatte er wie ein Skelett in die Landschaft hineingeragt, zersägt und verfeuert hatten. Im Sommer zuvor noch hatte die Nachtigall sie, Annegret, von dort in den Schlaf gesungen. Nicht stehen bleiben, weiter vorangehen, damit die Herde folgte, vorbei an dem Bach hinter dem Hof, jetzt mit Schmelzwasser angeschwollen, der Wiese, auf der einst ihr Strohhaufen gestanden hatte, die sie nicht betrat und nicht von den Tieren betreten ließ, dort war sie vor dem Krieg so einsam und doch so glücklich gewesen, weil sie ihre Lieben schon damals bei sich gehabt hatte, wenn sie nur lange genug an sie dachte und sie rief: Muttchen, Schiepelchen, Karin, Manfred, Günter, aufgereiht hatten sie mit ihr auf dem Strohhaufen gesessen.

Jetzt rief sie die Kühe, trieb sie voran, ließ sie einbiegen auf der anderen Seite, sich weiden und laben am köstlichen Grün, während sie aus vollem Herzen sang und von Weitem schon die beiden alten Leutchen hörte, in den Wintermonaten hatte Annegret sie nur selten gesehen, sie, die beiden Alten mit ihren zwei Ziegen. Sie in ein dunkles Kopf- und Umhängetuch gehüllt, er in Mantel und Schal, so standen sie vor ihrem Haus, winkten und riefen von Weitem: „Was singst wieder so scheen, Annegret! Kommst her?" Sie hielten ein ordentliches Stück Ziegenkäse hoch, nicht nur eine kleine Scheibe, der Winter war lang gewesen, sie einsam und froh über einen jungen Menschen in ihrer Nähe. Ihr Sohn gefallen, die Enkelkinder, „Was aus denen jeworden ist?", der Mann hinter seiner zerfurchten Stirn schaute Annegret mit freundlichen Augen an, während seine Frau im Haus verschwand, mit einer Tasse Ziegenbuttermilch wiederkam und sie Annegret entgegenstreckte. Köstliche Ziegenbuttermilch, kräftig-säuerlicher Geschmack, langsam getrunken, Schluck für Schluck.

Einige Kühe brüllten, Annegret dreht sich zur Herde um, es schien alles in Ordnung. Vermissten die Kühe sie, ihre lieben Kühe?

„Bis morgen!"

„Ja, komm wieder! Wir frein uns, wenn du kommst, Mädelchen!" „De-her Mai ist gekommen ...", ihre Stimme schwoll an, wusste sie doch, wie gerne die Alten sie singen hörten, dann und wann drehte sie sich winkend zu ihnen um, sah, wie sie ihr lange hinterherschauten.

Mittags würde der Pflegvater kommen mit einem Napf voll Spinat, Brennnesselspinat oder Meldespinat mit winzigen, kleinen Roggenklößchen. Wie wundersam das dem Schrumpelmagen tat.

Eine karge Frühlingswiese nach der anderen hatten die Kühe auch auf dieser Seite Klipschens wegen der zarten Halme zügig abgegrast, mittlerweile weideten sie hinten beim Wäldchen mit den Blindgängern, aber auf den Wiesen bei der Kolchose war immer noch nicht genug Gras nachgewachsen. Besorgt um ihre Herde sprach Annegret den guten Verwalter an: „Brigadier, wir haben kein Futter mehr."

Er hatte es längst bemerkt und geplant. „Wir neue Kolchose. Viel Gras. Große Haus", dabei zeigte er Richtung Südosten, das Gutshaus dort, eineinhalb Kilometer von ihnen entfernt, kannte Annegret. Sie hatten es mit der Dorfschule besichtigt: Ein Gutshof mit fünfhundert Hühnern. Im Stall arbeiteten Kriegsgefangene und misteten aus, einige Hühner saßen in den Nestern, die meisten pickten emsig auf dem Hühnerhof. Wie große weiße Flecken hatte sich die Schar verteilt, Hühner, weiße, gackernde Hühner. Annegret ging hinter Ilse und

Rosi inmitten der Schülerschar, damals, zwei Jahre zuvor, vorbei an dem prächtigen Gutshaus mit hoher Flügeltür und hohen Fenstern. Ehrfürchtig war ihr Blick an den Fenstern emporgewandert, hinter denen sich große Räume mit schweren Gardinen, edlen Möbeln vermuten ließen, Räume, niemals dazu gedacht, sie, Annegret, einen Schritt über deren Schwelle setzen zu lassen.

Nun stand sie davor. Die Stallungen und Scheunen waren erhalten geblieben, im Gegensatz zu ihrer Kolchose in Klipschen auch das große einstöckige Gutshaus aus rotem Backstein. Backstein hatte den Krieg überlebt. Ziegel waren heruntergefallen, der Garten verwildert, die Fenster zerborsten, von Gardinen keine Spur, die mächtige Tür hing zerschunden halb in den Angeln.

Annegret hatte morgens nach dem Melken wieder braune Fischmehlpampe zu essen bekommen, die Kühe losgebunden, ihr Federbett sowie den Sack mit ihren Habseligkeiten über den Rücken geworfen, den kleinen Beutel um die Schulter gehängt und mit Ilse, Rosi und den Jungs die Kühe zunächst wie zuvor Richtung Wäldchen getrieben, doch nun hieß es Klipschen ade! Sie schaute sich einige Male um, wie vertraut ihr diese Landschaft war, dann nach vorne dem neuen grünen Gras entgegen.

Hinter dem Wäldchen wurde das Land hügeliger, wellte sich ehemaliges Ackerland, das auf seine Besteller wartete, von Acker keine Spur; wie in Klipschen war es mit hohen Disteln und Brennnesseln übersät, im Mai noch nicht mannshoch, aber hoch genug, zu zeigen, dass im Jahr zuvor keine Ernte mehr eingebracht worden war. Die kleinen Anwesen, die sie zwischendrin passierten, hatten unter den Winterstürmen gelitten und der Gier der Menschen nach Holz. Feuerholz war knapp. Halb abgebrochene Holschuppen prägten das Bild,

schräg sitzende Dächer, herausgeschlagene Türen, Fensterrahmen.

Dahinter lag üppiges Weideland. – Die Kühe und Tronka
nahmen es sogleich in Besitz, während Annegret ihre
Habseligkeiten zum ehemaligen Gutshof brachte, vorbei am
Kuhstall, der genügend Platz bot für Tronka und achtzig Kühe,
dem großen Hühnerstall aus Holz, zwei Jahre zuvor noch
intakt, jetzt war er zu zwei Dritteln abgerissen, ebenso der
Holzzaun, beides hatte gutes Feuerholz gegeben.

Die Eingangshalle des Gutshauses mit Spinnweben übersät,
das Treppengeländer fehlte, Schleifspuren erinnerten an das
edle Mobiliar. Wie ungläubig war ihr zumute, als sie dort stand,
sie sich in dieser Halle umgesehen hatte. Die Fensterrahmen
waren geblieben, die Fensterscheiben an wenigen Stellen
noch unversehrt. In dem Zimmer, in das der gute Verwalter
Annegret, Rosi und Ilse führte, mit drei Bettgestellen aus
Metall und je einem Strohsack, in diesem Zimmer mit hohen
Decken und hohen Fenstern war ein Fenster mit Holzbrettern
vernagelt, das andere, es würde Annegrets Verhängnis werden,
nur zur Hälfte mit Glas verschlossen.

Sie ließ ihre Bettdecke auf eines der drei Metallbetten
sinken, legte ihren Sack mit den Habseligkeiten unter das
Bett und stand still, betrachtete den viel zu großen Raum, die
Blümchentapete in zart Hellblau und Rosa mit perforierten
Streifen, solch eine schöne Tapete hatte sie zuvor nie gesehen,
jetzt, über ihren Schreibblock gebeugt, erinnerte sie sich
ihrer gestochen scharf, als habe sie ein Foto. Aber Fotos von
Ostpreußen besaß sie nicht, selbst das einzig ihr gebliebene, in
der Schatzkiste mit den Perlen hergebrachte, das von Sophie,
war unter den vielen Fotos ihrer Kinder verschwunden. Nun,
dafür sah sie die Blümchentapete mehr als fünfundfünfzig
Jahre später vor sich, wenn sie die Augen schloss, sah sich,
Annegret, das bald fünfzehnjährige Mädchen, andächtig zur

hohen Decke schauen, während Rosi und Ilse es sich auf ihren Betten bequem machten.

Nur in der Schule in Königsberg waren die Räume so hoch gewesen, hatte der warme Kanonenofen gebollert und sie, Annegret, da sie mit ihrem Aufsatz schon fertig gewesen war, gestickt. „Was machst du dann da?", fragte die Stimme der Lehrerin, wie gütig ihre Stimme geklungen hatte, „Ich sticke an meinem Taschentuchbehälter." Im Zimmer mit den hohen Decken hörte sie nur noch Ilses und Rosis Stimmen, waren die schon wieder am Tuscheln? Abrupt drehte sie sich auf dem Absatz herum, rannte hinaus zu ihren friedlich grasenden Kühen und zu Tronka, ihrem Tronka, der herkam, seinen Kopf reckte und unter dem Hals gekrault werden wollte. Ein kleines Flüsschen, drei bis vier Meter breit, schlängelte sich durch das Weideland mit einem Sandweg am Ufer, es rauschte von Weitem hörbar wegen des Frühlingshochwassers. Eine intakte Brücke gab es, über die sie die Kühe in den folgenden Tagen treiben könnte, Sandwege zum Schreiben und Wasser für ihre Kühe und für ihre Schiffchen.

„Es kommt ein Schiff gefahren, weiß nicht wohin es fährt ...", weiter brauchte sie nicht zu singen, die Schiffchen, die sie hier in diesem Flüsschen zu Wasser ließ, das breit war im Vergleich zum Bach hinter der Wiese der Pflegeeltern, üppig mit Frühjahrswasser gefüllt, diese Schiffchen kamen nicht weit. Strudel drehten sie im Kreise und zogen sie in die Tiefe oder rissen sie gleich auseinander, die Fetzen an den Ausbuchtungen des Ufers zurücklassend. Annegret hatte es oft genug probiert, sie wieder und wieder zu Wasser gelassen. – Dann nicht! Es gab anderes zu tun, Tronka wollte mit Kränzen aus Butterblumen verziert werden und die Umzugsbriefe an Mutter und Geschwister mussten noch geschrieben werden. „WIR SIND MIT DER KOLCHOSE UMGEZOGEN.

ALLE, DIE DORT ARBEITEN, WOHNEN IM GUTSHAUS. SO VIELE ZIMMER GIBT ES, MEHR ALS FINGER AN EINER HAND. UNSER MÄDCHENZIMMER HAT EINEN GROSSEN KACHELOFEN VORNE AN DER TÜR UND EINE BLÜMCHENTAPETE. MIR GEHT ES GUT."

Von Rosi schrieb sie nicht. Sie schrieb Lieder in den Sand, alle Reime und Gedichte, die sie kannte, damit sie nichts vergaß. Dann wurden sie besungen, dort am Ufer des kleinen Flüsschens. Geweint hatte sie bei den traurigen Liedern, die über Winter größer an Zahl geworden waren, die ihr Herz erleichterten, gelacht, bei den fröhlichen, die ihr Herz erfreuten, und den ziehenden Wolken am Himmel sehnsüchtig hinterhergeschaut. Wie gerne wäre sie mit ihnen gezogen, weit, ganz weit von hier fort.

Was könnte sie sich als Nächstes für eine Beschäftigung für den langen, langenTag suchen? – Ihre Perlen waren ihr in den Sinn gekommen. Perlen, die der Holländer mit der dunkelblauen Schiffermütze auf dem Kopf, der in Königsberg ihre Mutter besucht hatte, ihr, der kleinen Annemieke, nur er nannte sie so, in einem kleinen Tütchen mitgebracht hatte. „Das ist für Annemieke", und sie wusste sofort, was es war: bunte Glasperlen, aus denen sie sich ein gemustertes und ein gedrehtes Armband nähte und noch Perlen übrig behielt, gut verschlossen in ihrem Pappkästchen, das die Flucht überstanden hatte und das sie nach wie vor in einem kleinen selbst genähten Beutel in ihrer Schatzkiste aufbewahrte.

Im Heim waren sie die ganze Zeit im Pappkästchen geblieben, die Perlen, die anderen Mädchen hätten sie sonst haben wollen, bei den Pflegeeltern hatte sie nur manchmal einen Blick auf sie geworfen, auf der Flucht sie in ihrem Schatzkästchen aufbewahrt, sie sich fast nie anschauen können; nur im Dorf ohne Namen hatte sie die Perlen zwischen ihren Fingern hindurchgleiten lassen und zwei Armbänder nähen können, die sie der Häuslingsfrau und der Bauersfrau schenkte.

Mit Rosi und Ilse im Zimmer würde sie sie niemals hervorholen. Hier alleine auf dem Weidegrund, die Kühe um sie herum, die zwar hin und wieder neugierig an ihrem Kopf herumschnüffelten, aber andererseits durch ihre dicken Leiber Schutz vor fremden Blicken boten, hier packte sie ihre Perlen aus und betrachtete sie auf der Handfläche: tiefrote, tiefblaue, blassrote, blassblaue, gelbe, weiße, grüne. Glitzernd, schillernd, wenn sie sie mit den Fingern im Perlenkästchen rührte, spürte, wie die kleinen Perlchen um ihre Finger herumglitten, die Farben sich wie Schlieren vermischten. Dabei kam die Idee, sie zuerst zu sortieren und nach Farben auf dünne Nähseide zu ziehen, anderes Nähgarn war zu grob. Danach würde sie weitere Perlenarmbänder nähen und hätte immer gleich die richtige Farbe parat.

Sie nahm Tronka die Decke vom Rücken, Tronka, der weiter gekrault werden wollte, immer noch seinen Kopf hochgereckt hielt, „Nein, jetzt ist genug, Tronka, ich hab noch was zu tun", damit ließ ihn verdutzt stehen, breitete die Decke aus, setzte sich, die Beine von sich gestreckt; von der Schulter nahm sie ihren Beutel , in dem zwar kein Stück trocken Brot lag, wohl aber ihr Schatzkästchen mit den Perlen. Es war Frühling, der Sauerampfer begann zu sprießen, Sauerampfer und klares Wasser aus dem Flüsschen erfreuten ihren Magen, die Gedanken um ihre Perlen aus Holland, über den Königsberger Hafen zu ihr geschippert, erfreuten ihre Seele. Sieben mal vierzig Zentimeter lange Farbstränge in rot, gelb, grün, blau, hellblau, fliederfarben, rosa, hielt sie in der Hand und ein neu genähtes Armband dazu, für mehr hatte der Faden nicht gereicht, ihr älteres, noch vor der Flucht angefertigt, trug sie tagsüber während des Hütens am Handgelenk. Sie strich mit ihren Fingern zärtlich über das Perlenmuster, zählte die Rauten, die aneinanderstießen, zählte die Perlen pro Raute: vierzig mal acht, eine gute, aber schnell zu erledigende Rechenübung, und die hellen, länglichen Umrandungsperlen noch dazu. Sie hatte aufgefädelt und aufgefädelt und genäht und genäht. Vielleicht würde sie das neue Armband verschenken? Eine vorwitzige Kuh kam und schnüffelte, „Wehe, wehe du gehst an meine Perlen!", sie drohte mit ihrer Stimme und erhobenem Zeigefinger, packte aber lieber ihren Schatz ein, zog sich, um ein wenig Beschäftigung zu haben, ihr Tuch vom Kopf. – Kühl wurde ihr dabei, als wenn es windete? Und doch bewegte sich kein Blatt am Baum. Dieses Kopftuch war das Beste ihrer Tücher, in irgendeinem Anwesen beim Strohholen hatte sie es entdeckt: zartblauer durchsichtiger Stoff mit gelben Blümchen, gelb wie Butterblumen, sie band es sich gerne hinten zusammen. Hier unten auf der Decke, während die Kühe grasten und Tronka geduldig wartete, probierte sie neue Kopftuchbindungen aus: so wie ältere Russinnen es banden, mit zwei Falten oben an der Stirn und bis auf die Augenbrauen gedrückt, hinten im Nacken geknotet oder unter dem Kinn. Wie langweilig, es musste doch noch etwas anderes geben. Warum nicht rechts, oberhalb ihres Ohres? Sie schlenkerte mit den Zipfeln, bis der Knoten weiter nach unten rutschte. Oder es oben direkt über der Stirn binden, den gegenüberliegenden Zipfel über den Knoten gerollt? Wenn sie jetzt einen Spiegel hätte. Sie senkte den Kopf, ließ die Zipfel beim Kopfschütteln bis an die Nase kitzeln, „Tronka, wie findest du das?" Tronka gab keine Antwort, sondern schaute, wie sie fand, verständnislos, „Ach Tronka, sei doch kein Spielverderber! Kannst mich doch mal loben", sie zog das Kopftuch beleidigt vom Kopf, sah nicht, dass eine Kuh, die längst neugierig schnüffelnd zur Decke gekommen war, ihren Kopf samt Zunge nach dem schönsten Kopftuch, das sie je besessen hatte, ausstreckte und es wie Gras verschlang. „Bist du verrückt!? Du verdammte Kuh!", sie sprang hoch, sah noch den letzten Zipfel zarten Blaus im Maul verschwinden, jagte die Kuh wütend fort, lief ihr ärgerlich hinterher, bis sie ins Schwitzen geriet. Die Kuh stand mittlerweile abseits, sie würgte und würgte. Gras zum Wiederkäuen nach oben zu befördern war sie gewohnt, nicht aber ein Kopftuch, das mit einem kleinen Zipfel schon aus ihrem Maul hing. Jetzt besorgt, der Kuh durfte nichts zustoßen, ging Annegret auf sie zu, wollte ihr helfen, am Zipfel ziehen, jedoch die Kuh, gerade noch von Annegret gejagt, ergriff die Flucht. Schließlich gelang es ihr, Annegrets schönstes Kopftuch wieder zurück ins Gras zu befördern.

„Mein Tuch!", nun ein verschleimtes, ekeliges, graues Häufchen, Annegret stieß achtlos mit ihren Pantinen dagegen. – Das würde sie nicht wieder anfassen, geschweige denn aufsetzen.

Ihr fröstelte am Kopf. Hatte der Wind sich abgekühlt? – Doch kein Blatt an den Birken am Wegesrand schien sich zu bewegen. Annegrets Rücken schmerzte. Sie packte die Decke zusammen, die Sonne stand bereits recht tief.

Beim Melken wurden die Rückenschmerzen stärker. Ihre Arme kamen ihr so ungelenk vor. Die Eimer waren an diesem Abend besonders schwer. Später im Bett im Drei-Mädchen-Zimmer zog es unangenehm kalt vom halboffenen Fenster. Sie band sich eines ihrer anderen Tücher um.

„Du immer mit deinem Tuch", Rosi stänkerte, Rosi und Ilse trugen selten Tücher.

„Es zieht! Merkt ihr das denn nicht?"

„Ach, stell dich nicht schon wieder so an."

Danach hörte sie Rosi und Ilse tuscheln.

In der Nacht kam der Husten und legte sich auf ihren verschwitzten Brustkorb. Morgens fühlte sie sich elend und matt.

Beim Melken brach sie zusammen, als sie sich unter eine Kuh setzen wollte. Sie fiel auf die Strohfläche zwischen zwei Kühen, die erschrocken zur Seite wichen. Wie gut, dass keine von ihnen ausschlug, das hätte Verletzungen geben können, und wenigstens war sie nicht mit gefülltem Milcheimer hingefallen. Ihr Kopf glühte. Sie wurde vom guten Verwalter ins Bett geschickt. Ilse informierte die Pflegeeltern.

Der Pflegevater kam mit einem Fieberthermometer. Ich hatte vierzig Fieber und musste zwei bis drei Liter Wermuttee trinken, das half, die Pflegemutter wusste das, er war in einem Steintopf aufgegossen. Es schmeckte zum Kotzen, aber es half. „Du bleibst im Bett und trinkst so viel du kannst", sagte der Pflegevater. Er kam jeden Tag und brachte mir diesen Tee. Ich habe ihn mit viel Überwindung getrunken, weil ich wieder gesund werden wollte.

Tage und Nächte lag sie im Fieberdelirium, rief nach ihrer Mutter, schrie sich die krächzende Stimme aus dem Leib. Tagsüber störte sich niemand daran, abends fauchten Rosi und Ilse dazwischen: „Hör endlich auf mit deiner Mutter! Das hält doch keiner mehr aus! Mensch, der Krieg ist ein Jahr vorbei, die ist längst tot."

„Schreien hilft sowieso nichts. Meine Mutter ist auch tot und ich mach nicht so ein Theater!"

Annegret zuckte zusammen. Was hatten die beiden da gesagt? Ihre Mutter tot? Sie war doch eben hier gewesen, hatte sie selber von Weitem gerufen: Annegret! Annchen!, mit ihrer liebevollen Stimme, und danach an ihrer Bettkante gesessen. Ihre Mutter mit ihren zarten Wangen und den gütigen Augen. Doch als sie nach ihr langen wollte, über die weichen Wangen streicheln, war sie verschwunden, plötzlich fort und sie, Annegret, hatte nach ihr geschrien ... Was dachte sie denn da. Fort? Die Mutter fort? Unsinn. In der Ferne hörte sie wieder ihr Rufen, „Annegret, mein Annchen!" Sie schreckte hoch, setzte erneut an zum Schrei, sah Rosi und Ilse von Bettkante zu

Bettkante tuscheln, ließ ihren Ruf nach der Mutter in der Kehle erstarren, hielt sich unter Kontrolle und den Mund zu. Was die beiden schon wieder zu tuscheln hatten hinter ihrem Rücken. Dabei waren auf der Flucht im Dorf ohne Namen alle Kinder aus Klipschen vom Lehrer mit der Bomberjacke und dem Hitlerschnurrbart als Ausländer beschimpft worden, nicht nur sie, Annegret, das Heim- und Pflegekind, die Stadtpomeranze, sie alle aus Klipschen, weil sie dort nicht zu Hause waren und nicht katholisch. Sie sank zurück in die feucht geschwitzten Tücher, merkte, dass ihr kalt wurde, sie trockene Tücher brauchte, die der Pflegevater ihr täglich mit dem Wermuttee brachte. Als wenn ihr jemand die Lebensenergie aus ihrem Körper gesogen, ja, sie ausgelutscht hätte, und zum ersten Mal überkam sie die Angst, nicht überleben zu können. Nicht wegen Sibirien oder der schlimmen Offiziere, sondern wegen ihrer Krankheit würde es kein Wiedersehen mit ihrer Mutter und ihren Geschwister geben? – Ich will gesund werden. Ich muss. Die Mutter dachte doch an sie, sonst würde sie nicht rufen. Schon griff Annegret nach der Kanne mit dem Wermuttee. Dann hörte sie es klopfen. Der gute Verwalter, der sich mit den anderen Russen, die auf der Kolchose arbeiteten, die Zimmer vorne an der Eingangshalle teilte, stand in der Tür: „Anuschka, du nix gut. Ganz rot. Du bolnói (krank), musst Milch trinken."

Damit reichte er ihr eine kleine Kanne, nicht das Litermaß, mit dem er sonst die Heimlichmilch reichte, und eine Scheibe Weißbrot dazu, Weißbrot, das Andrej vermutlich aus Tilsit mitgebracht hatte. Er fuhr jeden Morgen dorthin und brachte die Milch zur Molkerei. Der gute Verwalter schaute sie besorgt an. Einen Tag später brachte er eine Tablette Aspirin.

„Mehr nix haben, Anuschka."

Er sprach nicht von Arbeit, die sie machen sollte. Wohl aber der zweite Verwalter, der Mongole, nach einer Woche stand er vor ihrem Bett: „Wenn nix arbeiten, nix auf Kolchose bleiben."

Sein Gesicht war streng, herablassend guckte er sie von oben an. Der Mongole – wie sie ihn in dem Moment gehasst und gleichzeitig gefürchtet hatte.

Der Mongole, der Aufseher – sie konnte ihn nicht mehr ausstehen. Solange er nur überwacht hatte, dass sie beim Kühehüten ihre Arbeit richtig machte, war er ihr egal gewesen, auch wenn er nicht einmal „Guten Tag" sagen konnte, vermutlich weil er eingebildet war; im Vergleich zu den anderen Russen achtete er besonders auf eine korrekte Kleidung, möglicherweise um seine gute Figur, er war groß und schlank, besser zur Schau stellen zu können. – Doch die Begebenheit im Herbst, ungefähr sechs Monate zuvor, auch sie kam ihr erst jetzt in den Sinn, veränderte ihre Einstellung ihm gegenüber grundsätzlich. Die Tage waren noch nicht ganz kühl gewesen, die Kühe noch auf dem Weidegrund zu hüten ...

Gedankenversunken strich Annegret mit ihren Fingern wie mit einem Kamm durch ihr von nur wenigen Silberfäden durchzogenes Haar, ihre sanften Wellen vor dem Spiegel über dem Waschbecken betrachtend. Die Wellen, nein, es waren eher Wasserringe gewesen, als sie, Pantinen und Strümpfe ausgezogen, den Rock hochgehoben hatte und vorsichtig, bloß keine raschen Bewegungen machen!, in den Teich gestiegen war.

An die Weide beim Teich, in dem sie viel riskierte, denn sie konnte damals noch nicht schwimmen, das hatte sie erst mit fünfzig Jahren gelernt, nachdem sie den Führerschein gemacht hatte, an diese Weide dachte sie nicht im Geringsten gerne zurück. Es war nicht Angst, die aufkam, wenn sie daran zurückdachte, sondern Zorn und dieses Ohnmachtsgefühl gegenüber dem Mongolen, dass sie trotz allem unterlegen gewesen war.

Der Pflegevater hatte ihr diesen Weidegrund empfohlen, Gras war auch im Oktober wieder knapp und beim Teich fände sie genügend Wasser für ihre Kühe. So zog sie mit ihnen nordwestlich der Straße Richtung Allingen, einer breiten Sandstraße, die Straßen waren alle aus Sand, was die alleine für einen Beschriftungsplatz geboten hätten! Wohlig schlurfte Annegret mit ihren Pantinen über die Sandstraße hinweg, zwei Pantinenspuren hinterlassend, die sogleich von den Hufabdrücken der Kühe überlaufen wurden. Nie zuvor hatte sie diese Seite Klipschens betreten, zwei leerstehende Gehöfte schützend von Birken umgeben in Sichtweite, gegenüberliegend auf der kleinen Anhöhe in drei oder vier Kilometern Entfernung das Lehmhäuschen der Pflegeeltern, dahinter die Kolchose. Ihre Kühe gingen zielstrebig, und wenn ihre Kühe zielstrebig gingen, wollte sie sie auch nicht bremsen, auf den Teich zu und fingen an zu saufen. Annegret nahm Tronka die Decke vom Rücken und ruhte sich aus, bis sie, es muss eine Weile gedauert haben, etwas Blankes aufblitzen sah. Es leuchtete blau, oder war es grün?, es schillerte und bewegte sich. Dann bemerkte sie einen farbenprächtigen Enterich. Wie sein Federkleid glänzte und schillerte (wie ihre Perlen). Und was die weiße Halskrause ihm für ein festliches Aussehen verlieh! Als sei er gerade auf dem Weg zu einem Bankett. Solch einen Hauch von Glanz und Gloria hatte Annegret seit dem Antritt ihrer Flucht nie mehr zu sehen bekommen.

Zusammen mit seinem Gezische, seltsamen Geschnattere schob sich dieses Bild vor ihr geistiges Auge, kurz nur, aber das hatte gereicht, sich dessen genau zu erinnern. Er krächzte, als habe er sich in dieser einsamen Weite der Landschaft nach einer anderen Seele heiser geschrien – nicht nach einer menschlichen, sondern einer Seele seiner Artgenossen, bestimmt nach einer weiblichen, männliche Tiere vertrugen sich nicht untereinander. Nach einer Ente musste er geschrien haben, er, der letzte Enterich Ostpreußens nach dem Krieg, mit seinem schmucken, aber, weil keine Ente mehr da war, der er hätte imponieren können, für ihn nutzlosen Federkleid. Annegret zog es an wie ein Magnet. – Solch einen Enterich ließ sie sich doch nicht entgehen. Allein das freudestrahlende Gesicht des Pflegevaters, das er angesichts dieses prächtigen Vogels bekommen würde, trieb sie voran.

Der Enterich versuchte hochzufliegen mit imponierendem Flügelschlag, allein, ihm fehlte die Kraft zum Abheben, und Annegret, die ihn mit jedem Schritt, den sie tastend weiter in den Tümpel hineinsetzte, in den verwachsenen Schilfrand auf der gegenüberliegenden Seite des Teiches trieb, spürte nicht das kalte Wasser an den Knien, Oberschenkeln, an den Pobacken, der Hüfte, nicht, dass ihr Rock längst nass war, dachte nicht daran, dass sie nicht schwimmen konnte. Sie musste verhindern, dass er den Teich verließ, vom Boden aus hatte er bestimmt genügend Kraft fortzufliegen. Sie harrte aus, sprach beruhigende Worte, näherte sich Zentimeter um Zentimeter. Ihre Lippen waren blaugefroren. Sie streckte den Arm vorsichtig aus, merkte, wie das Tier weiter in das Schilfgestrüpp hineinruckelte, hinter Binsen verschwand, aber dort keinen Ausgang fand. Das war die Gelegenheit! Sie setzte zum Sprung an: abgebrochenes Schilfrohr schrammte über ihr Gesicht, das Tier schlug wild schnatternd und mit den Flügeln schlagend um sich. – Sie packte zu! Hielt zunächst einen Flügel nur, zog das um sich schlagende und beißende Tier an sich heran, packte beide Flügel am Ansatz, so konnte es sie nicht zwacken. Sie war die Stärkere. Ein Kräftemessen nicht notwendig.

Diesen Griff hatte sie im Jahr zuvor bei der Pflegemutter gesehen, als deren Hof noch von Federvieh bevölkert war. Automatisch zog sie am Schleifenband ihrer Schürze, für ihren Beutel wäre der Enterich zu groß, und wickelte diesen prächtigen Vogel mit seinem herausfordernden Blick, den hatte er nicht aufgegeben, obwohl er ganz klar der Unterlegene war, in ihre Schürze, band das Bündel fest mit ihren Schürzenbändern zu. Dieses Tier würde ihr nicht entkommen. Den Morast wusch sie hastig aus dem Gesicht und die nassen Kleider versuchte sie, drehend und hüpfend, im kalten Wind trocknen zu lassen. Sie zitterte, aber was war ihr Zittern angesichts dieser Beute.

Die Sonne hatte sich bereits geneigt, beleuchtete das Haus der Pflegeeltern auf der Anhöhe an diesem Nachmittag. Vielleicht hatte sie das Bild auch von einem anderen Abend so in Erinnerung? Egal. Dort musste sie so schnell wie möglich den Enterich abliefern. Sie schleppte ihn in ihrer Rechten, während sie die Kühe versuchte einzukreisen und zurück zum Weg zu treiben, der am Haus der Pflegeeltern und Ilses Hof vorbeiführte. – Ihre Kühe jedoch hatten anders entschieden, den Weg eingeschlagen, der die Dorfstraße umging und von der anderen Seite zur Kolchose führte. Tronka war zwar bei ihr geblieben, aber das nützte auch nichts, von diesem eingeschlagenen Weg würde er seine Kühe ebenfalls nicht abbringen, und drei Kilometer mit dem schweren Tier laufen, hin zum Haus der Pflegeeltern und wieder zurück, das schaffte sie nicht in Windeseile, die Kühe würden ohne sie auf der Kolchose eintreffen, den Fehler durfte sie sich, wollte sie sich nicht erlauben, alleine schon wegen des guten Verwalters und der täglichen heimlichen Milch. Umso fester spannte sie ihren Griff um ihr Bündel mit dem Enterich, wechselte von links nach rechts, von rechts nach links, ließ von Weitem, auch das hätte sie nicht machen sollen, schon die Last, die sie zu tragen hatte, erkennen.

Hätte der gute Verwalter auf dem Hof vor dem Stall gestanden, ganz bestimmt, davon war Annegret überzeugt, sie hätte ihn behalten, den prächtigen Erpel. Es stand aber der Mongole dort, den sie von dem Moment an nicht mehr ausstehen konnte.

„Was du haben?"

„Eine Ente. Habe ich gefangen."

„Schwer, hhhh? – Ich nehmen!"

Als er Annegrets skeptischen Blick sah, fügte er hinzu:

„Ich aufpassen auf ihn!"

Der Befehlston in seiner Stimme war eindeutig. Sie musste die Kühe anbinden, wohin also mit dem Enterich? Seine Hand streckte sich Annegrets Bündel entgegen, nahm es mitsamt dem schweren Vogel, den sie schon bei der Pflegemutter im Kochtopf gesehen hatte, und verschwand. Sie musste sich um die Kühe kümmern, kettete eine nach der anderen an, ging aber, bevor sie sich unter die erste Kuh zum Melken setzte, mit pochendem Herzen auf den Hof zu ihm, dem Mogolen, an dessen Namen sie sich nicht mehr erinnern konnte oder wollte, er mit seinen Augenschlitzen und dem pechschwarzen Haar.

„Wo ist meine Ente?"

„Hmmm, nix da, wegfliegen schöne Vogel."

Annegret spürte wie ihr Blut absackte, ihr leerer Magen sich zusammenzog. „Was?", ungläubig schaute sie ihn an, der sich gelassen und seiner Sache sicher breitbeinig vor ihr aufgebaut hatte.

„Vogel weg!" Barsch war sein Tonfall, lächerlich seine Bewegung, als er mit seinen kurzen Armen Flugbewegungen simulierte. Ihre Situation hoffnungslos. Er gehörte zu den neuen Herren. Sie konnte nur schlucken. Niemand war dabei, als sie ihm den Vogel gegeben hatte, niemand würde ihr glauben, selbst die Deutschen nicht, Ilse und die Jungs würden ihr den Vogel zeigen, würde sie von solch einem prächtigen Vogel erzählen. Seit Kriegsende war keine Ente mehr gesichtet worden.

Ihre Schürze, die das arme Federvieh in seiner Angst eingekotet hatte, fand Annegret vor ihrer Kammertür. Zwei Tage später, sie hatte mutig durch das Fenster in des Mogolen Wohnung geschaut, zeugten ausgerupfte Federn vom kläglichen Rest dieses einst so stolzen Vogels, ihres Vogels, den sie so gerne im Kochtopf der Pflegemutter gesehen hätte.

Der strenge, herablassende Blick des Mongolen stand noch über ihrem Bett; wenngleich er verschwunden war, hörte sie seine Worte wieder: „Wenn nix arbeiten, nix auf Kolchose bleiben!" Schweißperlen standen auf ihrer Stirn, ihre Haare vom Fieber verschwitzt. Bei den Pflegeeltern wäre sie der Gewalt der schlimmen Offiziere ausgesetzt.

„Ja, ich will. Ich will!"

Sie versuchte aufzustehen. Wackelig hielt sie sich auf ihren dünnen Beinen. Ihre Arme hingen schlapp herab. Als müsse sie wieder gehen lernen, Schritt um Schritt nach vorne, einen Fuß vor den anderen setzen und sich am Fußende ihres Bettes festhalten.

Sie hatte noch Fieber, nur noch achtunddreißigfünf. Morgens um vier stand sie wieder im Kuhstall. Das Melken brachte sie im Nu ins Schwitzen, Hustenanfälle folgten. Der gute Verwalter schickte sie weg. „Du morgen Schafe hüten. Schafe hüten nix schwer." Schafe, die sie im Winter beim Füttern schon kennengelernt hatte und gestreichelt, gehätschelt, liebkost. Was für ein warmes, weiches, zartes Fell!

„Und Tronka?", der gute Verwalter zuckte mit den Schultern. Tronka, im Zweifel entschied man sich gegen ihn.

Tronka, der weiterhin im Stall bleiben musste, weil Andrej die Kühe hütete und sich vor ihm fürchtete, Tronka brüllte tagsüber laut, während sie, Annegret, hinter den Schafen herlief. Das sagte ihre Erinnerung. Obwohl sie so weit vom Stall entfernt war, dass sie ihn gar nicht hören konnte.

Es gab Ärger, als sie am ersten Morgen nach ihrer Krankheit mit dem guten Verwalter zum Schafstall gegangen war. Der Russe, der bisher die Schafe gehütet hatte, besaß einen Hund und wollte diesen zur Herde gehörenden Hund nicht hergeben: „Mein Hund! Mein Hund! Dir nix gehorchen!" Am liebsten wäre Annegret fortgegangen, wieder zurück in ihr warmes Bett, unsicher schaute sie den guten Verwalter an. Er ließ nicht locker, sie musste ausprobieren, ob der Hund ihr gehorchte. Annegret schluckte, ihr Mund war trocken, ihre Zunge strich über ihre Lippen: nicht versagen, die Stimme muss laut sein und streng, ihn zum Gehorchen bringen, du brauchst die Arbeit. Du musst! Sie schluckte noch einmal, der gute Verwalter nickte ungeduldig.

„Hol sie rum!"

Laut und kräftig kam dieses Kommando aus ihrem Mund, obwohl sie sich so elend fühlte. Mit ihrem Arm machte sie dabei eine kreisförmige Bewegung, das hatte sie früher auf dem Gut bei Königsberg gesehen, wo sie manchmal Milch für ältere Leute geholt hatte, und der Hund, dieser gute, rotbraune Hund, sie hatte noch nie Kontakt zu ihm gehabt, flitzte los und brachte die Herde zurück. Ob er noch Deutsch verstand? „Hol sie rum", sprach sie verwundert noch einmal, ihre Stimme scharf im Befehlston, ihre Beine wackelig und schwach, und stellte erneut fest, dass er, dieser fremde Hund, ihr gehorchte. Die Schafherde zog blökend von dannen, sie ging unsicheren Schrittes hinterher, eingepackt in den zerschlissenen Mantel, ein warmes Kopftuch und die Wolldecke zum Schutz gegen den kalten Wind.

Schafe gingen beim Grasen zügig voran, sie blieben nicht zum Fressen auf einer Stelle stehen wie die Kühe. Annegret lehnte sich gegen einen Baumstamm, sah ihnen hinterher, während ihr Schweiß in dünnen Bahnen rann, fand eine Astgabel zum Aufstützen und ging damit weiter. Solange sie krank war, kam der Pflegevater täglich und blieb beim Weiden lange in ihrer Nähe. Er brachte einen Pflaumenkern. „Musst dran lutschen, wenn du Durst hast." Es half tatsächlich. Sie übte derweil mit dem Hund, damit sie sich sicher sein konnte, dass er gehorchte:

„Komm her!", und er kam.

„Fass!", und er trieb die beiden kämpfenden Böcke auseinander.

„Bei Fuß!", und er blieb an ihrer Seite.

Als die Herde endlich satt war und sich dicht an dicht nebeneinandergelegt hatte, legte Annegret sich mit ihrer schmal zusammengefalteten Decke dazwischen. Kuscheln zwischen den Schafen, es war warm von den Seiten, warm von unten durch die Decke und warm von oben, die Sonne, die liebe Sonne hatte den kühlen Wind vertrieben.

In dieser Wärme konnte Annegret sich erholen, in der Wärme zwischen den Schafen wurde sie langsam gesund. Sie merkte, wie die frische Luft ihr guttat, ihr Lebensenergie spendete bis in die Fuß- und Fingerspitzen hinein. Ein kleines Schäfchen brauchte Hilfe, kläglich bähte es vor sich hin: *Wenn eine Schafmutter zwei oder drei Lämmchen auf einmal zur Welt bringt, kümmert sie sich nicht richtig um das letzte. Ich habe das Kleine dann an die Zitzen gesetzt und die Mutter festgehalten. Und wenn das Lämmchen nicht mehr laufen konnte, nahm ich es auf den Arm oder trug es in der Decke auf dem Rücken. Danach lief es immer hinter mir her, nicht hinter der Mutter, und kam immer an, auch wenn ich geweint habe. Wenn ich vor Erschöpfung eingeschlafen war und die anderen Schafe weitergingen, dann kam es auch her und als ich meinen schönsten Traum wieder aufschreiben wollte, kam das kleine Lämmchen und hat gestört.*

„Bähhh!", damit drückte es sich an Annegret, während sie die flügge werdenden Störche von vor zwei Jahren sah und den Ruf ihrer Mutter ganz nah bei sich hörte.

Abends half Annegret beim Melken, schaffte drei, fünf, dann wieder siebzehn Kühe, die Russen hatten inzwischen einige geschlachtet. Jetzt ließ sie ihre tägliche Heimlichmilch, nie hatte sie so gut geschmeckt, noch dankbarer die Kehle hinunterrinnen und konnte Tronka morgens wieder mit den Kühen auf die saftigen Wiesen beim neuen Gut ziehen lassen; dort, wo das Flüsschen sich seinen Weg bahnte, und sie, Annegret, genesen, die frische Luft über den Wiesen einatmend, ihre Pantinen von den wunden Füßen streifte und sie zur Abkühlung in das Flüsschen hielt. Es plätscherte inzwischen sanft, die reißenden Wassermassen hatten sich verzogen – sie schaute den Wellen hinterher, wie einst den Wellen im Pregel. Ihre Pantinen lagen im Gras, während sie ihre Füße kühlte, mangels Leder hatte der Pflegevater als Obermaterial Fahrradreifen genommen, das scheuerte besonders. Einige Kühe kamen zum Trinken an den Fluss, schnupperten an den Pantinen, Tronka stand weiter hinten und graste; sie bräuchte nur zu rufen, er würde zuerst seinen Kopf ihr zudrehen, dann herkommen und nicht von ihrer Seite weichen. So lange, solange sie wollte. Und so lange, bis sie abgegrast und die Wiesen auf der Kolchose in Klipschen nachgewachsen waren, blieben sie beim Flüsschen.

Dunkler Sommer

Gut mit Blätter ausgelegte Schiffe, wagemutig beladen, fuhren mit großer Fracht davon, verschwanden hinter der Biegung auf nimmer Wiedersehen.

Als Tronka seinen alten Stall erblickte und andächtig schnuppernd zunächst vor der Stalltür stehen blieb, in diesem Sommer, der kein fröhlicher Sommer werden sollte, wenngleich das Wetter sich anders gebärdete, die Sonne hoch am Himmel stand, hatte Annegret sich gefragt, was er sich wohl dabei dachte, oder ob er sich überhaupt etwas dachte?

Das hatte sie sich des Öfteren gefragt, wenn er sie anschaute oder wie ein Wachhund neben ihr trottete, er, der nicht mehr lange zu leben haben würde, nur ahnten weder sie noch er in diesem Augenblick etwas davon, in diesem Sommer, in dem wieder gestorben und die Verlustliste von verschiedenen Seiten ergänzt wurde.

Sie selber dachte sich, als sie ihre Bettdecke und den Beutel mit den Habseligkeiten in ihr ehemaliges Zimmer bringen wollte und es belegt vorfand, nicht viel dabei. In diesen Jahren war alles endlich. Außerdem wurden ihr und Ilse und Rosi ein Zimmer im ersten Stock des gleichen Hauses zugewiesen, ein Zimmer glich dem anderen, Hauptsache es zog und regnete nicht hinein. Vor ihrem ehemaligen Zimmer stand eine junge, dunkelhaarige Russin in Uniform. Ihre Mütze trug sie etwas schräg auf den kinnlangen braunen Haaren. Sie nickte knapp. In den folgenden Tagen, Wochen würde ein kurzer Gruß über ihre Lippen kommen, das war alles, was sich als Kontakt abzeichnete. Man sah sich von Weitem, Tatjana schob Wache zusammen mit einem anderen Soldaten. Von Soldaten hielt man sich lieber fern.

Annegret war froh, wieder in der gewohnten Umgebung zu sein. Sie zog mit den Kühen bei den Pflegeeltern vorbei, winkte fröhlich, sie hatte die Pflegemutter seit Wochen nicht gesehen, „Ich bin wieder da!", „Marjellchen! Marjellchen, bringst Sauerampfer mit?", Annegret nickte, sah kurz darauf die beiden alten Leutchen winken, die die Kuhherde und Annegrets Gesang längst auf den Hof gelockt hatten: „Annegret, komm! Magst Buttermilch?" Sie standen vor der Stalltür, hinter der sie mit ihren Ziegen lebten, die beiden Alten, zart im warmen Sommerwind mit freundlichen Augen, ein Lächeln im Gesicht, die Rücken gekrümmt, die Beine wackelig, als könnte ein Windhauch sie umschubsen. Die knochige Hand der Frau reichte ihr die Tasse, eine abgestoßene große Tasse. „Hast wieder so scheen jesungen. Hat uns jefehlt däin Jesang."

– „Wieder jesund?" Fürsorgliche Fragen, Annegret erzählte von der Krankheit, den Schafen, der warmen Sonne, die sie kuriert hatte, schaute in feuchte Augen, faltige Gesichter, ein Stückchen Käse wurde hinterhergereicht, winkende Arme, als sie ging.

Zu Hause in Bekenbostel kamen die Nackenschmerzen, diese unerträglichen, sie hatte sie zuerst beim Tischdecken gespürt, hoch oben in der Wirbelsäule, sie blieben stets dort, hielten den Hals im Würgegriff, auch noch, als dieses Bild von den beiden alten Leuten an ihr vorüberglitt und sich ein anderes hinterherschob. Ihre Arme verschränkte sie zur Abwehr vor dem Gesicht. Es war nicht Angst, nein, eindeutig Schmerz, schlimmer als je zuvor. Schmerzen, die sie daran erinnerten, dass diese Erinnerung an die alten Leutchen ein Trugschluss war, keinen Bestand hatte, ein furchtbares Geräusch sie zerbröseln ließ, Schmerzen, die sich oben in die Wirbelsäule krallten, zum Nacken und zu den Schulterblättern glitten. Es kam der dumpf aufprallende Schlag hinzu, es kamen die Schreie, die sie aufhorchen und hochschrecken ließen, die sie nicht abschütteln konnte, Schreie von diesem Morgen, einige Tage später, oder Wochen?, nachdem sie zurück zur Kolchose in Klipschen gekommen war. Sie hatte täglich mit den beiden alten Leutchen gesprochen. Die Kühe am Bach gehütet. Sie sah sich, wie sie den Sandweg ebnete, leichter Nieselregen zu Boden fiel, die Krume benetzte, sie ihr Stöckchen nahm. EIN REGENWURM GING EINST SPAZIEREN, WOLLTE ES EINMAL AUSPROB... Dabei hatten die Schreie eingesetzt. Es waren die Schreie der alten Frau. Annegret sprang hoch, damals, rannte in Richtung Schrei, sah von Weitem die alte Frau vor ihrem Hof, ihrem Mann zur Hilfe eilend, sah die schlimmen Offiziere mit den beiden Ziegen in der Hand und den alten Mann, der die Ziegen festhalten wollte, sah wie der eine Offizier mit dem Gewehrkolben auf den alten Mann einschlug, hörte den dumpfen Aufprall, hörte die Schreie der alten Frau und die Schreie von zwei anderen Frauen, es waren die Mütter von Helmut und Horst, etwas abseits stehend, die seit einiger Zeit dort mit auf dem Hof lebten, damit sie näher bei ihren Jungs waren, sah, wie der andere Offizier jetzt auf die alte Frau einschlug, hörte nur noch den dumpfen Aufprall, auf Knochen und Fleisch, auch als die beiden alten Leutchen schon reglos am Boden lagen und die schlimmen Offiziere immer noch weiter schlugen, bis eine weiße Masse aus dem Kopf der alten Leutchen austrat. Dieses Bild blieb, zusammen mit dem Ton, während die schlimmen Offiziere mit den Ziegen verschwanden, der Pflegevater kam und sie, die wie angewurzelt stehende Annegret, fortschickte.

Die Schmerzen zu Hause waren kurzzeitig betäubt, „Das sind die Halswirbel", hatte der Hausarzt gesagt, „ja, ja die Halswirbel", und schon wieder zum Rezeptblock gegriffen. Annegret machte eine wegwerfende Handbewegung, die Schwindelanfälle dieser Tage erwähnte sie nicht mehr, sie nahm seine Tabletten nur, wenn sie es nicht mehr aushielt, weit mehr als fünfundfünfzig Jahre nachdem es passiert war. Dieses Geräusch, sagte Annegret sich, nicht nur das Bild, dieses Geräusch, der dumpfe Aufprall auf Knochen und Haut, vor allem dieses Geräusch, das sich nicht in ihre Haut eingefräst hatte, wie das Brandmal aus Trakehnen, sondern in ihr Trommelfell, dieses Geräusch wirst du nie mehr los.

Als die beiden beerdigt waren, unter einer schönen Weide vor ihrem Hof, pflückte Annegret täglich Kornblumen, ach so blau, die sie auf den kleinen Grabhügel legte, wenn sie mit Tronka dort vorbeizog. Solange sie mit Tronka dort noch vorbeizog. Auch das würde ein Ende haben. Tronka.

Annegret war inzwischen dabei, alles Notierte zum dritten Male abzuschreiben. Sie hatte im Winter in Bekenbostel zügig an ihren Aufzeichnungen gearbeitet, im Winter hatte sie Zeit, Nachmittag für Nachmittag hatte sie geschrieben, ihre Freundin schon zweimal nachgefragt, wann sie denn mal etwas lesen könne (seltsam, früher hatte sich niemals jemand dafür interessiert), und obwohl sie sich vorgenommen hatte, schnell voranzukommen, musste sie trotzdem einen Ergänzungszettel nach dem anderen nehmen und in den Schreibblock schieben. Wochen später, nachdem sie eine Begebenheit notiert hatte, war üblicher Weise etwas hinterhergekommen. Ihre Erinnerung wollte offensichtlich nicht aufgeben. Oder konnte nicht aufgeben? Sie ließ nicht nach. An vielen Stellen lugten nun diese Zettel unordentlich an der Seite hervor, leierten die Gummierung aus und hatten sie an einigen Stellen schon eingerissen. – Das Ganze sah nicht mehr gefällig aus, und einen zerfledderten Block mit losen Blättern zu hinterlassen, das wollte sie nicht und hatte kurzentschlossen ein DIN-A4-Notizbuch mit festem Einband gekauft, auch wenn sie mit ihren Aufzeichnungen schon bis zu den Rücken der Pferde gelangt war, auf denen sie bald sitzen würde.

Eifrig übertrug sie deshalb, schrieb ab, Tag für Tag, nur schnell durchkommen und dann nichts mehr davon hören wollen, einmal musste doch Schluss sein damit.

Die schreckliche Erinnerung an die beiden alten Leutchen stand mittlerweile bereits ordentlich abgeschrieben im neuen großen Notizbuch, und damit, dachte sie, wollte sie sich einreden, dass das Schlimmste überstanden sei, die anderen lieben Menschen, die noch auf die Verlustliste kamen, mussten ja nicht sterben. Das war etwas anderes gewesen, das konnte man ruhig annehmen, in diesem Sommer, der durchaus wunderschöne blaue Sommerhimmel hatte, und in solch einen blauen Sommerhimmel wollte sie beim Abschreiben hineindenken. So gerne dachte sie inzwischen daran, an ihn, den Sommerhimmel mit den ostpreußisch zarten Wolken,

Schäfchenwolken, die sanft vorüberglitten und von Tag zu Tag, sechsundfünfzig Jahre später, noch schöner wurden.

Dann stand er wieder da, vor ihr, in seinem Stall. Tronka. So wie sie ihn an seinem letzten Tag dort hatte stehen sehen. Es war dieser Sommer von sechsundvierzig, in den sie zum Glück ahnungslos hineingegangen war wie Tronka, in diesen hellen Junitag, sie, von ihrer Krankheit im Frühjahr genesen und reicher um das Wissen, wie wertvoll ihre Gesundheit war.

Sie neben Tronka, sein Ende war längst besiegelt, es gab nicht genügend Kälber und eine Kuh ohne Kalb gibt keine Milch. Dann sah sie sich neben ihm auf dem Weg zum Baum ... Sie spürte, wie das Zittern sie wieder überfiel, wie der Boden selbst im Sitzen wankte, wie sie es mit der Angst zu tun bekam, weil alles wieder da war, sie alles wieder miterleben musste: *Das ganze Elend überkommt mich wieder so plötzlich, dass ich gar nicht so schnell schreiben kann, denn es schwirrt immer noch in meinem Kopf herum. Und deshalb schreibe ich es auf. Nur lesen möchte ich es wirklich nicht mehr und das ist auch gut so.*

Es ist nun schon das dritte Mal, dass ich es schreibe, und ich glaube, wenn man es öfter aufschreibt, verliert sich mit der Zeit das Trauma ein wenig. Aber warum sehe ich mich so oft da, als ich vor dem sterbenden Mann kniete oder Seppels Kinderhändchen hielt?

Eines Tages sagte man mir, dass der Bulle geschlachtet werden sollte. Gewiss, er war alt, aber damals dachte ich: Warum er? Da keiner von den Soldaten auf dem Hof sich an den Bullen rantraute, musste ich ihn aus dem Stall holen.

„Drüben an Baum binden!"

Der gute Verwalter hatte es wohlüberlegt streng zur ihr gesagt, wissend, dass sie es nicht gerne machen würde. Er hatte ihr einen Strick gereicht. Sie hatte diesen Strick genommen, die gedrehten Seile in ihrer Hand gespürt, sie hatte geschluckt und gemacht, wie ihr befohlen wurde. Sie hatte den Strick um Tronkas Hörner gewickelt. Tronka ließ es sich gefallen, so wie er sich die reichlichen Blumenkränze hatte gefallen lassen.

„Komm her", hatte sie gesagt, das hatte sie auch sonst gesagt, wenn sie morgens loszogen, „komm her", das waren ihre letzten an ihn gerichteten Worte gewesen, den Strick vorsichtig gehalten, sie musste nicht ziehen, Tronka ging freiwillig neben ihr, auch bei seinem letzten Gang, sie neben ihm wie immer, so hatte sie ihn zum Baum geführt, zu einer prächtigen, alten Linde. Dieses Bild sah sie nachts immer wieder, später im Traum seine Augen, bluttriefend.

Warum er, hämmerte es damals in ihrem Kopf, sie wusste, dass jede Kuh und jeder Bulle einmal geschlachtet wird, warum er?, und band ihn fest. Sie streichelte ihn ein letztes Mal an der weißen Stelle zwischen den Hörnern und kraulte ihn zum letzten Mal unter dem Kopf, während ihre Lippen bebten. Er schöpfte immer noch keinen Verdacht, sie wusste um den Verrat. Dann drehte sie sich auf dem Absatz um, rannte so schnell ihre Füße sie trugen, legte sich die Hände vor das Gesicht und spürte, wie ihre Tränen sie benetzten.

Als die Schüsse abgefeuert wurden, nahm sie ihre feuchten Hände und hielt sich die Ohren zu, morgens nach dem Melken hallten sie über den großen Hof, hallten in ihre zugehaltenen Ohren, ließen ihren mageren Körper erzittern.

Was sonst noch an diesem Tag passierte, gab ihre Erinnerung nicht preis. Das blieb in ihren Gehirnwindungen stecken, während sie sich sah, als das Zittern abgeklungen war, wie eine Fremde, die mechanisch den Bullen zum Schafott geführt und ihn seinem Tod ausgeliefert hatte. Sie konnte sich nicht daran erinnern, so sehr sie sich auch anstrengte, wie dieser Tag ausgesehen haben könnte, wie das Wetter, die Arbeit? Sie konnte sich selber, es musste kurz danach gewesen sein, erst wieder sehen, als sie mit den Kühen und zwei Jungbullen zum Weidegrund zog.

Daran dachte sie nicht gerne. Sie benötigte dicke Stöcke, die Jungbullen knufften von allen Seiten, sie benötigte festes Holz, kein Holunderbuschstock hielt diesen Tieren stand, und eine laute, befehlende Stimme, um sich diese Ungetümer vom Leibe zu halten. Zur Trauer über Tronkas Tod blieb keine Zeit, nur einmal, ein einziges Mal war ihr Falada in den Sinn gekommen. Er hatte die Gänseliesel beschützt und ebenfalls sterben müssen. Nicht ans Sterben denken. Tronkas Tod war schlimm genug. Der eine Jungbulle begann schon wieder, von der Seite zu knuffen, oben an ihrer Hüfte. Sie holte mit dem dicken Knüppel aus und schrie: „Hau ab, du Bestie!" Abends war Annegret geschafft, erschöpft nur vom Hüten, sie beklagte sich beim guten Verwalter, obwohl sie sich sonst nie beklagte. Am nächsten Tag musste sie trotzdem wieder mit ihnen fort.

Dieser Tag war ein schwüler Tag, das wusste sie, weil die Bremsen unerträglich gesurrt hatten, sich festsetzten, krabbelten, auf den Beinen unter ihrem Rock, den Armen, in die Bluse hinein, im Gesicht bis in die Nasenlöcher, sich festbissen in der Haut, Annegret sie wild gestikulierend vertreiben musste und doch schon wieder neue Schwärme im Anflug waren; nicht nur bei ihr, die Bullen waren noch reizbarer als zuvor, und so kam in der heißen Mittagshitze, was kommen musste.

Eine Kuh stellte den Schwanz hoch, raste wie wild in ihrer Panik davon, riss die gesamte Herde mit, die ihr folgte weit über den Weidegrund hinaus, am Wäldchen vorbei, auf ein unbewohntes Gehöft zu, wo Annegret sie zunächst aus den Augen verlor. Sie hatte ihre Pantinen in die Hand genommen, um schneller laufen zu können. Als sie den Hof erreichte, hörte sie schon von Weitem eine Kuh seltsam brüllen: Sie war in eine nicht abgedeckte Jauchegrube gefallen. Annegret schlug wie wild um sich, wenn die Bullen sich näherten, versuchte, die Kuh zu beruhigen, sie anzutreiben, die Beine zu heben und herauszukommen – allein, es hatte keinen Sinn. Kühe konnten nicht klettern. In Windeseile lief sie zum nächstgelegenen Feld, wo Helmut eggte, ließ ihn zur Kolchose reiten, um mehrere Männer herbeizuholen, die den gesamten Nachmittag brauchten, die Jauchekuhle musste angeschrägt werden, um diese Kuh, die vor Schreck abends keine Milch mehr gab, aus der Kuhle herauszubekommen.

Und alles war ihre Schuld gewesen. Was würde man auf der Kolchose mit ihr machen? Sie hatte Angst um ihre Arbeit, entschuldigte sich beim guten Verwalter, versuchte zu erklären. Der winkte nur ab. „Junge Bullen wild. Andrej muss machen."

Am nächsten Tag schickte er sie wieder zu den Schafen, sprang der Schäferhund freudig kläffend an ihr hoch, liefen die Lämmlein, „Bähhh, bähhh", hinter ihr her.

Anfang Juli, genau genommen am fünften, es musste bald nach Tronkas Tod gewesen sein, hatte Ilse Geburtstag. Annegret fragte sich einige Male des Nachts, wenn sie wieder nicht schlafen konnte, zwei Stunden Schlaf, mehr waren ihr um diese Zeit nicht vergönnt, warum sie ausgerechnet Ilse diese Geburtstagsfreude bereitet und ihr dann noch das letzte Perlenarmband geschenkt hatte, obwohl Ilse nach wie vor, wenn Rosi dabei war, aber keiner der Jungs, sie, Annegret, geradewegs übersah und sich im Zweifelsfall auf Rosis Seite schlug?

Vielleicht lag es auch daran, dass Rosi, die hin und wieder zu ihrer Mutter ging, an Ilses Geburtstag nicht da war? Aus dem Auge, aus dem Sinn – und deshalb hatte Annegret Ilse das Armband geschenkt? Oder weil sie, Annegret, so viel, nein, so viele schon verloren hatte? Oder weil Karin am siebten Juli Geburtstag hatte, Günter, ihr jüngerer Bruder, am siebzehnten, und sie ihrer Geschwister gedachte, ihnen zwar eine Glückwunschkarte in den Sand schreiben, nichts aber würde sagen oder geben können. Hatte sie das bei Ilse gutmachen wollen?

Es war jedenfalls am fünften Juli morgens nach dem Melken, bevor sie mit den Schafen loszog, sie war zum großen Gebüsch hinter dem Schafstall gegangen, hatte hübsche Zweige gebrochen, sie über Ilses Bett gehängt, gefällig dekoriert, bunte Bänder und Wollfäden gespannt, sich gefreut ob ihres gelungenen Werkes und war plötzlich, die Einsamkeit überfiel sie abrupt, als sie an Karin und Günter dachte und nicht einmal wusste, ob die beiden noch lebten oder wie Tronka und die beiden alten Leutchen bereits tot waren, in Tränen ausgebrochen, hatte sich auf ihr Bett geworfen und jämmerlich geschluchzt. Sie hörte nicht, dass jemand hereinkam. Und der jemand war nicht Ilse, es war Tatjana, die plötzlich neben ihrem Bett stand.

„Du bolnói, Malinka?"

Annegret schaute in ihr bestürztes, liebevolles Gesicht, ihre Mütze saß wieder ziemlich schräg, was sie an diesem Tag besonders wenig streng aussehen ließ, Annegret fasste Vertrauen und erzählte von ihren Geschwistern, von der Mutter. „Mámotschka? Du Mámotschka sehen", Tatjana nickte bestätigend mit dem Kopf. „Du nix ...", dabei zeigte sie auf Annegrets Tränen, „nix gut!" Sie setzte sich neben Annegret aufs Bett, ihre eine Hand auf Annegrets Schulter gelegt, mit der anderen streichelte sie Annegrets Arm, während Tränen flossen und Tatjana Russisch dazwischen sprach. Als Annegret von Karin, die Geburtstag habe, erzählte, und dieser Name fiel, unterbrach Tatjana, „Katinka? Du Katinka?", ihr Gesicht strahlte. Offensichtlich hatte Tatjana etwas falsch verstanden, Tatjana konnte im Gegensatz zu den anderen Russinnen, die als Zwangsarbeiterinnen in Deutschland gearbeitet hatten, kaum ein Wort Deutsch. Oder wollte sie es nicht verstehen?

Das würde Annegret niemals herausfinden, denn obwohl sie den Kopf schüttelte und mehrfach wiederholte, „Nein, ich nicht Katinka, ich Anuschka", nannte Tatjana sie von Stund an „Katinka".

„Du gut Katinka. Viel rabóta." Hatte sich das bis zu Tatjana herumgesprochen?

Erst als Ilse kam und sich über ihr geschmücktes Bett freute, hörte Annegret abrupt auf zu weinen. Tatjana stand auf und ging.

Beim Schafehüten wenige Tage später hörte sie plötzlich Schritte hinter sich, als sie ihre wundgescheuerten Füße in einem Bach kühlte und ihren kleinen, aus Gras geflochtenen Schiffchen hinterherschaute. Sie wollte gerade hochspringen, vernahm dann aber Tatjanas weiche Stimme. „Katinka! Was Katinka?"

Tatjana war einen weiten Weg gegangen, um sie, Annegret, beim Hüten zu besuchen. Sie kam von hinten, der Hund war auf der anderen Seite der Herde, sie schien ein wenig Angst vor ihm zu haben, jedenfalls mochte sie nicht, wenn er an ihr hochsprang. Im Nu saß sie neben der erstaunten Annegret, die froh über Tatjanas Gesellschaft war, sie in ihrer Uniform, manchmal trug sie Hosen, wie die anderen Soldaten, manchmal trug sie einen Rock, wie an diesem Tag, sie schnürte ihre klobigen Soldatenstiefel auf, zog die derben Strümpfe von ihren Füßen und hielt ihre Füße neben Annegrets in das kühle, fließende Wasser, zeigte lachend auf das kleine Grasschiffchen, das sich an einer Uferbucht verfangen hatte. „Es kommt ein Schiff gefahren, weiß nicht wohin es fährt", Annegret, die dieses Lied sonst melancholisch gesungen hatte, schmetterte es aus voller Brust. Wie lustig es ausgesehen hatte, zwei Paar Beine hingen im Wasser! Zwei Paar Beine, die sie im Takt aus dem Wasser zogen, mit ihren Zehen wackelten, auf die Wasseroberfläche platschten; albern kicherten sie beide dazu. Am meisten hatte Tatjana gelacht, wenn Annegret ihre verschiedenen Kopftuchbindungen vorführte, die Zipfel übermütig über Stirn und Gesicht baumeln ließ und mit dem Kopf wackelte.

Doch irgendwann kam nach jedem Lachen ein Schweigen, kein sich fremd anfühlendes Schweigen, sondern ein zustimmendes Schweigen, sie beide am Ufer der Baches, den Wellen und ihren Schiffen hinterherschauend. *Es war so eine Ruhe, als wir da saßen. Einmal brachte Tatjana Kommissbrot mit. Sie holte es aus ihrer Jackentasche und gab mir die Hälfte. Einmal holte Tatjana eine Kette mit Amulett unter ihrer Bluse hervor und zeigte mir ein Foto von einem wohl zweijährigen Mädchen. Ich habe ein paar Mal gefragt, ob das ihre Tochter ist und ob die noch lebt, aber Tatjana hat nicht geantwortet. Ihr Blick ging ganz weit weg und sie sah so traurig aus, dann sagte sie: „Immer Krieg nix gut. Alles kaputt. Viele deutsche Soldaten Sibirien. Sibirien nix gut. Viel kalt." Danach sagte sie etwas auf Russisch, das ich nicht verstand, aber ich hatte das Gefühl, dass Tatjana schon zu viel gesagt hatte.*

Ein anderes Mal überraschte Tatjana Annegret, als sie beim Schreiben war. „Warum?", damit zeigte sie auf Annegrets Wörter, die zweite Strophe von „Es waren zwei Königskinder" wollte Annegret unbedingt wiederholen, vor Kurzem beim Singen war ihr nur die Hälfte der Strophe eingefallen, und wenn sie sich hinsetzte und schrieb, seltsam, dann kamen die Wörter wieder angeflogen wie alte Bekannte. Sie musste nur ein wenig probieren, schon würde sie ihn wiederhaben, den Text, „so schwimme doch her zu mir", so musste es heißen, nicht „ich zu dir", sonst würde es nicht zu den Kerzen passen, die das Mädchen anzündete, damit er, der Jüngling, den Weg zu ihr fand. „Warum, Katinka?", wiederholte Tatjana und zeigte mit dem Finger auf die Wörter, die Annegret unablässig in den Sand schrieb. „Och, aus Langeweile", was sollte sie sonst erklären, Tatjana verstand zu wenig Deutsch und sie zu wenig Russisch.

Trotzdem kam Tatjana wieder, ließ ihre Beine im Wasser baumeln, schaute den Wellen des Baches und ihren Schiffen hinterher. Tatjana. Wenn sie ging, hinterließen ihre klobigen Stiefel Spuren im Gras.

Einmal dachte Annegret, als sie Schritte hinter sich hörte, dass Tatjana es sei, drehte sich lächelnd um und schaute in das strenge Gesicht des Aufsehers, des Mongolen. Ihr Lächeln gefror, das war das einzige, was sie sich an Abscheu erlaubte.

Tronka war nicht mehr da, also kam er dichter heran – nicht dichter an sie. Er griff sich ein Schaf, ging damit zum Rand der Herde, stach es mit einem Messer ab und begann das Fell abzutrennen. Er musste es schon einmal gemacht haben, ohne dass sie etwas merkte, denn sie hatte bereits einige Tage zuvor am Bach ein Schaffell, reine Wolle, herumliegen sehen, Wolle, die sie so gut gebrauchen könnte. Ihr zerschlissener Wintermantel war viel zu eng, sie benötigte etwas Warmes für die kommende kalte Jahreszeit, Schafwolle wäre genau das Richtige, aber ohne zu fragen hätte sie sich niemals getraut, von der Wolle zu nehmen, so stand sie auf, fasste sich ein Herz, schaute freundlich, obwohl sie lieber anders schauen würde, ging zu dem Mongolen, der bereits dabei war, das Schaf in einen Weidenkorb zu packen, das Fell mit seinen Stiefeln achtlos zur Seite schubsend.

„Was macht ihr damit?"

„Weg, weg!"

„Darf ich haben?"

„Was du wollen damit?"

„Och, weiß noch nicht."

„Weg, weg!"

Natürlich wusste sie, was sie wollte, aber hätte sie es

verraten, wäre ihr möglicherweise, wie beim Enterich, nichts geblieben, nichts von der guten Wolle. Wenigstens die wollte sie. Sie nahm das Fell, nachdem der Mongole verschwunden war, setzte sich auf ihre Decke, zupfte einen Büschel Wolle nach dem anderen vom Fell des frisch geschlachteten Schafes, steckte alles in ihren Beutel, trug ihn zum Stall der Pflegeeltern, wusch die Wolle mit in Wasser aufgelöster Asche, kämmte sie mit dem Pflegevater abends nach dem Melken, die Tage waren so lang und hell, kämmte sie glatt und weich, drehte sie mit Hilfe einer Spule zu einem gleichmäßigen Faden. Sie drehte und drehte, ein Knäuel nach dem anderen, wann immer ein Schaf geschlachtet wurde, gab es Nachschub, und wann immer Annegret Zeit fand, wurde gestrickt.

An einem hellen Tag später im August, wer zählte hier schon die Tage?, außer wenn ihre Lieben Geburtstag hatten, Annegret schrieb in noch feuchten Sand, die sorgfältig gemalten Buchstaben behielten ihre Konturen, würden vom Himmel und allem, was dort fleuchte und kreuchte, problemlos gelesen werden können, an einem hellen Tag später im August ließ sie ihren Blick zwischendrin zur Kontrolle über die auseinanderdriftende Herde streifen. Sie krümmte den Finger vor dem Mund, pfiff nach dem Hund, gab ihr Kommando: „Hol sie rum!" Im Nu standen sie zusammen, wie ein grauer See voller Tupfer, als Annegret von Weitem ein Pferdefuhrwerk gewahr wurde mit dem hellen Klang scheppernder Milchkannen, in den Andrej aufgeregt hineinrief:

„Anuschka! Anuschka!"

Angst, wie noch vor Monaten, weil sie ihm einen Korb gegeben hatte, Angst brauchte sie vor ihm nicht zu haben. Andrej hatte akzeptiert, blieb trotzdem freundlich und hilfsbereit. Sie stand auf, sah, dass er etwas Helles, vielleicht ein Stück Papier, in der Hand hielt und damit wedelte.

„Anuschka! Du was haben!"

Es war Vormittag, Andrej kam vom Milchabliefern aus Tilsit zurück. „Du gucken, was ich hab!", damit reichte er ihr eine Postkarte von seinem Wagen herunter. Eine Postkarte? Träumte sie? – Nein!, ihr Mund stand vor Staunen offen, ihr Herz schlug wild bis zum Hals: Das war die Handschrift ihrer Mutter. Das war Sütterlin. Ihre Mutter schrieb nur Deutsch. „Deine Mutter" stand unten.

„Du nix freuen? Karte mit Blumen schön."

„Doch! – Doch! Ich. Ich kann es nur gar nicht glauben. – Wo hast du die her?"

„Ja von Post. Tilsit Post."

„Und woher hast du gewusst, dass die für mich ist?"

„Das nur für Anuschka sein können. Wer sonst kriegen Postkarte. Ich gedacht."

Damit hob er die Hand zum Gruß, ließ sein Pferd wenden. „Ich zurück müssen."

„Danke Andrej. Dankeschön!"

Annegret hielt eine Postkarte in der Hand, eine Postkarte mit einem Strauß roter und rosa Blumen, darunter stand „Zum Geburtstag" in hellblauer Schrift, zarte Farben, zart wie ihre Mutter.

„Liebes Annchen!

Ich gratuliere dir ganz herzlich zu Deinem Geburtstag und hoffe, dass du wohlauf bist. Ich bin mit Manfred jetzt in Bekenbostel, das liegt zwischen Bremen und Hannover. Bitte melde dich doch. Wir denken oft an dich.

Deine Mutter."

Deine Mutter. Deine Mutter. Deine Mutter lebt! Irgendwo zwischen Bremen und Hannover, in einem ach so fremd klingenden Ort. Erst als die ersten Tränen auf die Postkarte tropften, legte Annegret sie ins Gras, las sich den Text, der dort in der Handschrift ihrer Mutter geschrieben stand, wieder und wieder laut vor, sie konnte ihn längst auswendig, las trotzdem noch einmal die von ihrer Mutter geschriebene Schrift. Erst dann fiel ihr die Briefmarke auf, oben rechts über der Adresse mit ihrem Namen, mit Klipschen und der Angabe der Hausnummer. Es klebte eine unbekannte Briefmarke auf der Karte, eine Briefmarke mit einer Ziffer, verdeckt mit einem unleserlichen, dicken Stempel. Ein Jahr nach Kriegsende. Ostpreußische Ortschaften waren ausgelöscht, die Post kam trotzdem an. „Bitte melde dich doch." In Ostpreußen gab es kein Papier und keine Briefmarken.

„Meine Mutter lebt!", unfassbar, ungläubig sprach sie es vor sich hin und wusste, dass sie nicht umsonst ihre Hoffnung bewahrt hatte. Sie würde sie tatsächlich wiedersehen, ihre Mutter, und sah sie vor sich, bei ihrem letzten Besuch in Klipschen, sie hatte ihr neue Glasperlen überreicht und an ihrem Bett gesessen. Sie hatte das Lied gesungen, das sie früher in Königsberg ihr, Annegret, vorgesungen hatte, sie in den Arm genommen, sie an sich gedrückt und festgehalten bei der letzten Strophe, bei „Ännchen von Tharau, mein Licht, meine Sonn, mein Leben schließt sich um deines herum". Als wäre sie gerade eben hier gewesen, so fühlte es sich an. Zärtlich strich Annegret über die Schrift, die von ihrer Mutter kam. Von der Mutter einen Gruß ...

„Bähhh!"

Die Schafe rissen sie abrupt aus ihren Träumen. Die Herde war wieder auseinandergedriftet, einige Tiere weit entfernt. Wie lange hatte sie dort gesessen? Sie durfte doch die Herde nicht aus den Augen verlieren. Hatte der Hund nicht aufgepasst? Wo war er nur? Ihr Pfiff hallte über den Weidegrund, der Hund schien von anderem abgelenkt gewesen zu sein, kam aus einem Gebüsch hervorgekrochen, lief um die Herde herum, sie rannte ihm von der anderen Seite entgegen, sah ein Lämmchen abseits humpeln, packte es und trug es zu ihrer Decke.

Erst als sie wieder bei ihrer Decke ankam, das Lämmchen absetzte, erinnerte sie sich ihrer Postkarte. Die Postkarte! Sie lag nicht dort. Ein paar Schafe hatten es sich inzwischen auf ihrer Decke bequem gemacht. Sie trieb sie fort, schaute auf eine leere Decke. Sie schüttelte die Decke auf, aber auch unter der Decke war keine Karte zu sehen. Sie trieb die Schafe in unmittelbarer Nähe der Decke fort, aber auch dort war die Karte nicht zu sehen.

Diese Karte von ihrer Mutter konnte sich doch nicht in Luft aufgelöst haben?

Sie umrundete die Herde, trieb sie verzweifelt von einer Seite zur anderen. Es half nichts. Die Postkarte, die verspätete Geburtstagskarte von ihrer Mutter, an ihren Geburtstag am siebten August hatte in Klipschen niemand gedacht, aber ihre Mutter, irgendwo in Deutschland, und diese Geburtstagskarte war nun verschwunden. Wie gewonnen, so zerronnen.

Noch unfassbarer als die Situation, in der Andrej ihr die Karte überreicht hatte, war jetzt die Wahrnehmung ihres Verlustes.

Obwohl Annegret die Herde schon zwei Mal umrundet und zur Seite getrieben hatte, suchte sie rastlos weiter und gab sich erst geschlagen, als die Sonne sich dem Horizont näherte. – Die Schafe mussten sie angeknabbert und schließlich aufgefressen haben. Das war das einzige, was ihr dazu einfiel. Schafe knabberten überall herum. Wenn sie wenigstens einen Schnipsel, ein kleines Fitzelchen dieser Karte irgendwo noch finden würde, einen winzig kleinen Beweis hätte. – Oder war es der Wind gewesen, der sie genommen hatte? Aber es war nicht windig an diesem Tag gewesen, zudem wäre die Karte an einem Gebüsch hängen geblieben und sie hätte sie finden müssen.

So kam sie mit leeren Händen zur Kolchose zurück. Ihr Schatz hatte sich in Luft aufgelöst, war aber doch da gewesen. Ihre Mutter lebte! Diese Nachricht war geblieben. Damit versuchte sie sich zu beruhigen, zu trösten, aufgewühlte Erinnerungen im Zaum zu halten.

„Meine Mutter lebt!" Mit diesen Worten betrat sie abends das Zimmer. Ilse und Rosi saßen auf den Bettkanten und warfen ihr skeptische Blicke zu.

„Ich hab heute eine Postkarte von meiner Mutter gekriegt. Könnt ihr euch das vorstellen?"

Rosi verdrehte die Augen, Ilse schüttelte ablehnend den Kopf: „Eine Postkarte?"

„Ja, eine Postkarte von meiner Mutter aus dem Westen, irgendwo aus Beken...", sie stockte, Annegret bemerkte zum ersten Mal, dass ihr dieser Name nicht in seiner Gänze einfallen wollte, „und stellt euch vor, jetzt ist sie nicht mehr da! Ich hab ..."

„Eine Postkarte aus dem Westen!", Rosi fiel ihr ins Wort, „Hör mal, wir leben hier unterm Russen. Da schicken die doch keine Post hin. Sowas kommt hier doch überhaupt nicht an! – Oder hat sonst schon jemand Post gekriegt?", dabei fing sie an zu prusten, machte eine Handbewegung, die Annegret mitten ins Herz traf. Sie sah, wie Rosi ihre Handfläche vor ihrem Kopf hin und her bewegte, was hieß: Die hat se nicht mehr alle, und schon prusteten beide wie auf ein Kommando los.

„Ich hab sie doch in der Hand gehabt", schrie Annegret aufgebracht dazwischen, „die Schafe müssen sie aufgefressen haben."

„Die Schafe!"

„Die Schafe!" Erneut setzte das Gepruste ein, dann steckten sie die Köpfe zusammen und tuschelten.

Annegret hatte sich leise ausgezogen, unter ihre warme Bettdecke gelegt, sie bis zum Hals hochgezogen. Sie hatte doch die Karte in der Hand gehalten. Sie war doch nicht verrückt. Sie hätte es diesen beiden nie erzählen dürfen, und sie würde es auch den Pflegeeltern nicht erzählen können. „Unsere kläine Träumerin", hieße es dann. Ihre Schultern zuckten, ihr magerer Körper bebte, die Bettdecke raschelte leise mit, das Schluchzen ließ sich nicht abstellen. Dass Tränen rannen, kannte ihre Bettdecke, dass Annegret das Schluchzen nicht stoppen konnte, so sehr sie sich auch bemühte, war neu.

„Mensch, nun sei doch endlich still!", Rosis Stimme klang streng, „Da kann doch kein Mensch schlafen!"

„Du hast dir das alles nur eingebildet!"

Sollten sie reden. Sie bildete sich doch nichts ein. Ihre Mutter hatte zu ihrem Geburtstag an sie gedacht und ihr eine Karte geschrieben. Ihre Mutter hatte auch geweint. Einmal. Sie hatte ihre Schwester Karin zur Einschulung begleitet und der Mutter abends erzählt, wie sie mit Karin die große Aula betreten hatte und die vielen Eltern sie, die achtjährige Annegret, als Begleitung für ihre kleine Schwester angeschaut hatten. Die Mutter hatte ihr Taschentuch aus der Schürzentasche genommen und sich mehrfach die Augen getupft. Annegret tupfte nun mit der Bettdecke genauso vorsichtig von den Augenwinkeln zur Nasenwurzel, das beruhigte ein wenig.

Als Annegret den Inhalt der Postkarte am nächsten Tag in den Sand schreiben wollte, blieb der Name des Ortes, in dem ihre Mutter lebte, in seiner Vollständigkeit verschwunden. Nur „Beken" gab ihr Gedächtnis frei. Sie wusste, dass noch etwas folgen musste, aber sie wusste nicht was. Als hätte sich eine Sperre in ihrem Gedächtnis aufgetan, und so oft sie an diesem Tag versuchte, den Text der Postkarte zu rekonstruieren, bei ihren vergessenen Reimen hatte es immer geklappt, mit den ersten in den Sand geschriebenen Wörtern kamen sie alle zu ihr zurück, beim Ortsnamen gelang es ihr nicht. Es blieb eine Lücke im Postkartentext. Hätte sie nur am Tag zuvor den gesamten Text in den Sand geschrieben, sie war sich sicher, dann wäre der zweite Teil des Ortsnamens „Beken" ihr nicht abhandengekommen. Und wie gerne würde sie noch auf den

Blumenstrauß schauen und noch lieber auf die Handschrift ihrer Mutter. Das wühlte sie auf, das ließ sie nicht zur Ruhe kommen, das erschütterte sie, wie ein Gebäude bei einem Erdbeben, kurz bevor es kollabiert. Der Unterschied war nur, dass ihre Erschütterung andauerte, Stunden, Tage, ihre Bewegungen hemmte, auch die ihrer Gedanken. Sie blieben auf der Stelle und kamen nicht voran.

Dieser Zustand dauerte bis in den September hinein, als weitere Verlustmeldungen sie erreichten: Das Mädchen, das regelmäßig von den schlimmen Offizieren vergewaltigt worden war, hatte in Tilsit im Krankenhaus ein totes Siebenmonatsbaby zur Welt gebracht. Kurz darauf, als einer der schlimmen Offiziere wieder über sie herfiel, nahm sie einen Strick, wickelte ihn um ihren Hals und hängte sich auf. Wenige Tage später fanden Kinder beim Spielen auf einem verlassenen Bauernhof die Leiche ihres Großvaters, der sich Monate zuvor schon gegen die Übergriffe auf seine Enkelin gewehrt hatte, von den schlimmen Offizieren mitgenommen und nie mehr gesehen worden war. Als der schlimmste der schlimmen Offiziere versuchte, auch sie, Annegret, auf die Verlustliste zu bringen, ließ die Erschütterung schlagartig nach. Sie war wieder hellwach.

Es war ein schöner Tag, der gar nicht daran dachte, ein Verbrechen zuzulassen. Und er sollte Recht bekommen! Manchmal siegt auch das Recht. Der Morgen war in den Mittag übergegangen, die Sonne hatte den Nebel sanft von Büschen, Bächen und Weideland gerollt, sie in einen Hauch von Gold getüncht, einem Gemälde gleich, und Annegret warm den Rücken gestreichelt. Sie hatte ihre Schafe gerade einmal umrundet, das musste jetzt sie machen, sie alleine, der gute Hund stand ebenfalls auf der Verlustliste, nicht wegen der schlimmen Offiziere, es war Tollwut gewesen, ein Fuchs hatte sich eines Tages dicht der Herde genähert, was ein gesunder Fuchs niemals machen würde, und der Hund ihn mit Bissen vertrieben.

Jetzt näherte sich ein Reiter, den Bruchteil einer Sekunde lang dachte sie, als sie die Hufe eines Pferdes von Weitem gewahr wurde, wirklich nur einen Bruchteil lang, dass hier ein Reiter zu Pferde wie bei Schneewittchen der Prinz ... Nein! Die Realität holte sie in Windeseile ein, es war ein Reiter im schnellen Galopp, im aggressiven Galopp, das war nicht zu überhören, das verhieß nichts Gutes, das brachte Annegret im Nu in Habachtstellung.

Schon sah sie ihn, den Schlimmsten der Schlimmen, den größeren von beiden, den kräftigeren, ihn in Uniform, zielsicher ritt er auf sie zu, bereits laut rufend, „Déwuschka", und noch irgendetwas Unverständliches auf Russisch dazu. Sie war fünfzehn Jahre alt. Er schrie weiter, bleckte seine Zähne, ein verwegenes Lachen umzog seinen Mund, siegessicher starrte er auf sie, Annegret, seine Beute, die er gleich packen würde, wie ein Wolf das gejagte Reh. Er, der Herr über Leben und Tod, über Schändung und Verderben. – War er stets ein Meister der Gewalt und Quälerei gewesen? Hatte er im Kindesalter schon Insekten die Beine und kleineren Kindern die Haare ausgerissen, Schwachen ein Bein gestellt und dann zugeschlagen? – Oder war sein Lachen erst im Krieg ein verwegenes Lachen, ein grausames Lachen geworden, nachdem sein Bruder hingerichtet, seine Frau und Kinder in einem der von der Wehrmacht vernichteten siebzigtausend Dörfer bei lebendigem Leibe verbrannt worden waren? Er, danach, beim Zuschlagen, Rauben und Schänden stets vorne an?

Wir wissen es nicht. Wir werden es nie erfahren.

Fest steht, dass er dem Pferd die Sporen gab und „Déwuschka!" noch lauter und siegessicherer über den Wiesengrund brüllte.

„Njet!", schleuderte Annegret ihm entgegen, trotzig, kampfbereit, ihre Augen spien Gift und Galle, „njet, njet!" Sie rannte um ihr Leben, wäre nur Tronka noch da, Tronka hätte ihn vertrieben, ihn und sein Pferd dazu, wie eine wildgewordene Dampfwalze wäre er ihm entgegengerollt. Die Böcke! Ob sie noch versuchen sollte, die Schafböcke, die sie selber nur mit dicken Stöcken und lauter Stimme auseinandertreiben konnte, gegen ihn zu hetzen? Bei streunenden Russen hatte das immer Eindruck gemacht. Bei streunenden Russen hatte sie, Annegret, sich so gedreht, dass die Böcke die streunenden Russen sahen, und schon waren sie, den Kopf mit den Hörnern ihnen entgegengestreckt, auf sie zugerast! Bei einem Offizier auf dem Pferd? Wenn wenigstens Tatjana ...? Ob sie ihm entgegen getreten wäre? Tatjana hätte doch keine Chance ... Nicht in Gedanken versinken, nicht jetzt. Aufpassen! Tatjana war nicht da. Tronka war nicht da. Keiner war da. Sie hatte nur ihre Beine. Sie musste laufen. Lauf! Los, lauf! Der schlimme Offizier war bereits auf ihrer Höhe, Annegret setzte zum Spurt an, ihre Beine mussten sie tragen, würden sie tragen, sein siegessicher lachender Mund verzog sich zur wütenden Fratze, er gab dem Pferd die Peitsche, schnitt ihr den Weg ab, griff nach ihrer Schulter, er war schneller als sie.

Er wollte mich schon packen, aber dann bin ich zickzack gelaufen, weil er dann sein Pferd nicht so schnell drehen konnte. Ich lief um mein Leben, denn bis zur Kolchose war es so ungefähr ein dreiviertel Kilometer gewesen. Er war wieder dicht hinter mir, ich sprang über den Schützengraben, er wollte auch rüberspringen. In dem Moment dachte ich, jetzt bist du verloren. Aber ich hatte einen Schutzengel geschickt bekommen, denn das gute Pferd weigerte sich, über den Graben zu springen. Als ich mich umsah, schlug der schlimme Offizier mit der Peitsche immer wieder auf das Pferd ein. Ich aber lief weiter um mein Leben, querfeldein. Als ich durch Brennnesseln gelaufen bin, die über einen Meter hoch waren, habe ich nichts gespürt. Ich dachte immer nur: lauf, lauf! Inzwischen war ich völlig außer Atem auf dem Gut angekommen. Der Wachtposten sah, dass irgendetwas los war. Ich konnte kein Wort rausbringen. Ich zeigte nach hinten. Er schickte mich ins Haus und stellte sich mit aufgepflanztem Gewehr davor. Der schlimme Offizier, der gleich darauf ankam, war so wütend, dass er mit dem Pferd gleich ins Haus wollte. Aber der Posten stand mit dem Gewehr davor und ließ ihn nicht durch.

Ob sie an jenem Tag wieder zurück zur Herde hatte gehen müssen? Annegret wusste es nicht mehr. Sie wusste, dass ihr das Aufschreiben guttat und dass ihr danach einfiel, dass sie am darauffolgenden Tag die Schafe in der Nähe von hohen Bäumen grasen ließ. Sie saß indes hoch oben in der Krone, im Falle des Falles würde sie sich hinter dem Blätterdach ganz ruhig verhalten, und falls er sie dennoch entdeckte, würde er nicht schießen, das sagte sie sich zur Beruhigung, das hätte er einen Tag zuvor auch schon machen können, er wollte sie, seine Beute, lebendig.

Durch Klipschen ging derweil ein Ruck. Das Fass dessen, was zu ertragen war, lief über. Die schlimmen Offiziere würden weitermachen, vier Menschen hatten sie bereits auf ihrem Gewissen. Die älteren Dorfbewohner hatten ohnehin nicht viel zu verlieren, ihr Leben war fast vorüber, also galt es das Leben der Jüngeren zu schützen: Die Mutter des armen Mädchens, das sich erhängt hatte, die Tanten von Ilse, der Pflegevater, die Mutter von Bruno und Rosi und die Mütter von Helmut und Herbert, sie alle fassten sich ein Herz und machten sich an einem frühen Morgen auf den fünfzehn Kilometer langen Fußmarsch zur Kommandantur nach Tilsit und berichteten. Zurückgebracht wurden sie von der Militärpolizei. Die beiden schlimmen Offiziere wurden mitgenommen zur Vernehmung und dann eingesperrt.

Ein Aufatmen bis tief nach unten in die Lungenflügel hinein ging wie eine Welle durch die Seelen der verbliebenen Deutschen in Klipschen: Es gab so etwas wie Recht, eineinhalb Jahre nach Kriegsende. Morden war verboten, auch wenn zwei Russinnen, die beiden Frauen der schlimmen Offiziere, auf der Dorfstraße dagegen wetterten und die Deutschen beschimpften. Das war unangenehm, mehr nicht.

Annegret schüttelte sich, ihre Augen formten sich ungläubig rund, als sie diese Nachricht vernahm, die ihr Gesicht aufhellte, ihren Gang leichtfüßig werden ließ. Lächelnd strich sie über das warme Fell der Schafe, nahm ihr Kopftuch ab, strich über die viel zu kurzen Haare.

Die würden ab jetzt wieder wachsen.

Die Pflegeeltern hatten sich oft schon gefragt, ob das Haus ihres ältesten Sohnes in Tilsit noch stünde? – Nun war die Gelegenheit günstig.

„Willst nich's Vatche bejläiten?", wurde Annegret gefragt. Eigentlich wollte sie nicht. Die Begegnung mit dem schlimmen Offizier war zu nah, vor jedem Fremden zuckte sie zusammen, wenn sie doch nur Tronka noch bei sich gehabt hätte … Aber diese Bitte mochte sie nicht ausschlagen.

Schon ging sie neben ihrem Pflegevater die Feldwege Richtung Tilsit entlang, in der neu gestrickten Jacke aus Schafwolle mit passenden Kniestrümpfen dazu, dem knielangen blauen Rock, in Pantinen, ein dunkles Kopftuch bedeckte ihre kurzen Haare. Der gute Verwalter hatte ihr freigegeben. Zum Melken abends aber müsse sie zurück sein.

Der Pflegevater kannte sich aus, wusste die russische Garnison mit dem Lager für deutsche Soldaten zu umgehen, nur nicht die Kinderstimmen, die sie plötzlich hörten. Drei kleine Gestalten kamen ihnen entgegen, dunkel verschmiert die Gesichter, zerrissen die Kleidung, zerzaust das Haar. Barfuß.

Das kleinste Kind weinte erbärmlich, der Schnodder rann bis zum Kinn.

„Oh mäin Gott! Kindchens, wo kommt ihr denn her?"

Sie zeigten in irgendeine Richtung. „Wir suchen unsere Mutter."

„Muttchen suchen", plapperte das Kleinste hinterher.

„Jeht auf die Straße, da kommt ihr zum Gut."

Der Pflegevater hatte gütig mit ihnen gesprochen, Annegret geschluckt, wir suchen unsere Mutter, sie schluckte und schluckte, obwohl es nichts zum Schlucken gab, die Mutter, die verlorene Postkarte, die Geschwister, Schiepelchen. Das Kleine mit dem lang laufenden Schnodder war so alt wie Schiepelchen, die sich an sie geklammert hatte, als man sie ihr schreiend vom Schoß gerissen hatte.

Die Kinder gingen leise weiter. Nur das Schluchzen drang in regelmäßigen Abständen in ihre Ohren. „Libeth komm!", hörten sie das größere Kind noch von Weitem das kleinste ermahnen, „Libeth komm!", drei kleine Menschen im Nirgendwo, nie wieder gesehen. Drei kleine Gestalten, für immer bei ihr geblieben, nicht zum Vergessen gedacht – wie die Bilder vom Ausflug in eine verlorene Stadt, die sie gleich betreten würden.

Vorher noch, auf halber Strecke nach Tilsit, kreuzte der Weg die Bahngleise, machten sie Rast unter einem Baum, aßen sie einen Apfel. „Muttchen wird schön poltern", der Pflegevater zeigte Annegret seine rechte rote Hand, er hielt sie ihr dicht unter die Nase, rot angeschwollen mit kleinen Pünktchen, aus Versehen hatte er in Brennnesseln gefasst. Kurz vor Tilsit, als erste Panjewagen mit Soldaten die Stadt ankündigten, griff er mit dieser roten Hand nach Annegrets linker, nie zuvor hatte er das gemacht:

„Nu man rinn, Marjellchen!"

Die Stadt Tilsit zur Hälfte zerbombt, Menschen, dunkle Gestalten, die sich um etwas stritten, Kindergekreisch zwischen Geröll, auf dem Marktplatz litauische und russische Frauen, ihre Ware auf der Erde ausgebreitet, kaputte Schuhe, dicke Senfgurken, verrostete Geräte schauten Annegret an, Soldaten mit Gewehren und viel zu großen Mützen ließen sie die Schultern hochziehen, dazwischen Frauen mit dick rotbemalten Lippen, knallige Münder zwischen Grau in Grau, am Rande drei Frauen mit großer Kinderschar, ein Kindergarten?, weiter hinten ein Schulgebäude mit Einschüssen übersät, spielende Kinder davor. Geröll, Mauerreste, wo immer sie gingen. Das Haus des ältesten Sohnes ebenfalls zerbombt, die Fenster herausgeschlagen, im mit Wasser gefüllten Keller lagen zwei Blindgänger.

„Nuscht jeblieben."

Der Weg nach Tilsit war umsonst gewesen.

In diesen Tagen sah der gute Verwalter traurig aus, das hatte nichts mit Tilsit zu tun. Nadja flüsterte es beim Melken hinter verhohlener Hand: „Muss weg nach Sibirien."

„Warum?"

Die Antwort blieb sie schuldig, Andrej gab sie Wochen später: „Hat sich festnehmen lassen von Deutsche in Krieg. Nicht dürfen. Jetzt muss Sibirien."

Sibirien, das große, kalte, menschenverschlingende Etwas, es blieb. Der Atem wurde wieder flacher. Der gute Verwalter. Er hatte zwei Kinder in Annegrets Alter, einmal hatte er ihr ein Foto gezeigt. Der gute Verwalter. Die gute Milch. Mit der täglichen Heimlichmilch war es aus und vorbei. War er zu freundlich gewesen? Ja, womöglich zu ihr? – Jahrzehnte später kam diese Frage, drängelte sich auf, während sie in Siebenmeilenstiefeln zurückeilte. Er, den sie den guten Verwalter genannt hatte und er sie Anuschka, warm und fürsorglich formuliert.

Und wenn wir schon bei den Verlusten sind, so sollten wir den folgenden ebenfalls gleich hinter uns bringen: Die nächste, die verschwand, war Tatjana. Tatjana, die sich gerne mit dem guten Verwalter unterhalten hatte und nach dem Verschwinden der schlimmen Offiziere noch öfter neben Annegret am Mühlenbach saß, mit ihr Schifflein flocht, selber welche aufs Wasser setzte. Nachdem Annegret ihr die Perlensammlung gezeigt und Tatjanas Mund sich zu einem staunenden O geformt, „O, o, Katinka! Krasiwyi!", hatte sie winzige Kieselchen gesammelt, winzig kleine, und sie in ihre gut mit Blättern ausstaffierten Schiffchen gelegt. „Katinka, wie heißen? – Bärle? Bärle in Schiff!" Noch verheißungsvoller schaute sie ihrer so wertvollen Fracht hinterher, nicht ahnend, nicht immer ist es gut eine Vorahnung zu haben, dass sie, das Schiff war zu überladen, nach der nächsten Biegung des Baches untergehen würde.

Tatjana. Tatjana, die versprach – alles wurde mit Händen und Füßen kommuniziert, noch ein weiterer Sommer, Annegret war davon überzeugt, und sie hätten sich auch mit Worten zu verständigen gewusst – dünnen Faden zu besorgen, damit Annegret weitere Armbänder nähen und ihr, Tatjana, eines schenken könne. „Ich machen, Katinka", dabei hatte sie genauso bestätigend genickt, wie am ersten Tag, als sie Annegret zu trösten versucht hatte, ihre weichen Hände ruhten auf Annegrets Arm.

Von einem Tag auf den anderen kam auch Tatjana fort, kein Mensch mehr, der sie „Katinka" nennen würde, Tatjana blieb weg und ihr Zimmer leer.

„Ist Tatjana auch nach Sibirien gekommen?"

Andrej zuckte mit den Schultern, „Nicht wissen. Tatjana Soldat."

Die Verschwundenen blieben fort, Tatjanas Lachen erklang nie wieder, Heimlichmilch, vom guten Verwalter gegeben, nie mehr getrunken, Tronkas treue Augen, nie wieder gesehen, die zärtlichen Hände der beiden alten Leutchen, nie wieder gespürt, das arme Mädchen und ihr Großvater, nichts mehr von ihnen gehört.

Nicht mehr an sie gedacht, nicht an die Menschen, nicht an Tronka, nicht an die Heimlichmilch; wie aus dem Gedächtnis verbannt. Als hätte es sie gar nicht gegeben; ins Nichts vertrieben, trauten sich diese Gedanken erst über fünfeinhalb Jahrzehnte später wieder hervor.

Man hielt sich an denen fest, die blieben. Erinnerungen an das Grauen hielt man nicht aus.

Auf dem Rücken der Pferde

Wie der Wind durchs Haar fuhr, so blähte er die als Segel aufgespießten Blätter und ließ die Schiffchen über das Bachbett gleiten.

Auf der Kolchose hielten sie sich gegenseitig am Wir fest, einem immer stärkeren Wir, einem Wir, das sie zusammenschweißte bis in die Nacht hinein. Helmut, Horst, Bruno, Rosi, Ilse und Annegret. Sechs junge Menschen im Alter von fünfzehn, sechzehn Jahren. Das Wir, das die Einsamkeit vertrieb.

Der neue Verwalter war der Mongole, „Ich Chef", hatte er stolz einen Tag nach Verschwinden des guten Verwalters zu Annegret gesagt, und sie stumm zu Boden geschaut. Nie und nimmer würde der dem guten Verwalter das Wasser reichen können.

Nur eines musste man ihm zu Gute halten, er war derjenige, der dafür sorgte, dass auch die Jungs auf der Kolchose schliefen, das war eine gute Nachricht für Annegret, im Beisein der Jungs tuschelten Rosi und Ilse nie, und die Jungs,

Sibirien war mit dem Verschwinden des guten Verwalters wieder nähergerückt, waren froh darüber, vom Mongolen auf der Kolchose eingeplant zu werden.

„Ihr alle hier schlafen, auch du, du, du", dabei hatte der Mongole auch auf Horst, Helmut und Bruno gezeigt und „alle mit" gesagt, war mit ihnen zum Siedlungshaus gegangen, das linker Hand von den Häuslingshäusern stand. Das Siedlungshaus hatte zwei Stockwerke, der Mongole führte sie in den ersten Stock: gut ausgebaut, auf der einen Seite wohnte Nadja mit Andrej, auf der anderen Seite lagen zwei Zimmer, die ihnen zugewiesen wurden, eines für die Jungs mit drei Bettgestellen und eines für die Mädchen, ebenfalls mit drei Bettgestellen.

Nadja hatte ihnen nur zugenickt und dann die Tür geschlossen. Sie stürzten sich zu sechst mit Lachen und Gejuchze in ihre Zimmer, so wie nur junge Menschen übermütig, fröhlich sich stürzen können, dann wieder zurück, den Raum der Jungs oder der Mädchen begutachtend, die Aussicht, Ilse konnte den elterlichen Bauernhof sehen, vielleicht auch mal ihre Geschwister? Die Jungs schauten auf den Kuhstall, das Dach, die Rückseite, die vielen Holunder und Brombeeren, die ihn längst bewuchsen, dann schauten sie auf sich, albernes Kräftemessen: Wer sprach am tiefsten, wer war am größten, Helmut, keine Frage, wer knickte den Arm des anderen am schnellsten um? Die Mädchen klopften, steckten blitzschnell den Kopf durch die Tür, kicherten, zogen Grimassen, liefen zurück: Klopfzeichen über die Wand. Einmal geklopft – Wie geht's? Zweimal geklopft – Kommt ihr rüber? Dreimal geklopft – Tschüss. Das würde sich noch ausbauen lassen, sie bekämen eine Geheimsprache zustande, mit der sie die Abende verlachen würden, und in diesem Lachen ein Lachen, Annegrets Lachen, das so tief von unten kam, nach Jahren und Monaten der Einsamkeit bei den Pflegeeltern, auf der Flucht, beim Hüten, im Zusammensein mit Ilse und Rosi, hatte sie nun die Gesellschaft einer gleichaltrigen Gruppe über ihre Arbeitszeit hinaus, hatte sie ein Wir, in dem ihr Lachen sich ausdehnte, Raum einnahm, im Raum erklang und widerhallte. Selbst wenn sie in getrennten Räumen schliefen, verband es ihr Lachen hier in diesem Raum mit dem Lachen der Jungs von nebenan zu einem großen Ganzen. Früher gab es nur gemeinsames Beisammensein im Winter bei der Arbeit oder wenn sie im Kuhstall zusammensaßen. Jetzt jeden Abend! Das schäbige Tuscheln zwischen Rosi und Ilse hatte ein Ende, war in der Zeit geschrumpft, ins Nichts gesunken.

Annegret entdeckte beim fünffachen Klopfen, sollten die Jungs sich doch den Kopf zerbrechen, was es bedeuten könnte, ein Loch in der Wand, ein tiefer Nagel musste dort eingeschlagen gewesen sein. Ein kleines Regal hatte daran gehangen, man konnte die Umrisse noch erkennen.

Die Stimmen der Jungs waren bei ihnen im Nebenzimmer laut genug zu hören, die Wände mussten dünn sein, beim Bau von Siedlungshäusern hatte man an Material gespart. Annegret ging zu ihren Habseligkeiten unter ihrem Bett, holte eine Stricknadel und begann leise, vorsichtig zu bohren. „Bist du verrückt?", rief Rosi gereizt dazwischen, Ilse jedoch schien Gefallen daran zu finden, lenkte mit Lärm ab, klopfte im Takt gegen die Wand, rieb mit den Handflächen über den rauen Putz, damit die Jungs das Schurfgeräusch des Stricknadelbohrers nicht hörten.

„Ich bin durch", flüsterte Annegret, Rosi traute sich nicht wie sonst, wenn ihr etwas nicht passte, zu tuscheln, schließlich machte Ilse mit, sondern kam neugierig an und schaute nach Annegret und Ilse durch das winzige Loch von einem Millimeter Durchmesser auf einen Hals, es musste Brunos Hals sein. „Wusstet ihr, dass Bruno einen Dickhals hat?", Gekichere und Gepruste, die Jungs waren leise geworden,

Annegret legte ihre Hand über das winzige Loch, damit man von der anderen Seite nichts sah, zog ihr Kopftuch ab, hing es an einen über diesem Loch befestigten Nagel: die Wand hatte ihre Unschuld zurück.

Die Jungs klopften an der Tür. „Was macht ihr da?"

„Nichts!" Harmlose Drei-Mädchen-Minen. Sie teilten ein Geheimnis, Ilse und Rosi mit ihr, Annegret. Sie lachten und tuschelten jetzt gemeinsam, aber nicht gemein gegen andere, alles im Spaß.

Auch das Reiten, das Annegret lernte, unmittelbar nachdem die schlimmen Offiziere verschwanden, hob ihre Stimmung, beflügelte sie im wahrsten Sinne des Wortes. Diese wenigen Minuten, die sie auf den Rücken der Pferde verbrachte, sie hoch oben und der Wind im Haar, sie, Annegret, in eine höhere Sphäre gehoben, wurden zu einem Gefühl, das für den Rest ihres Lebens bei ihr blieb, ein Gefühl, in dem die Zeit sich zu dehnen schien und sie auf dem Pferd in den Raum hineingeschoben wurde – ihre schönste Zeit? Eine Zeit, die sie vergessen ließ, vergessen die schwierigen Fragen nach wann und ob und überhaupt.

Sie waren schon immer dagewesen, die Pferde. Annegret hatte im Sommer oft genug sehnsüchtig zu dem einzig umzäunten Gebiet geschaut, zu den stolzen, prächtigen Tieren, die mit wippender Mähne über die Koppel glitten, den Hals gereckt. An diesen Mähnen, die Annegret im Winter im Stall zuvor regelmäßig gekämmt und liebkost hatte, bevor sie sich hochzog, an diesen Mähnen wollte sie sich auch jetzt hochziehen. Wie gerne würde sie bei ihnen auf der Koppel sein, nicht nur zwischen ihnen, nein, hoch oben auf dem Rücken der Pferde. Reiten. Das hatte sie im Sommer oft genug gedacht.

Solange die schlimmen Offiziere ihr Unwesen trieben, blieb das nur ein Traum, deren Pferde liefen ebenfalls auf der

Koppel, wurden von ihnen gebracht und geholt, manchmal sich ein anderes Pferd genommen, eines der schnellen Reitpferde, versteht sich. Annegret hatte folglich die Koppel gemieden.

Jetzt zog sie wie ein Magnet, ließ Annegret frühmorgens mit ihren Schafen direkt daran vorbeiziehen, ihren Hals sich strecken, ihren Blick verweilen, mit ihm über die große Herde hinwegwandern und mit ihm die schnellen Pferde ausmachen, die dunkelbraun-schwarzen, eines von ihnen musste es gewesen sein, das gute Pferd, das dem schlimmen Offizier den Befehl verweigert und nicht über den Graben gesprungen war. War es das, das nun am schnellsten über die Grasfläche glitt, wieherte, widerspenstig der Herde auswich?

Vorne am Zaun standen die langsamen, die Arbeitspferde, Kaltblüter mit derben Beinen, dicken Hufen und breiten Rücken. Ihnen stand sie lange gegenüber, schaute ihnen in die Augen, hielt ihnen, wenn sie näherkamen, die Hand von unten entgegen, damit sie schnuppern konnten, lange, lange, ließ sie auf ihrem Hals ruhen, ihn tätscheln. Erst dann begann sie mit dem Pferd zu sprechen.

Als wenn sie sich kennen würden wie alte Bekannte. Erinnerten die Pferde sich an das Striegeln im Winter? Kamen sie deshalb her, wenn sie Annegret mit der Schafherde sahen, liefen neben dem Koppelzaun, blieben stehen, wenn Annegret stehen blieb, schauten ihr genauso tief in die Augen wie sie ihnen?

Als Andrej eines Morgens auf der Koppel war, den Mongolen hätte Annegret niemals gefragt, griff sie die Gelegenheit beim Schopfe, die Schafe kannten doch ihren Weg.

„Darf ich reiten?"

„Wenn nicht runterfallen."

Schon saß Annegret oben, an der Mähne und am Hals hatte sie sich liebevoll hochgeschlängelt, so, wie sie es bei Hans dem Pferd gelernt hatte; wer auf Bäume klettern konnte, konnte auch auf Pferde klettern. Hier auf das hellbraune, eines der kräftigen Arbeitspferde, aber ruhiger und älter als Hans, das sie warm unter ihrem Hintern spürte, mit dem sie zunächst langsam weiter am Zaun entlangschritt, dann über die Koppel, Annegret aufrecht auf des Pferdes Rücken, schließlich, weil sie das Pferd weiter unten liebkosen wollte, nach vorne gebeugt, ihr Kopf von oben an seinen Hals geschmiegt. So saß und lag sie jetzt, das Pferd von der Seite tätschelnd, sah, wie die anderen Pferde, wie Andrej, wie die Koppel, die Büsche und das Land außerhalb, der unbewohnte Bauernhof in der Ferne, das Wäldchen, der Horizont, ganz Ostpreußen an ihr vorbei in die Zeit hineingezogen wurden, während sie oben saß, der hohe Himmel über ihr, das langsam laufende Pferd unter ihr. „Bähhh!"

Die Arbeit mahnte. Sie würde zurückkommen. Sie kam zurück, so lange, bis der erste, frühe Schnee kam und alles zudeckte. Fast alles.

Nicht nur die Landschaft deckte er zu wie jedes Jahr, ließ sie unter einer weißen, dicken Schicht verschwinden; auch Menschen verschwanden, Bilder vom Winter. Bilder im Winter. Der Schnee deckte Annegrets Erinnerungen an diesen Winter zu, auch an die folgenden. Nur wenige winzige Stellen waren frei geblieben, als er sich auf Annegrets Erinnerungslandschaft gelegt hatte, Platz haltend für einige Begebenheiten.

Kaum für das Hungerloch, obwohl der Hunger auch in diesem und dem folgenden Winter wieder da war und von innen nagte, so dass es schmerzte, zwischendrin ein wenig beruhigt werde konnte, ganz anders als vorher, das wusste Annegret noch, mit Káscha, diesem köstlichen Brei aus Hirse, Tatjana hatte noch gesagt, dass er so hieß, Káscha, denn zum ersten Mal gab es ihn, als sie noch da war. Im Winter gab es ihn als Ersatz für Fischmehlsuppe und Kohlblattsuppe, manchmal, nicht immer, aber letztendlich immer zu wenig, von den Russinnen am Tag zuvor gekocht, bekamen sie morgens nach dem Melken einen dicken Klacks kalten Breis in ihre Schüssel gefüllt; so viel war es, dass sie beim Füllen nach unten sackte, Brei, der den Magen anders füllte als die lächerliche Fischmehl- oder Kohlblattbrühe. Langsam glitt er den Schlund hinunter, rutschte Zentimeter um Zentimeter, rutschte in das Hungerloch und stopfte es für den Augenblick randvoll.

In diesem Winter, der besonders kalt gewesen war, das sagte ihre Erinnerung, so bitterlich kalt, zogen sie wieder alles, was sie besaßen, übereinander. Annegret trug über ihrer Unterwäsche und den aus selbstgesponnener Schafwolle selbstgestrickten langen Strümpfen einen Sommerrock, eine Sommerbluse, Strickjacke, noch einen Rock, erst darüber kamen der selbstgestrickte warme Schafwollrock, Pullover, Schal, weil Baumwolle, Schichten überhaupt, den kalten Winterwind besser abhielten, wenn sie vom Siedlungshaus zum Kuhstall ging, sie, zusätzlich noch in ihre Wolldecke gewickelt.

Bei der Arbeit im Stall wurde Schicht um Schicht wieder abgelegt. Die schönen, langen warmen Schafwollstrümpfe aber behielt sie immer an. An die konnte sie sich genau erinnern, genauer gesagt an ihr Rutschen. – Das war es, was der Schnee in ihrem Kopf, der im Gegensatz zum Schnee auf der Landschaft nicht im Frühjahr schmolz, niemals bedeckt hatte: ganz deutlich, die Konturen scharf gestochen, die rutschenden Strümpfe, während sie mit Horst und Helmut die Ackerpferde in den größeren der Pferdeställe striegelte.

Das Striegeln der Pferde war eine ihrer Lieblingsbeschäftigungen. Man striegelte Pferde, um sie zu säubern, Annegret striegelte, um sie zu striegeln; auch wenn sie längst sauber waren, glitt sie sanft und gefühlvoll über ihr Fell.

Sie bürstete gerade ein großes, behäbiges, dunkelbraunes Ackerpferd, das es ihr sichtlich dankte und genüsslich stillhielt, bei allem, was sie machte. Sie legte ihre Hand oben am Rücken an, sie musste sich auf Zehenspitzen recken, und dabei passierte es, sie spürte das Rutschen unter ihren Röcken, Strumpfbänder waren Mangelware, sie dachte noch, dass die doppelten Röcke das Rutschen aufhalten könnten, vielleicht wenigstens in der Mitte, wenn sie die Knie zusammendrückte, aber der rechte Strumpf dachte nicht daran und rutschte weiter.

„Dein Strumpf rutscht", sagte Horst und grinste, nur die Jungs und sie, Annegret, arbeiteten im Pferdestall, Rosi und Ilse trauten sich dort nicht hinein.

„Ja und?" Sie wollte dem keine Beachtung schenken, sah dann aber, wie er an ihren Waden hing, drehte sich weg von den Jungs, hin zum Pferd, das Pferd durfte alles sehen, hob vorne den Rock hoch und hatte blitzschnell den Strumpf wieder hochgezogen. – Nicht für lange.

„Dein Strumpf rutscht!"

Horsts Grinsen wurde breiter. Man achtete mehr auf das Rutschen des Strumpfes denn auf das Striegeln der Pferde, die in ihrer Gutmütigkeit ebenfalls amüsiert schienen, brach bei erneutem Rutschen, alle drei zusammen, auch für Annegret war es eine lustige Abwechslung, in so schallendes Gelächter aus, dass schließlich die Russen, die auf der anderen Seite des Stalles beschäftigt waren, herkamen:

„Was? Was das?"

Mehr gab der Schnee, der Annegrets Erinnerung an diesen Winter fest zugedeckt hielt, in ihrem Kopf nicht frei, so sehr sie versuchte, sich durch ihre Gehirnwindungen zu schlängeln, nachts, wenn sie im Bett lag und nicht schlief.

Wenn nicht das kam, was sie haben wollte, kamen im Zweifelsfall wieder ihre geliebten Zwillinge, obwohl sie nun alles zum dritten Mal bis hierher sauber aufgeschrieben und noch öfter vorgeschrieben hatte. Oder der alte Mann tauchte auf, mit seinen weit entrückten, aber lächelnden Augen. Tronka erschien, je nachdem. Weit in der Ferne hörte sie Schreie ... oder war das ein Quietschen?

„Nein, ich hab nichts gehört", sagte Walter am nächsten Tag, „was dir immer alles durch den Kopf geht?"

Nur das, was sie wollte, den vorletzten Winter in Ostpreußen, das hörte und sah Annegret nicht. Er blieb hinter einer Schneedecke.

Der richtige Schnee, langsam von der Landschaft schwindend, zauberte mit seiner Schmelze wieder den Frühling herbei und mit ihm die Rücken der Pferde. Wasili und Andrej standen unten, lachten und freuten sich mit, während Annegret mit stolz geschwellter Brust oben saß: „Ich frei mir, dass jetzt Friehling ist!"

Laut rief sie es in die Runde, der Wind glitt durch ihr schönes welliges Haar, über Winter gewachsen, den Hals bedeckend, sanft auf und ab wippend.

Sie hatte ihre Schafe rechtzeitig in den Schafstall zurückgetrieben und vor dem Melken noch Zeit, Zeit für die Rücken der Pferde, die sie warm und ohne Sattel unter ihrem Hintern spürte. Sie konnte sie alle reiten, sagte sie sich, zog sich, nachdem sie zunächst mit einem gemütlichen Ackerpferd ein paar Runden auf der Koppel gedreht hatte, auf einen prächtigen schwarzen Wallach, schwarz wie Falada, abgebildet auf ihrem Gänselieselbuch, das die Flucht nicht überstanden hatte.

„Vorsicht, das schnell!", rief Wasili warnend dazwischen, Annegret hatte nichts anderes erwartet, sie hatte ihn sich gut überlegt ausgesucht, saß, die Warnung in den Wind schlagend, oben auf seinem Rücken, ritt über die weite, weite Weide, nein, sauste über die Koppel, schoss mit ihm wie ein Pfeil dahin, ihre Haare mit der Mähne um die Wette wehend, Zaunpfähle sich zu Streifen verziehend wie in eine neue Welt hinein: mit jedem Sprung dem Himmelszelt entgegen über den Horizont hinaus. Als wenn die Zeit ... Nein, nicht stehenblieb, gezogen wurde, mit ihr sich dehnend in den Horizont hinein, dann blitzschnell wieder zurück.

„Brrr! Komm mach langsam. Brrrr!", er gehorchte brav, ließ sie mit ihren Armen um Hals und Mähne sanft wieder hinuntergleiten.

Der Hintern war wund. In ein paar Tagen war alles wieder verheilt.

Welches Pferd sie als nächsten haben wollte? – Keine Frage. Sie hatte im Winter im Stall bereits versucht, an es heran-zukommen, das Braunschwarze, sie war sich sicher, dass es das war, das den Sprung über den Graben verweigert und sie gerettet hatte, trotz Peitsche und Bauchtritten des schlimmen Offiziers.

„Nicht das!" Wasili konnte durchaus energisch sprechen, im Stall noch, im Winter, als er Annegret darauf zugehen sah, „Das gefährlich! Ich sagen!"

Wenn Wasili nicht da gewesen war, hatte sie trotzdem vor seiner Box gestanden, ruhig und wartend, wenn es seinen Kopf aus der Pferdebox heraushielt, es zu streicheln versucht. Wie eigenwillig es dann plötzlich den Kopf zurückzog, den Kopf wegdrehte, ablehnende Schnaufgeräusche von sich gab. – Sie wollte sich doch nur bei ihm für sein störrisches, ihr das Leben rettende Verhalten bedanken.

Als das eigenwillige Pferd einmal friedlich auf der Weide lag, konnte Annegret es nicht lassen, wieder und wieder zu ihm hinüber zu schielen. Wasili, der Annegrets Leidenschaft kannte, Wasili, der Annegret sonst nichts abschlug, es passte nicht zu seinen lachenden Augen unter den buschigen Brauen, Wasili hob warnend den Finger: „Anuschka, nicht das. Du runterfallen und kaputt. Ich dir sagen Anuschka. Keiner von uns das reiten. Gefährlich!"

Nun, wenn die Russen es nicht reiten konnten, hieß es noch lange nicht, dass man es überhaupt nicht reiten könne. Sie ahnte zwar, dass es nicht leicht sein würde, doch das Pferd lag so friedlich im Gras, jetzt wäre es ein Leichtes hinaufzukommen, und säße sie erst einmal oben, würde sie sich nicht abschütteln lassen, sie doch nicht, und noch bevor Wasili eine weitere Warnung von sich gab, „Njet! Nix reiten!", war Annegret flink hinaufgeklettert, noch ehe das verdutzte Pferd aufspringen konnte.

Dann ging es ab!

Es bäumte sich auf, es schlug hinten aus. Es raste, als wolle es die ihm nicht genehme Reiterin mit Tempo abschütteln. Es halfen keine Worte, es halfen keine Laute, es half kein Tätscheln, wie verrückt sauste es von der einen Seite der Weide zur anderen, Annegret, sich verzweifelt an der Mähne festhaltend, versuchte gleichzeitig mit zusammengebissenen Zähnen Wasili zuzulachen, sie wollte sich doch nicht nachsagen lassen, dass sie nicht reiten könne! Ein wenig war sie ins Rutschen gekommen, festhalten, festhalten, nicht aufgeben, nicht hier! Wie ein Klammeraffe hing sie mit Angstschweiß im Nacken an Mähne und Hals, über die Koppel gesaust, vor und zurück.

Wasili schrie dazwischen, sie antwortete mit einem gequälten Lachen, irgendwann wurde das Pferd langsamer, ließ sie abspringen, schnappte dabei mit seinen Zähnen ihr hinterher. „Wehe!", zischte sie leise zurück.

Wacklig stand sie auf dem Boden, ein zweites Mal müsste sie es ja nicht ausprobieren, sagte sie sich kleinlaut, zu Wasili gedreht, lächelte sie stolz: Sie konnte alle reiten. Sie nahm sich das nächste, eines das sie kannte, wild mit Leidenschaft, hoch oben auf seinem Rücken zog sie wie im Rausch mit den Wolken dahin.

Unten bei den Schafen holte die Realität sie ein. Wenn Annegret alleine war, die Lämmlein über ihre Wolldecke stolperten, die Schafe sich zum Grasen gelegt hatten, sie ihre traurigen Lieder sang, drängelten sich die Fragen aller Fragen auf, ließ sie ihr Stöckchen über den weichen Sand gleiten, schrieb sie wieder Briefe und nicht zu vergessende Reime, schaute sie von unten den ziehenden Wolken hinterher.

Schöner wurde es, als sie beim Hüten Gesellschaft bekam. Peterchen. Manchmal wurde es anstrengend mit ihm, das übersah sie. Neue Leute waren nach Klipschen gezogen, hatten sich ein leerstehendes Haus genommen, sagte man, sie hatte noch niemanden gesehen, war entweder mit den Schafen unterwegs, beim Reiten oder im Kuhstall beim Melken.

Bis der Kleine eines Morgens vor ihr stand.

„Darf mit zum Hüten und helfen", hatte der neue Verwalter gesagt. Nicht mehr der Mongole hatte das Sagen, ha, ha, der Mongole war wieder nur Zweiter. Anweisungen gab der Neue, von Annegret in Abgrenzung zum guten Verwalter der neue Verwalter genannt. Er sah dem guten Verwalter ähnlich, zumindest von der Statur, groß, kräftig, aber schlank, statt einer Soldatenjacke trug er eine graue Arbeitsjacke, seine Haare waren nicht dunkel, sondern mittelblond, wie ihre, seine Stimme nicht so warmherzig, aber doch warmherzig genug, dass Annegret ihn mochte und er sie.

Der neue Verwalter tätschelte Peterchen den Rücken, schob ihn zu Annegret hinüber und verschwand.

Peterchen hatte braungrüne Augen, die fragend in die ihren schauten. Wie sie später feststellen würde, hatte er die gleichen Augen wie seine Schwester, nur sein Mund war anders, er zuckte seltsam, als habe er sich erschrocken. Er, der Dreikäsehoch, er schaute zunächst schüchtern, nach Annegrets aufmunternden

Worten, „Komm einfach mit. Du kannst bestimmt was helfen", zuversichtlich, und schon begann er zu plappern, als wollte er seinen zuckenden Mund dahinter verbergen. Erzählte Annegret ihm etwas, kamen wie aus der Pistole geschossen Fragen. Er wollte alles genau wissen. Wahrscheinlich ist er so neugierig wie ich? Annegret schaute ihn liebevoll an. Nicht an Günter denken, ihren kleinen Bruder, wie der wohl aussehen mochte? Nicht diese Fragen, nicht vor diesem Jungen zu weinen beginnen.

„Was, du bist nie zur Schule gegangen?", rief sie dazwischen, als sie anfing ihn auszufragen. Was für eine blöde Frage, sie brauchte ja nur rechnen, er war acht Jahre alt, bei Kriegsende, zwei Jahre zuvor, hätte er in die Schule kommen müssen.

„Aber ich kann das Alphabet und ich kann auch schreiben." Offensichtlich hatte seine Schwester, über die er nicht bereit war zu sprechen, ihm ein wenig Schreiben beigebracht? Wenn sie gemeinsam die Herde umrundet, die Schafe nach dem Grasen sich hingelegt hatten, ging sie mit ihm zum Wegesrand, Sand gab es in Hülle und Fülle, ließ ihn Buchstaben malen, korrigierte, überlegte kleine Diktate, diktierte Liedanfänge oder Sätze über Königsberg. „In Königsberg steht das Sackheimer Tor."

„Wie schreibt man das?"

„Genauso wie man es spricht, mit einem Ö."

Danach nahm sie ihr Schreibstöckchen, fuhr damit unter jedem Buchstaben längs und tippte so lange unter einen, wenn er falsch war, bis Peterchen selber nach einem Ratespiel den richtigen hinschrieb: „Das heißt nicht Könnigsberg. – Königsberg! – Nein, kein H! Nicht wie bei Höhe."

„Etwa nur ein N?"

Zwischendrin hob Annegret den Kopf, schaute nach den Schafen, waren einige auseinander gedriftet, umrundeten sie sie zu zweit, und weiter ging es beim Schreiben, sie ließ erst locker, wenn Peterchen sich zurück ins Gras warf und sagte: „Ich kann nicht mehr."

Dann kam ihre Zeit. Dann begann Annegret, während er sie aufmerksam ansah und ihr zuhörte, von der Schule zu erzählen, von der in Königsberg, die Schule im Heim, in der man sie geschlagen hatte, verschwieg sie lieber. Die Sparmarken, die sie bei guten Noten erhalten, beschrieb sie dagegen ausführlich, Sparmarken für fünf, zehn oder zwanzig Pfennige, die sie alle in ihr Sparmarkenheft geklebt und zur Sparkasse gebracht hatte. Wie gerne sie dort in der Schule gewesen war. Wie oft die Lehrerin ihren Aufsatz vorgelesen hatte. Am liebsten hatte sie im Deutschunterricht Märchen nacherzählt, damals schon, die sie jetzt Peterchen erzählte und ihn dabei mitten hinein in den Königsberger Winter zog. Denn in Königsberg im Winter waren im Theater Märchen erzählt worden. – Im Winter war es dunkel, natürlich nicht in Königsberg. In Königsberg war es hell durch den Lichterschein und dunkel durch … Sie schwieg plötzlich.

Vom Küchentisch aus beobachtete sie, wie sie Peterchen diese Geschichten von Königsberg vortrug und ins Stocken geriet. Er lag rücklings im Gras und schaute in den Himmel, sie saß aufrecht und guckte zum weit entfernten Horizont, ihr gewelltes Haar quoll unter dem Kopftuch hervor. Hinten auf der Weide schien sie etwas gesehen zu haben, etwas Kleines. Huschendes. Dunkles. Seltsam kroch es schaurig in ihr hoch: Königsberg war plötzlich nicht mehr Königsberg, nicht mehr das im Winter hell erleuchtete Königsberg. Es war ein anderes Königsberg, das versunkene Königsberg, das wie ein düsterer Film an ihr vorüber zog, damals beim Schafe hüten mit Peterchen, jetzt beim Abschreiben in ihrer Küche. Versunken, wie der Ort selber, schien ihre Erinnerung an das entstellte Königsberg bis jetzt gewesen zu sein. Bei der Flucht zurück Richtung Klipschen waren sie durch Königsberg gezogen. Am

Ufer des Pregels, düster und grau, waren sie vorbeigetreckt, dort, wo sie, Annegret, einst mit ihren Geschwistern gesessen hatte, vorbei an den ehemals stolzen Häuserzeilen, die in Schutt und Asche lagen, wie Sandburgen zerbröselt. Bis auf das Sackheimer Tor, das als einziges geblieben war, das jedenfalls sagte ihre Erinnerung, dazu ihre Schule, die Horst-Wessel-Schule, die sie der Pflegemutter im Vorbeitrecken noch gezeigt, ein paar Häuser ihrer Siedlung, wo das arme Mädchen im Keller sitzen musste, wenn ihr Stiefvater kam.

Das versunkene Königsberg. Mit seinen dunklen Gestalten war es genauso dunkel gewesen wie sie, die Leute im Treck, wie die Ratten im Schutt und im Pregel, wie die Leichen, die dieser Fluss mit sich forttrug und die Asche, die alles zudeckte wie der Schnee zur guten Zeit ...

„Was ist? – Warum erzählst du nicht weiter?", hatte Peterchen sie damals skeptisch schauend gefragt, als ihr Erzählfluss ins Schlingern geriet und zum Halten kam, ihre Augen sich schlagartig verdüstert hatten.

„Ach ... Ich hab nur grad kurz überlegt, auf welcher Straße ich damals gegangen war", antwortete Annegret mit fröhlicher Stimme, ihre Traurigkeit gekonnt überspielend. „Weißt du, Königsberg hatte so viele schöne Straßen, schmale Straßen mit kleinen Häusern, große breite Straßen mit riesigen Häusern und Plätze mit Denkmälern und hohen Bäumen, alles trug eine weiße Schneehaube", Annegret geriet ins Schwärmen, „als ich auf dem Weg zum Theater lief." Sein Blick blieb fragend, zu gern aber wollte er weiter mit ihr gehen, durch die große Stadt, unter den Schneeflocken hindurch, vorbei an den gut beleuchteten Schaufensterauslagen, an denen sie sich die Nase plattgedrückt hatte, nicht kaufen, dafür gab es nie Geld, nur schauen, schauen war schön genug, dann zu den Märchenvorführungen und Märchenlesungen im großen Theater. Sie hatte einmal an einer Seitentür gesessen und die sieben Zwerge, die die Bühne verlassen mussten, waren zum Anfassen nahe an ihr vorbeigelaufen. „Wirklich? So wie zum Anfassen?", sie hatte genickt, sich aber nicht unterbrechen lassen. Einmal gab es eine Märchenlesung. Sie hatte dafür nur einen Groschen gehabt, sich verdient durch den Einkauf für alte Leute, es kostete aber drei, doch die Frau, die die Karten abriss, ließ sie trotzdem zuhören, holte ihr einen Stuhl und stellte ihn neben den ihren an der Eingangstür.

An ihrem Küchentisch, während sie überlegte, was sie von diesen düsteren Erinnerung auf ein ergänzendes Blatt schreiben sollte, fragte sie sich zum ersten Mal, warum sie damals überhaupt durch Königsberg getreckt waren? Als sie durchzogen, hatte sie das nicht gefragt, obwohl sie sonst immer die Ortschaften aus Angst vor den Russen gemieden hatten. – Darauf eine Antwort finden? Niemals. Niemand war mehr da, der sie ihr geben könnte. Lieber zurück zu Peterchen, der immer noch mehr Märchen hören wollte und nie genug davon bekam. Peterchen, inzwischen hatte er sich vom Schreiben erholt, schlug einen Purzelbaum nach dem anderen und sprang hoch: „Ich bin ganz stark!"

Peterchen – was für ein liebes Kind.

Nur einmal hatte sie sich maßlos über ihn geärgert, und das ausgerechnet, als sie dabei war, ihm ihr Lieblingsmärchen „Die Gänseliesel" zu erzählen. Die Gänseliesel und Falada waren außen auf dem Buch abgebildet gewesen, das sie auf der Flucht Richtung Westen, solange Hans das Pferd den Wagen gezogen, noch dabei gehabt hatte, das ihr dann aber leider mitsamt den gepressten vierblättrigen Kleeblättern abhandengekommen war. Dieses Märchen, das sie immer noch über alles liebte und das sie von allen Märchen am besten in- und auswendig konnte, breitete sie nun über dem Weideland aus. Als sie dabei war, die Szene zu schildern, in der Falada, das geliebte

Pferd der Gänseliesel, getötet wurde, sie aber wenigstens erreichen konnte, dass der Kopf dieses geliebten Pferdes beim finsteren Tor festgenagelt wurde, an dem sie jeden Tag mit den Gänsen vorbeiziehen musste, und Annegret gerade noch hatte sagen können, dass dieser Pferdekopf Faladas danach jeden Morgen mit der Gänseliesel sprach, unterbrach Peterchen sie energisch: „Wie kann man denn einen schweren Pferdekopf an ein steinernes Tor nageln? Das kann ich mir einfach nicht vorstellen! Und dann soll der noch sprechen?"

Schließlich war er während des Krieges an genügend toten Pferden vorbeigekommen und manchmal auch an abgerissenen Pferdeköpfen! Da konnte ihm keiner etwas vormachen. Er wusste doch, wie die dagelegen hatten. Wie steif und unansehnlich. Da wäre garantiert kein Wort mehr aus deren Maul herausgekommen.

„Was?", Annegret war empört aufgesprungen, was bildete dieser kleine Dreikäsehoch sich ein?

„Das geht doch gar nicht!", hielt er aufgebracht dagegen.

„Ja, wenn du mein Märchen besser kennst als ich, dann erzähl es dir doch selber! – Dann erzähl ich dir überhaupt nichts mehr!", sagte sie und drehte den Kopf wütend zur Seite.

„Aber ich hab sie doch gesehen, die toten Köpfe!"

„Das war doch was ganz anderes als ein Märchen. – Ach, lern du erst mal das Einmal-vier! Wenn du so mit mir redest, will ich dich hier gar nicht sehen!"

Peterchen stand unschlüssig herum.

„Kannst du nicht hören. Ich will dich hier jetzt nicht sehen. Lern das Einmalvier, aber richtig! Und dann kannst du wiederkommen. Vorher nicht!"

So eine Frechheit, ausgerechnet ihr Lieblingsmärchen wollte er ihr kaputtreden. Sie gab sich alle Mühe, ihm etwas beizubringen, wo er schon keine Schule hatte. Wie gerne wäre sie selber weiter zur Schule gegangen, sie, die, wenn sie alles zusammenrechnete, nur fünf Jahre zur Schule gehen durfte. Sie war zwar in die sechste Klasse versetzt worden, aber in den Jahren so oft krank gewesen, monatelang mit Diphtherie im Krankenhaus in Königsberg, nach ihrer Ankunft im Heim, von oben bis unten verbunden, hatte sie wegen seltsamer, über ihren ganzen Körper verteilten Eiterbeulchen das Bett hüten müssen, und bei den Pflegeeltern durfte sie in den ersten Wochen überhaupt nicht die Schule besuchen. Wie sehr sie sich jetzt darüber freuen könnte, wenn ihr jemand etwas beibringen würde, und Peterchen benahm sich ihr gegenüber so frech. Sie warf wütend einen Stein über die Weide, soweit sie konnte, sollte er doch bleiben, wo er war.

Am nächsten Tag schon fehlte er ihr, und am darauf folgenden ließ sie ihn wieder mitkommen zum Hüten, obwohl das Einmalvier immer noch nicht saß. Dabei hatte sie es ihm zusammen mit anderen Aufgaben schon zweimal in den Sand geschrieben. Streng, doch liebevoll schaute sie ihn von der Seite an, streichelte ihm vorsichtig über seinen schmerzenden Kopf. Streng musste sie wohl mit ihm umgehen, denn hinter ihrem Rücken war er zu den vier Ackerpferden gelaufen, die sie manchmal zum Schafehüten mitnahm, solange sie in der Nähe der Kolchose blieb, hatte sich zu dicht an sie herangeschlichen und von einem Pferd solch einen Hufschlag bekommen, den Annegret von Weitem hörte, dass er leblos neben dem Pferd liegen blieb.

Wie schnell sich ein Mensch verletzen konnte! Über ihn gebeugt tätschelte sie sein Gesicht. Welch Wunder, dass er wieder die Augen aufschlug und der Tag mit ihm wieder ein schöner Tag wurde, an dem die Zeit beim Hüten zu schnell verstrich.

Abends in ihren beiden Zimmern drehte sich das Gespräch wieder öfter um Tilsit. Im Herbst schon hatten die anderen Annegret andauernd bedrängt, ihr doch alles haarklein zu erzählen, besonders den Markt sollte sie beschreiben, der ihre

Phantasie weckte und nicht zu vergessen war, mit den roten Mündern und Waren, die feilgeboten wurden. Annegret wollte aber niemals wieder dorthin und sprach auch nicht gerne darüber, der Anblick der armen Kinder, die nach ihrer Mutter suchten, saß ihr noch im Genick, würde sie nur erneut in Sehnsucht nach ihren Lieben fallen lassen. Jetzt im Frühjahr ließen die anderen nicht locker.

„Fast zwei Jahre sind wir nun in Klipschen, ohne rauszukommen!"

„Nein", entgegnete Annegret kurz und knapp, Annegret, die wusste, dass Bruno nicht aufhören würde zu bohren. Man wollte nicht ohne sie gehen, schließlich kannte Annegret sich aus.

„Ich will da nicht wieder hin. Das hab ich schon so oft gesagt."

„Und warum eigentlich nicht?", fragte Rosi mit vorwurfsvollem Unterton.

„Weil ich nicht will!"

„Feigling!", schaltete Bruno sich ein, „Feigling!", wiederholte man im Chor. Es war nicht bösartig gemeint und doch ärgerte es Annegret. Sie wollte den anderen nicht von den drei armen Kindern erzählen und dann von ihren Geschwistern, nach denen sie sich sehnte, da kämen nur Fragen, die irgendjemand zum Lachen brächten oder Vorwürfe, sie habe zu viel Phantasie. Das würde sie nicht ertragen und bat, als es um die Frage ging, wer denn den Verwalter fragen solle, ob sie an einem freien Tag dorthin dürften, selber um Erlaubnis.

Der neue Verwalter gab keine Heimlichmilch, aber er gab jedem von ihnen, die Kartoffeln waren gepflanzt, sie hatten fleißig gearbeitet, er griff dabei tief in seine braune Hosentasche hinein, ein paar Rubel auf die Hand. Die hatten sie jetzt in ihren Taschen und den fünfzehn Kilometer langen Weg zu Fuß vor sich. Sie wären auch ohne Rubel gegangen, nur mal gucken, das kannte Annegret von den Königsberger Schaufensterauslagen.

Auf dem Markt in Tilsit, so armselig der im Vergleich zu den Königsberger Auslagen auch war, gab es etwas anderes zu sehen als in Klipschen und das war schon eine ganze Menge. Es lebten noch viele Deutsche in Tilsit, andere Menschen, andere Gesichter, und waren es auch nur die knallroten Münder geächteter Frauen, die man einerseits bestaunen und andererseits mit Abscheu betrachten würde, die über den dunklen Auslagen, den Säcken und Lumpen, den grau in grau gekleideten Marktfrauen zu schweben schienen. Groß, rot, aufdringlich.

Annegret, immer noch gekränkt, weil sie eigentlich nicht wollte, ging hinter den anderen, grollte ihnen, da man sie gedrängt hatte mitzukommen. Sie war die einzige, die Tilsit in diesem Zustand nach dem Krieg kannte, nur deshalb wollte man sie mithaben, auch das machte sie nicht glücklich, an diesem Tag, der für sie, sie konnte die Erinnerungen an die drei armen Kinder nicht verscheuchen, kein fröhlicher, sondern ein von inneren Schluchzern begleiteter war.

Wenngleich sie auf dem Markt herzlich mitlachte, denn mitten zwischen Unrat, wackeligen Handwagen, aus-ge-mer-gelten Menschen und den auf schmuddeligen Säcken ausgelegten armseligen Waren, Annegret erinnerte sich eines alten, dürren Mannes, der ihr einen Bündel welker Kräuter entgegenhielt, stand ein Esel, der so laut immer wieder „I-a, i-a, i-a, i-a" schrie, dass die Menschen sich nach ihm umsahen, ihm etwas zuriefen oder den Kopf schüttelten, und sie, die sechs jungen Deutschen, vor ihm stehen blieben und sich köstlich amüsierten. Das schien ein unbeschwerter Anfang, doch irgendwann sah es so aus, als wenn Rosi mit Ilse tuschelte, lange, ganz lange hatte sie das nicht mehr gemacht: An diesem Tag war es unverzeihbar für Annegret, sie drehte sich abrupt um, ging in die entgegengesetzte Richtung, sie schaute nicht mehr zurück, die anderen hatten ihr Verschwinden nicht einmal bemerkt, blieb unbeabsichtigt vor einem Stand mit Sandalen stehen, als wäre sie zum Sandalenkaufen nach Tilsit gekommen; das waren keine engen Pantinen vom Pflegevater, die immer scheuerten, nein, richtige Sandalen, zwar auch aus Fahrradreifen gefertigt, doch die Riemen schmal geschnitten, da bekämen ihre Füße im Sommer Luft, und so gab sie ihr Geld für diese Sandalen aus.

Danach heftete sich ihr Blick an einen der größten Stände, einen Gemüsestand, der hauptsächlich Kartoffeln in Säcken feilbot und schwarze Rettiche, deren Wurzelspitzen wie Rattenschwänze aus den Säcken hervorlugten. Nicht an den Rettich heftete sich ihr Blick, auch nicht an die Kartoffeln, sondern an einen auf einem umgekippten Eimer auf einem großen Brett liegenden Schinken, einen richtigen Schinken!, sie leckte sich den Mund, zweieinhalb Jahre hatte sie so etwas nicht mehr gesehen. Die Marktfrau, die Annegrets sehnsüchtigen Blick verstand, schnitt wortlos eine Scheibe ab, Annegret riss sich derweil los, es war ihr peinlich, die Aufmerksamkeit auf sich zu lenken, wurde aber zurückgerufen mit, „Marjellchen! Komm mal her!", und bekam diese Scheibe Schinken gereicht. „Mechtest n Knustche?", schob die Marktfrau noch hinterher, ihr einen Kanten Brot reichend, Annegret nickte, ihre Augen leuchteten. Dieser Biss auf den köstlichen Schinken war nicht zu vergessen und noch lange zwischen ihren Zähnen zu spüren; auch nicht die Marktfrau hinter ihrem tief in die Stirn gedrückten, an den Seiten gefalteten Kopftuch, die breitbeinig auf einem Hocker saß und sie allerlei fragte.

„Bist janz alläine hier? Oder ist s Muttche auch dabäi?"

Und erst bei dieser Frage – es hatte sich herumgesprochen, dass sich manchmal Litauer der sich alleine durchschlagenden deutschen Kinder annahmen –, wurde Annegret bewusst, dass von den anderen fünf niemand, wirklich niemand zu sehen war. – Dann eben nicht! Sie warf den Kopf trotzig in den

Nacken, dann würde sie eben alleine die fünfzehn Kilometer zurückgehen. Sie straffte sich. Sie drehte sich nicht um. Sie hatte schon den Stadtrand erreicht, blickte aufs einsame Land und sagte sich, dass zu dieser Zeit eigentlich nichts mehr passieren könne.

Und doch. Und doch war der Weg so einsam, es gab kein einziges Dorf unterwegs, nur einzelne Häuser am Wegesrand, Häuser mit herausgerissenen Fenstern, die sie wie furchterregende Fratzen anstarrten. Wenn eines kam, lief sie mehr als dass sie ging. Wenn sie auch nur einen Mucks hörte, versteckte sie sich hinter einem Baum, warf sich in den Straßengraben bei Pferdehufgeräusch. Von dort aus erkannte sie einen vor einem Jahr zugezogenen Polen auf dem Wagen hinter dem Pferd, er wohnte mit Frau und Kindern Richtung Teich, wo sie den Erpel gefangen hatte. Sie winkte und durfte mitfahren. Als eine Patrouille kam, flüsterte er: „Du nicht sprechen können!" Es war zu der Zeit verbreitet, dass Menschen im Krieg ihre Sprache verloren hatten, der Pole verhandelte mit dem Soldaten und durfte mit ihr weiter fahren.

Er schien allerdings die Pflegeeltern informiert zu haben. „Oh näi, oh näi, Marjellchen", der Pflegevater guckte tatsächlich zum ersten Mal streng, obwohl es ihm nicht gut stand, „das machst du nicht noch äinmal, dass du alläine jehst! Nachher nimmt dich äiner mit!"

Die Rüben, die Annegret im Juni hacken musste, statt Schafe zu hüten, der neue Verwalter hatte die Anweisung gegeben, ein russischer Soldat zog jetzt mit ihren Schafen los, sah sie in ihrer Erinnerung nur verschwommen. Seltsam. Es mussten die größeren Rüben bereits gewesen sein, der Sommer war schon da, Rüben, die als Jungpflanzen bereits einmal gehackt, dann auf den Knien rutschend vereinzelt worden waren. Jetzt standen sie kräftig im Wuchs; zehn, fünfzehn Zentimeter groß, sie spürte, wie sie mit der Hacke zwischen die einzelnen Pflanzen gegangen war, um das Unkraut zu entfernen, sie hatte sich dann und wann gebückt, wenn Unkräuter zu dicht an der Rübe standen und sie beim Wachstum behinderten.

Was Annegret ganz klar sah, das war die Silhouette einer neuen Fremden, Peterchens Schwester, die eine Weile bleiben würde, das Wort „immer" verbat man sich ohnehin in dieser Zeit.

Sie stand in Begleitung ihrer Mutter am Rande des Rübenfeldes mit einer Hacke in der Hand, der neue Verwalter musste sie ihr gegeben haben, sie stand dort und wartete darauf, dass sie, die Deutschen und Russen, Annegret, Ilse, Rosi, Helmut, Horst, Bruno, Swetlana, Natascha, Nadja und noch zwei weitere Russinnen, die hinzugezogen waren, beim Hacken das Ende des Rübenschlages erreichten, damit sie, Sophie, sich einreihen konnte. Während des Wartens machte sie das, was sie stets gerne machte, wenn sie ohne Beschäftigung war oder gerade innehielt, Annegret beobachtete sie von Weitem, sie zupfte an ihrer Bluse, zupfte so, dass sie akkurat saß, strich die Schürze glatt, die sie über dem weiten Rock trug, zog die Strickjackenzipfel gerade nach unten, als hätte sie sich ihr Leben lang mit dem korrekten Sitz ihrer Kleidung beschäftigt. Sie war von allen, niemand hatte viele Kleidungsstücke, am besten gekleidet, mit frisch gebügelter Bluse und Schürze, die sie auch beim Hacken stets wieder in Form zog, deshalb vermutete Annegret, dass Sophie aus reichem Hause stammte. Das waren und blieben Vermutungen, man fragte immer noch nicht, woher, warum und wohin? Und schon gar nicht, was mit dem Betreffenden los war. Also fragte auch Annegret nicht, sie sah nur freundlich in Sophies ernstes Gesicht. Sie hatte die gleichen dunklen Haare wie Tatjana, nur stoppelkurz geschnitten, Annegret wusste warum, und Peterchens grün-braune Augen, die kamen ihr sofort bekannt vor, und doch waren sie anders, ihre Augen trugen tiefe Schatten wie einen Trauerflor. Annegret lächelte so lange, bis Sophie zurücklächelte, stolz, in die Runde schauend und dann wieder zu Annegret zurück.

„Komm an meine Seite", flüsterte Annegret.

„Mach nicht so schnell", mahnte ihre Mutter, „du weißt, dass du das nicht sollst!", dazu nickte sie, Sophie nickte auch.

Die Mutter verabschiedete sich und ging, nur junge Deutsche durften auf der Kolchose mitarbeiten.

Reihe neben Reihe hackten sie schrittweise über den Rübenschlag. Rosi und Ilse waren mit sich beschäftigt, Annegret lachte fröhlich auf, ging mit ihrer Hacke in Sophies Reihe, zog flink und gekonnt das Unkraut zwischen den Rüben heraus, wenn sie nicht schnell genug beim Hacken mitkam, erzählte vom zweiten Gutshof, nicht von ihrer Krankheit, nicht von Tronka, sondern von den Kühen, vom Melken und den saftigen Wiesen dort, während Sophie erneut ihre Schürze zurechtrückte. Bei allen anderen war es selbstverständlich, dass sie während der Arbeit verrutschte und unordentlich saß.

Fand Annegret einen schönen Käfer, hielt sie ihn auf ihrem Handrücken krabbelnd Sophie hin, oder eine Blume: „Guck, die schöne Blüte", „Hier, so ein hübscher Stein." Sophie sprach wenig an diesem ersten Tag, und doch, es war, als hätte sich ein unsichtbares, ein zartes Band, ein seidenes Band zwischen ihnen befestigt.

Seltsam, dass Sophie nicht von den Russen aufgefordert wurde, ständig auf der Kolchose mitzuarbeiten und dort zu wohnen, sie blieb bei ihrer Mutter, Peterchen und einer anderen Frau, die nicht sprach. Das wusste man inzwischen in Klipschen. Bevor Annegret Weiteres fragen konnte, blieb Sophie einige Tage dem Hacken fern.

Swetlana wusste mehr: „Sophie böse krank. Ganz böse. Hat mámutschka gesagt."

Annegret überlegte, ob sie möglicherweise bei ihr vorbeischauen sollte, nur vor dem Haus stehen, hineinzugehen würde sie sich nicht trauen, doch bevor sie dazu kam, stand Sophie wieder am Rübenfeldrand, die dunklen Augenschatten noch größer, so kam es Annegret vor. Wie könnte sie sie nur ein wenig aufheitern? Wie Sophie zum Lachen bringen? Während sie weiter den Boden auflockerte, Rübe um Rübe vom Nährstoffe abziehenden Unkraut befreite, musste ihr diese Idee gekommen sein, dachte sich Annegret jetzt, wie sollte sie auch die Tage von damals auseinanderhalten können. – War es tatsächlich dieser Sommer gewesen, in dem Sophie kam, oder schon der Sommer davor? Auch diese Frage beschlich sie, während sie am Küchentisch die letzten, wenigen Zettel hin- und herschob, zwei davon zu Sophie, und einzusortieren versuchte in das Zeitraster: siebenundvierzig und achtundvierzig. Achtundvierzig wohnte sie nicht mehr auf dieser Kolchose, also käme nur siebenundvierzig in Frage, und wäre Sophie sechsundvierzig schon gekommen, auch das hätte sein können, also im Sommer zuvor, die Bilder in Annegrets Gedächtnis hingen ja nicht an der Jahreszahl, sie hingen an der Landschaft, an den Menschen, hätte sie wieder einen Zettel in ihr neues Notizbuch legen müssen. Außerdem war der Sommer davor viel zu traurig gewesen, um sich so etwas auszudenken, und zu Sophies Unterhaltung hatte es wirklich gut passen können. – Wer sonst noch dabei gewesen war? –Ihre Erinnerung brachte Helmut ins Spiel, weil er kein Spielverderber gewesen war, klar, Helmut, an die anderen erinnerte sie sich kaum. Annegret jedenfalls hatte sich den langen, dunklen Rock genommen und eine dunkle Bluse, beides von der Pflegemutter geschenkt bekommen, außerdem trug sie ein schwarzes, großes Kopftuch, und schon sah sie aus wie eine Bábuschka. Nach dem Melken in der Frühe hatte sie sich gleich umgezogen, das Kopftuch am Haaransatz gefaltet und tief in die Stirn geschoben, wie alte

Russinnen es trugen. So angekleidet und humpelnd, leicht gebeugt mit zusammengekniffenen Lippen, damit sie nicht lachte, kam sie zum Feld, den Blick zum Boden gerichtet.

Der neue Verwalter stand vor Arbeitsbeginn mit ihnen am Feldrand, schaute verunsichert, wer denn dies wohl sei und hier arbeiten würde? Vor einer Bábuschka galt es Respekt zu bewahren.

Helmut erkannte Annegret als erstes, warf ihr mitwissende Blicke zu, grinste über das ganze Gesicht, bis auch die Russinnen laut zu lachen begannen und Sophie einstimmte, der neue Verwalter sich bückte, in Annegrets verschmitzt schauende Augen blickte: „Anuschka, du!"

„Anuschka bábuschka."

„Anuschka lustige bábuschka", tönte es durcheinander, ein fröhlicher Nachmittag, Lachen lag über dem Rübenfeld und Sophie stimmte ein. Sophie. Helmut, der die bábuschka foppte, „Wie geht, bábuschka? – Alles gesund? ... Oh, müde bábuschka? Bábuschka Pause? Bábuschka humpeln", und sich dicht zu Annegret beugte, sein Gesicht nah unter ihres hielt. Dass er so albern sein konnte? Nie hätte sie es gedacht.

An einem anderen Nachmittag nur wenige Tage später, Rosi und Ilse waren nicht dabei, Annegret empfand die Frühsommerwärme als angenehm, wischte Sophie sich mehrfach die Stirn, sah sie müde aus, matt und schlapp, kam sie beim Hacken kaum voran. Annegret ging so oft wie möglich mit ihrer Hacke helfend in Sophies Reihe, bis, wie aus heiterem Himmel, als strotze sie plötzlich vor Energie, Sophie zur Seite sprang, aus der Reihe der hackenden Deutschen und Russen heraus, an den Rand des Rübenfeldes zu einem Graben. Sie hatte zwei Steine in der Hand, ob sie die in ihrer Reihe gefunden hatte?, die sie zu werfen versuchte, aber doch nicht werfen konnte, sie nuschelte unverständlich, dann ein paar

Worte, die Annegret herauszuhören schien: „Nimm den Stein. Schmeiß ich den Russen in die Eier."

Hoffentlich hatten die Russinnen dies nicht verstanden, Annegret schaute bestürzt zur Seite. Alle hefteten die Augen auf Sophie, ließen vor Schreck ihre Hacken fallen: „O bósche!"

Sophie begann zu torkeln, bekam Schaum vor dem Mund. Annegret lief flink auf sie zu, wollte Sophie halten, bevor sie hinfiel und sprang dabei, sie ging barfuß beim Hacken wie alle anderen auch, in die von Nadja vor Schreck fallen gelassene Hacke, bemerkte es aber nicht einmal. *Ich sah nur noch Sophie, sie fiel in meine Arme und sackte zusammen. Ich hatte Angst gehabt, sie könnte in den Graben fallen. Als sie endlich zu sich kam, mir war es eine Ewigkeit gewesen, und uns fragend ansah, sie hatte keine Erinnerung an das, was geschehen war. Sie fing an zu weinen und sagte: „Wäre ich doch tot. Der liebe Gott mag mich nicht, weil ich immer Anfälle bekomme." So saßen wir beide da und heulten. Ich fing an ein Lied zu singen, das ich in der Sonntagsschule gelernt habe, immer wieder von vorne. Es hieß „Gott ist die Liebe, er liebt auch dich." Sie mochte es gerne und wurde ganz ruhig. Ich musste ihr versprechen, ihrer Mutter nichts zu sagen.*

Die Jungs und die Russinnen kamen auf uns zu. Nadja rief plötzlich wieder: „O, bósche!", denn sie sah, dass mein Fuß ganz mit Blut verschmiert war.

Annegret sprang hoch und suchte Wegeblätter, die Blätter der Wegerichpflanze, mit denen sie ihren Fuß verband.

„Anuschka, du nix können hacken."

Sie hörte noch Nadjas raue Stimme, „ja, nix hacken", stimmten Swetlana, Natascha und die neuen Russinnen ein.

„Weh tun, hhh?"

Helmut und Horst sammelten weitere Wegerichblätter. Danach saßen alle im Gras neben dem Graben, schauten auf Annegrets Fuß.

„Woher kannst du das schöne Lied?", fragte Sophie.

„Vom schwarzen Mann in der Sonntagsschule. So haben wir den Pastor genannt, weil er ganz schwarz angezogen war."

Von ihm wusste sie ebenfalls, dass man singen muss, wenn man Angst hat.

„Und wenn ihr noch mehr Angst habt, dann müsst ihr noch lauter singen."

Sie hörte seine Stimme, während Swetlana etwas ganz anderes wissen wollte, sie, die Russinnen, hatten sich einige Male über Annegret unterhalten und immer noch nicht verstanden, wer die Pflegeeltern waren.

„Warum deine mámutschka so alt? – Oder sie bábuschka?"

Alles hätte Annegret beantworten können. Doch die plötzlich gestellte Frage nach ihrer Mutter trieb ihr Tränen in die Augen, die wie Sturzbäche über ihr Gesicht rannen. Die Jungs, die ihr früher Stadtpomeranze hinterhergeschrien hatten, sagten nichts und hörten ernst zu, Sophie tätschelte ihr den Rücken, hielt ab und an ihre Hand, die Russinnen sprachen zur Beruhigung warme, wohlklingende russische Worte, die Annegret zwar nicht verstand, ihr aber dennoch Trost gaben, während sie schluchzte, die Tränen mit Handrücken und Armen fortwischte und erzählte:

„Mámutschka hier nicht mámutschka!", wie oft hatte sie bereits von der Pflegemutter gesprochen, es war anscheinend für die Russinnen nicht zu verstehen.

„Und Bruder, Schwester? Kaliningrad?", fragte eine von den Russinnen dazwischen, derweil Annegret von neuem zu berichten begann, von der Mutter, den Geschwistern und ihrem heilen Königsberg.

Sie saßen immer noch am Feldrand im Kreis, als sich die Sonne zu senken begann. Niemand kam an diesem Nachmittag auf die Idee, weiterzuarbeiten. Annegrets Fuß schmerzte, doch was waren Fußschmerzen! Es gab viel Schlimmeres, es gab Sophies Krankheit.

Zur Melkzeit, Pflicht war Pflicht, stützte sie sich bei Sophie auf, humpelte sie zur Kolchose zurück. Und während sie dicht an dicht neben Sophie ging, den Arm um ihren Nacken gelegt, schworen sie sich ewige Freundschaft, obwohl das Wort „ewig" nicht im Geringsten in diese Zeit passte, für sie beide in diesem Augenblick jedoch nichts anderes denkbar war. Ewig sollte ihre Freundschaft dauern. Und Sophie, die ihren Kopf dicht zu Annegrets Kopf gedreht hatte, ihre Augenschatten hatte Annegret noch nie so nah gesehen, sagte auf einmal mit einem kessen Lachen im Gesicht: „Und wenn ich Angst habe vor dem nächsten Anfall, dann denk ich an die Engel hinter den Wolken, die winken mir zu und passen auf mich auf."

Also hatte Peterchen ihr alles erzählt? Wirklich alles? Annegret genierte sich einen Moment lang dafür. Es war ja ihre Idee gewesen, als sie in den ersten Wochen alleine beim Hüten gewesen war, und wenn sie dann Angst bekam, hatte sie sich an dieser Vorstellung festgehalten, und so war es ihr ein Leichtes gewesen, Peterchen zu erklären, der Angst vor einem herannahenden Sturm hatte, der schaurig, raschelnd in die Baumkronen fuhr und die dunklen Wolken am Himmel dick und mächtig türmte, dass auf der anderen Seite der Wolke Engel seien, die man nicht sehen könne, „Und die passen immer auf dich auf."

„Immer?"

„Ja, immer!"

Dann hatte er genickt und Annegret sehen können, wie es hinter seiner Stirn weiter arbeitete. Danach hatte er noch einmal genickt und sie gespürt, dass er mit ihrer Erklärung zufrieden war, die sie selber angefangen hatte zu glauben.

„Und weißt du, die Äste und die Blätter von den Bäumen wollen nur ein wenig schaukeln, und die wollen dir sagen, hab keine Angst. Die wollen nur ein wenig miteinander spielen, genauso wie du." Wahrscheinlich war er nach dem Hüten gleich zu seiner großen Schwester gegangen und hatte sich auch von der, von Sophie, alles bestätigen lassen? Denn Angst vor Sturm und dunklen Wolken kam bei ihm nicht noch einmal auf.

Annegret schaute verunsichert zu Sophie hinüber, ein wenig schämte sie sich für ihre Vorstellungen. Was Sophie darüber wohl dachte? – Sophie, auf deren Arm gestützt sie immer noch humpelte, ebenso ergriffen von dieser Vorstellungswelt, strich Annegret sanft über das weiche, gewellte Haar, als würde sie sagen wollen, ja, ich verstehe dich, wir verstehen uns doch, wir haben uns ewige Freundschaft geschworen und dabei bleibt es.

Aber Sophie sagte nichts. Ob sie bereits eine Ahnung hatte?

Sophie, mit der sie in diesem Sommer auf dem großen Baumstumpf der Eiche, geschlagen für Feuerholz im Winter, vor dem Kuhstall saß, bevor die Arbeit begann, und wenn die Arbeit vorüber war, die Tage waren so lang und hell, die Vögel zwitscherten um die Wette, gesellten sich Bruno, Helmut, Horst, Rosi, Ilse und die Russen hinzu. Wer keinen Platz mehr bekam, setzte sich auf einen umgedrehten Melkeimer, und Lieder, die im Winter den Kuhstall erfüllten, klangen hier über den Hof, hallten wider, verfingen sich in den Ecken der großen Scheune, des Stalles, der Holunder- und Brombeerhecken auf dem Gelände des abgebrannten Hauses.

Bei „Kalinka", das ebenso Annegrets Lieblingslied wurde, sprangen Andrej, Nikolai und Wasili auf, der eine oder andere Soldat trat hinzu, und während die Russinnen sangen, tanzten die Männer den Don-Kosaken-Tanz. Annegret, die Sportlichste von allen, sie war die einzige, die sich hintenüber zur Brücke herunterlassen konnte, ihre Arme und Beine als Pfeiler stellend, kam zögernd näher, versuchte an der Seite die Schritte zu üben.

„Anuschka mitmachen!", schrie einer von den tanzenden Russen, schon hockte sie sich dazu, reihte sich ein, die Lippen entschlossen aneinander gedrückt, der Blick stolz, schmiss ihre Beinen gekonnt von sich, als hätte sie diesen Tanz von Kindheit an gelernt, sie, Annegret, bei einem riesigen Kosakenchor, sie zwischen all den Sängern und Tänzern. Als wäre dies immer ihr Leben gewesen, Bruchteile einer Sekunde lang dachte sie es, schüttelte den Kopf, komischer Gedanke, und doch hatte ihre Seele sich verfangen in den Klängen des Gesanges, dem Stampfen der Stiefel im Takt, in den Wolken am Himmel, dem Wind im Haar, ihr schönes welliges Haar, das längst wieder die Schultern bedeckte, im Rhythmus hochflog, hoch in die Luft hinaus wie ihre Beine.

Gab es etwas Schöneres? – Annegret sah die Rücken der Pferde. Und während die Russinnen noch weitersangen, das geliebte Wolgalied war bereits dran, Annegret sich vom anstrengenden Tanz erholte, die Beine in der Hocke fliegen zu lassen kostete Kraft, huschte ein verschmitztes Lachen über ihr Gesicht.

Die Melodie des Wolgaliedes kannte sie in- und auswendig. Als die Russinnen ihren Gesang beendet hatten, sang sie auf Deutsch weiter, besang erzählend die traurige Geschichte des armen, in den Keller verbannten Mädchens, mit dem sie in der Königsberger Siedlung gespielt hatte: „Es trug sich einst zu in Königsberg am helllichten Tag, für den, den sie liebte, sie ihr Kind verriet, und wenn der Stiefvater kam, folgendes Urteil sprach: schnell weg mit dir in den Keller, du ...“, mit Hingabe sang Annegret diesen Text, den sie mit jedem Singen neu gestaltete, zu der einzig passenden Melodie, der melancholischen des Wolgaliedes.

„Anuschka, du russische Lied können?“, wie sie sich freuten, ihr Lied auf Deutsch singen zu hören, und wie Annegret sich freute, dass die Russen nicht wussten, dass der Text ein ganz anderer war. Sophie zwinkerte mit den Augen. Sophie in ihrer Nähe und der Blick nach oben gerichtet, in den hohen ostpreußischen Himmel, in den langen Tag hinein, der erst abends um halb elf sich neigte.

Wenn sie einen Tag frei hatte, also nicht arbeiten musste, stromerte sie mit Sophie über das Land, die schlimmen Offiziere fort, keine Angst mehr, wenn sie den mit Weiden bewachsenen Weg am Mühlenbach entlanggingen, keine Angst, wenn sie am Wegesrand Blumen pflückten, keine Angst, wenn sie sich ins Gras plumpsen ließen und vor Freude Schiffchen aufs Wasser setzten. Waren sie nicht die glücklichsten Menschen auf Erden? Schiffchen! Sophies Schiffchen waren Sommerschiffchen, Blütenschiffchen, luftig, leicht, wie gemacht für laue Lüftchen, die erst schaukelten, dann wie witzige Entlein davonpaddelten.

Als sie hinter dem Wäldchen, das Gebiet gehörte nicht mehr zu ihrer Kolchose, auf einem Feldweg zwei Bund Roggen entdeckten, glaubten sie ihren Augen nicht zu trauen, packten sie blitzschnell zu. Annegret sah diese so weit zurückliegende Szene glasklar, sie über die Roggenbunde gebeugt, ihr Haar fiel über ihren Kopf nach vorne, Sophies Schwarzhaar nach wie vor stoppelkurz, der Blick gerichtet auf hellgelbes Stroh, die Halme des Getreides auf ihrer Kolchose waren graugelb gewesen, wie sie, flink und mit schneller Kraft, eine Ähre nach der anderen abrupften und in ihren Jackentaschen und Annegrets Beutel verschwinden ließen.

Als der Mongole auf einem Pferd vorbeiritt, bedeutete das nichts Gutes, Annegret ahnte es sogleich, spürte wieder den schweren Enterich in ihrer rechten Hand, sah, wie das Gesicht des Mongolen sich verdüsterte, hörte, wie er sie beschimpfte, sie ausfragte, barsch und von oben herab: „Wo finden!", ihnen dann vorwarf, dass sie gestohlen hätten und ihnen jede einzelne Ähre abnahm, sie mussten die Jackentaschen umkrempeln. Triumphierend ritt er davon. Wollte er noch einmal zeigen, dass er durchaus jemand war! Etwas zu sagen hatte? Er, wieder nur zweiter Verwalter? Er, der kein richtiger Russe war, sondern Mongole? Und sie, Annegret und Sophie, mit leeren Händen dastehend.

Sie und Sophie! Mit Sophie hatte sie sich ganz anders unterhalten können über ihre Familie, wie schrecklich es gewesen war, als die Mutter einen Blutsturz bekam und die Geschwister auseinandergerissen und auf verschiedene Kinderheime verteilt wurden.

„Obwohl unsere Oma ein Haus mit Garten hatte, aber die mochte uns nicht, die hatte auch meiner Mutter früher verboten, das Abitur zu machen."

Sophie konnte sie das erzählen. Mit Sophie konnte sie sogar über das Tabuthema „Jungs und Mädchen" reden, sich fragen wie es gewesen wäre, wenn sie in einer andern Zeit gelebt hätten? Ob sie schon einen Freund gehabt hätten? Wie ihr Freund hätte sein und aussehen sollen? Und wie erst sie selber!

Wie gut, dass eines Sonntags, das war neu, das hatten sie vorher nicht erlebt, Tilsiter, es waren Russen, aufs Land fuhren und sich umschauten, einen Sonntagsspaziergang machten, einen Fotoapparat dabei hatten. Sie kamen, als Annegret mit Sophie auf dem Baumstumpf saß, und drückten ab.

„Oh, kriegen wir das?"

Und tatsächlich, zwei Wochen später brachten sie für jede einen Abzug. Sie beide nebeneinander. Sophie mit ihrem dichten Schwarzhaar, den dunklen Schatten und trotzdem einem Lachen im Gesicht.

Das war das letzte, was sie mit Sophie erlebte. Ganz unvorbereitet traf es sie nicht, Peterchen hatte sich verplappert beim Hüten der Schafe, die sie, seit die Rüben gehackt waren, wieder jeden Tag auf das Weideland trieb, sie bemerkte es, weil er kurz zusammenzuckte, als es aus seinem Mund kam, „Wir gehen wieder nach Tilsit", verlegen lachte und sie beim Weiterfragen, warum und wieso, nur ein Schulterzucken bekam. Von Sophie kam nichts. Annegret fragte nicht, sie würde ihre Gründe haben, und doch tat es weh, zog sich ihr Herz wieder traurig zusammen. Warum hatte sie ihr nichts gesagt? Wie viele Menschen, die an einem vorbeizogen und nicht wiederkamen, konnte man verkraften?

Swetlana tätschelte ihre Wange: „Alles gut, Anuschka! Auch mámotschka leben."

Frühmorgens nach dem Melken ging Annegret umso entschlossener zur Koppel, trösteten sie die Rücken der Pferde, ließ sie sich unter dem Himmel dahingleiten, langsam, nicht geschwind, sah sie die Wolken wandern, die Zaunpfähle, das Gras, fühlte das warme Pferd. Danach die Arbeit. Arbeit ließ vergessen. Viel Arbeit. Besondere Arbeit beim Heuladen, zweiter Schnitt: „Auf Wagen soll Anuschka."

Die Jungs luden auf, Rosi und Ilse harkten nach, Annegret durfte das Heu auf dem Wagen packen, zum Schluss einen Baumstamm oben mit Seilen befestigen, damit das Fuder nicht kippte. Sie durfte oben sitzen bleiben. Nur sie.

Sie arbeitete noch eifriger, lud noch flinker ab, band nach dem Mähen noch gekonnter die Garben, trug sie beim Aufstellen schneller zusammen als je zuvor, schleppte zentnerschwere Getreidesäcke, begann von alleine die Pferde aus- und anzuschirren, durfte mit ihnen arbeiten. Sie mit den Pferden. Der neue Verwalter schickte sie immer häufiger zur Koppel: „Anuschka, Stute fohlen. Du gehen?"

Sie nickte. Annegret nickte bei jeder Arbeit, die ihr aufgetragen wurde. Sie half der Stute beim Fohlen. Sie holte das Fohlen herunter. Ihr erstes Fohlen! Selbst abends nach dem Melken kümmerte sie sich noch darum. Schob es der Mutter zum Trinken unter den Bauch. Noch keine Zeit zum Ausruhen.

„Du noch schlafen Anuschka?" – Am frühen Morgen fielen ihr die Augenlider herunter.

„Ja, ich noch müde."

„Ach, du wach werden. Kuh machen dich wach mit melken, melken."

Andrej, der freundlich zu ihr war. Andrej, der sie aufmunterte. So viele, die freundlich zu ihr waren. Es ging ihr doch gut, es ging ihr viel besser als Sophie. Sophie war krank. Sophie konnte nicht arbeiten. Sophie musste fort. WO BIST DU SOPHIE? Schrieb sie beim Hüten. ICH DENKE GANZ OFT NOCH AN DICH.

Nach vorne schauen! Nicht zurück. Auf das einzige Ziel: LIEBES MUTTCHEN, WENN ICH DICH WENIGSTENS EINMAL NOCH, EIN EINZIGES MAL, WIEDERSEHEN KÖNNTE.

Waren die Wolkenhimmelwindböenengel noch in Sichtweite gewesen? Hatten sie die Zeilen zu dem Zeitpunkt wirklich gesehen? Würden sie die Post verschicken?

Drei Mütter

Das Schiff war startbereit zum Auslaufen. Würde der Anker gehievt, die Fahne gehisst, das Tau genommen und aufgerollt?

„Wollen wir heute den Wachtposten anführen? Wir tun einfach so, als würden wir zum Kohlfeld gehen."

Angst war üblicherweise nicht mehr ihr Begleiter, auch wenn Sophies Verschwinden Schatten warf, in diesem Sommer, in dem die Beine flogen, die Haare wehten, fröhlich das Gemüt, Leichtsinn und Schabernack sich einstellten.

Wollen wir heute den Wachtposten anführen? Rosi hatte manchmal pfiffige Ideen. Sie waren nach der Arbeit auf dem Weg zurück zur Kolchose, als sie von Weitem den Wachtposten sahen, der sie genau beobachtete und bemerkte, dass sie die Richtung wechselten, den Weg zum großen Kohlfeld einschlugen. Sie spürten, wie seine Blicke ihnen folgten, sich in ihren Rücken bohrten. Sie, die fast das Kohlfeld erreicht hatten, interessiert auf die Kohlköpfe schauten, so taten, als würden sie sich bücken und harmlos singend wieder zurückkamen. Der Blick des Wachtpostens taxierte sie von oben bis unten, waren irgendwo ein Kohlkopf oder vielleicht Blätter versteckt? Mit schelmischen Blicken sich gegenseitig anstachelnd tänzelten sie singend am irritierten Wachtposten vorbei.

Das war der erste Gedanke an Kohlköpfe gewesen, Kohlköpfe, nicht für sie gedacht, ein Gedanke, der sich nicht auslöschen ließ, hinter der Stirn wie ein lauernder Gefangener auf und ab ging, und an einem freien Sonntagnachmittag, als sie wieder durch die Feldmark spazierten, in die Tat umgesetzt werden sollte. Diesmal gingen sie weniger auffällig, nicht mit kessen Blicken, wohl wissend, dass der Wachtposten auf der anderen Seite der Kolchose stand. Diesmal machten Rosi und Ilse breite Schultern als Schutzschirm, während Annegret einen Kohl ausriss und das Pflanzloch glattstrich. Diesmal sorgten sie selber dafür, dass die Angst kam – denn von der Kolchose etwas zu stehlen war verboten und Sibirien längst nicht aus der Welt. Sie gingen landeinwärts, damit keiner sie sah, versteckten den Kohl in zwei bis drei Kilometern Entfernung von der Kolchose in einem Graben und schleppten ihn erst am nächsten Tag über einen weiteren Umweg zu den Pflegeeltern.

„Marjellchen, das ist zu jefährlich", der Pflegevater versuchte streng zu schauen, wenngleich es in seinen Augen glitzerte, als er den Kohlkopf sah. „Ach, Mädelchen, de Komskopp sieht so schee aus." Zwei Tage später kam er, der Pflegevater, mit dem Henkelmann im Rucksack zur Kolchose, packte heimlich die Kohlkopfsuppe aus; Salz gab es nicht, Speck gab es nicht, aber mit den besten Kräutern der Welt von der Pflegemutter köstlich abgeschmeckt. Das war eine

Kohlsuppe, die, wie der blaue Himmel blauer, Jahr für Jahr köstlicher wurde.

„Wir andere Kolchose, alles packen", hallte es eines Morgens über den Hof.

Wollen die wieder umziehen? Der Sommer ging zur Neige. Der letzte Umzug hatte im Mai ein Jahr zuvor bei abgegrastem Weideland stattgefunden. Annegret schaute den neuen Verwalter skeptisch an. Da stimmte etwas nicht. „Ich sag nur grad den Pflegeeltern Bescheid."

„Nix. Nix. Keine Zeit."

Sie wurden förmlich getrieben, und als sie unterwegs die beiden Mütter von Helmut und Horst trafen, ihre bestürzten Gesichter sahen, erfuhren sie, dass über Nacht die alten Leute und Kinder ausreisen mussten, mit Lastwagen abgeholt und zum Zug gebracht worden waren. Nur die Jugendlichen sollten zum Arbeiten auf der Kolchose bleiben. Die beiden Mütter hatten sich offensichtlich widersetzt, wollten ihre Söhne nicht zurücklassen, ebenso die Mutter von Rosi und Bruno. – Annegrets Atem stockte. Wenn das stimmte? Ob das stimmte? Nach Hause? Nach Deutschland? Konnte man das glauben oder ging es doch nach Sibirien? Annegret und Ilse schauten sich fragend an. Annegrets Pflegeeltern fort, Ilses Tanten und die lieben, kleinen Geschwister. Sie beide ganz alleine jetzt? Tränen kullerten über ihre Wangen.

„Nix traurig sein, Anuschka. Sind mit Zug nach Germánija", flüsterte Andrej, „Dawái! Dawái!", rief er laut, damit sein Geflüster nicht auffiel. Wer das Sagen hatte und zu gehorchen, stand fest.

„Wir kümmern uns um euch", eine der beiden Mütter legte die Arme um Annegret und Ilse.

Auf dem neuen Gutshof, fünf bis sechs Kilometer entfernt, es stimmte, im alten Kuhstall regnete es durch, wurden sie zu sechst in ein großes Zimmer im Gutshaus gewiesen, etliche

Russen wohnten dort schon. Ein Durchgangszimmer war es, vermutlich früher ein Salon, der Mongole und Olga schliefen nebenan, gingen durch ihr Zimmer.

Zu sechst, Jungs und Mädchen gemeinsam. Verlegene Blicke tauschten sie aus. Dass die Jungs sich umdrehten oder zum Stall gingen, wenn die Mädchen sich auszogen, war selbstverständlich.

Abends zu sechst im Bett. – Das gab noch mehr Geschichten als sonst. Noch mehr zu erzählen. Noch mehr zu träumen. Sich einmal richtig satt essen können.

„Kartoffeln mit Bratensoße!"

„Oder Braten pur!"

„Kohlsuppe mit Speck."

„Ha, ha, wisst ihr noch, wie wir den Kohlkopf geklaut haben?"

„Wie gut wir da aufgepasst haben."

„Pssst, nicht so laut, gleich kommt der Mongole."

„Mhhh, und das hat geschmeckt."

„Oder mal wieder Vanillepudding essen."

„Ich möchte ein großes Heft zum Reinschreiben haben und einen langen Bleistift."

„Was willst du denn damit?" Bruno kam hoch aus seinem Bett.

„Für meine schönsten Träume."

Kopfschüttelnd schauten die anderen zu Annegret hinüber. „Ach! Viel lieber mal wieder dort hingehen können, wo man will."

„Und endlich einen richtigen Beruf lernen."

Helmut wollte Zimmermann werden, Horst Maurer, Bruno war unentschlossen, Ilse wollte auf dem elterlichen Bauernhof helfen, Rosi Verkäuferin werden und Annegret im Modegeschäft schneidern lernen.

„Nie mehr Angst haben müssen, dass einer hinter dem Baum steht mit Gewehr und ab nach Sibirien!"

Nie mehr. Wie sie die Träume spinnen konnten, wie sie kichern konnten, abends im Bett, wenn es dunkel wurde, redeten sie wie sonst nie, über alles, auch über die Anweisungen der Russen, die manchmal unsinnig waren.

„Pssst! Nicht so laut!"

Ein bis zwei Wochen blieben sie zu sechst, vielleicht auch länger, Zeit war im Nachhinein nicht messbar. Annegret vermisste die Pflegeeltern.

Die Mütter von Helmut und Horst hatten offensichtlich mit den Russen verhandelt, sie durften außerhalb, unweit der Kolchose wohnen. Sie nahmen sich ein Stück Erde, die jeder nehmen konnte, solange die Kolchose sie nicht bewirtschaftete, sie nahmen sich ein Stück Erde mit einem kleinen, in zwei Jahren etwas heruntergekommenen Bauernhaus mit Garten, Küche und drei Zimmern, ein Schlafzimmer für die Tanten, eines für die Jungs und eines für Annegret und Ilse:

„Ihr beide kommt auch mit, wir lassen euch nicht im Stich." Tatkräftig war geputzt worden, das spärliche Mobiliar hergerichtet, Tisch und Stühle für die Küche, für jedes ein Bett in den Schlafzimmern. Rosi und Bruno zogen wieder zu ihrer Mutter in die Nähe von Mühlhausen. Keine schlechte Nachricht für Annegret.

Die Mütter von Helmut und Horst waren Schwestern, „Ihr könnt Tante Hedwig und Tante Lina zu uns sagen", sie sahen sich sehr ähnlich, waren um die vierzig Jahre alt, schlank, gute Figur, offenes dunkelblondes Haar bis zu den Schultern, bei der Arbeit hinten zusammengesteckt. Sie hatten beide grüne Augen, wie Annegret, sie trugen Rock und Bluse, bei der Arbeit darüber Schürzen. Tante Hedwigs Gesicht war breit, Tante Linas Mund üppig, dadurch unterschieden sie sich. Vom Wesen her waren sie gleich: liebevoll, hilfsbereit, warmherzig. Streit unter ihnen gab es nicht. Sagte die eine, „Wir gehen morgen nach Tilsit", dann gingen sie. Sagte die andere, „Wir hängen heute die Betten heraus, eine von uns muss aufpassen", dann machten sie es. Ohne Widerworte.

Tante Hedwig und Tante Lina nahmen uns auf und behandelten uns so, als wären wir ihre Kinder. Es war so schön, da zu sein. Ich konnte ihnen alles sagen, was mich bewegte, und mit ihnen lachen. Was ich in all den Jahren so vermisst hatte. Auch die Jungs haben nicht einmal gesagt, „Die kommt aus dem Heim." Es war so schön, einmal so richtig bemuttert zu werden, wenn sie sagten: „Annegret, nimm einen Apfel oder eine getrocknete Zwetsche mit", dann fühlte ich mich wie zu Hause.

„Badetag!", hieß es samstags nach Feierabend. Tante Hedwig und Tante Lina hatten bereits im eingemauerten Kessel in der Schweineküche Wasser heiß gemacht, das sie mit Eimern in einen großen ovalen Holzbottich kippten und dann, Annegret brauchte nur die Augen zu schließen, schon sah sie alle vor sich, wurden die Jungs, bevor Annegret und Ilse sich auszogen, lachend von den Tanten hinausgeschickt. Es gab nie ein böses Wort. – Gibt es so etwas heute, wo andauernd genörgelt wird überhaupt noch?

Die Jungs beschwerten sich auch nicht, dass das Essen in sechs statt in vier Teile geteilt wurde, jeder erhielt seine Portion: Sauerampfer, Schwarzwurzeln und Kräuter standen in jedem Garten, Kartoffeln, irgendwo noch gefunden, überträufelt mit Buttermilch, die die Tanten bei den Russen eingetauscht hatten, von denen einige inzwischen eine Privatkuh haben durften. Die Kuh war eine viel zu junge Kuh, Natascha hatte sie zu früh decken lassen, sie tat Annegret leid. Trotzdem: Kartoffeln mit Buttermilch! Welch ein Festessen! Trockenobst in allen Variationen!

Wenn Annegret, Ilse und die Jungs morgens zur Kolchose gingen, schüttelten die Tanten die Betten gut aus, damit keine Läuse und Flöhe kamen, kehrten das Haus und nahmen ihren

Bollerwagen, gingen zu ihrem Dorf, wo noch andere Deutsche wohnten, zogen durch die verlassenen Gärten, immer noch hatte sich einiges von alleine ausgesät. Oder sie suchten nach Tauschbarem. Fanden vielleicht ein Versteck? Vergrabenes? Doch noch etwas in einem mehrmals geplünderten Haus? Woher und von wem? Niemand von den Jugendlichen fragte, besser man wusste nicht zu viel.

Auf dem Bollerwagen lag stets etwas, bevor sie damit zum Markt nach Tilsit zogen, abgedeckt mit Säcken, sie selber eingehüllt in große Kopftücher und klobige Mäntel. Abends kamen sie mit Tauschware zurück: Bohnen, getrocknete, große Saubohnen, die stopften den Magen!, Hirse, manchmal auch Mehl, Sirup, ein- oder zwei Mal sogar Speck, Speck für ein Festtagsessen. Hin und wieder backten Tante Hedwig und Tante Lina eine Art Sauerteigbrot, köstlich wie der beste Kuchen. Annegret wurde oft gefragt, wo sie Nähen, Stricken und Häkeln gelernt habe und woher sie so viele Lieder konnte. Wie es im Heim gewesen war? Und in Königsberg?

Ich glaube, die Tanten hatten gemerkt, dass es mir schwerfiel, über das alles zu sprechen. Und wenn man selber nicht weiß, warum wir Kinder nicht wieder zur Mutter zurückdurften, als sie wieder gesund war, und warum man uns so trennte, und du sitzt da und schluckst und kannst kaum sprechen, dann wünscht man sich weit fort. Damit ich fröhlicher wurde, fingen sie an mit Ratespielen, Ich-packe-meinen-Koffer, die Jungs packten Hammer und Messer ein, Ilse Löffel und Tücher, ich Armbänder, Bücher und Hefte. Oder wir spielten das Flohspiel. Jeder hatte fünf bis sechs gleiche Knöpfe, in der Mitte des Tisches stand eine kleine Schüssel, dann musste man die Knöpfe mit einem anderen Knopf reinknipsen. Das war gar nicht so einfach. Ich habe es später oft mit meinen Kindern gespielt.

Die Kuhherde war kleiner geworden, die Pferde hatten einen schöneren Stall, einen größeren, weitläufigeren. Rosi und

Bruno kamen nur noch selten zur Arbeit. – Warum? Keiner fragte. Sie schafften die Arbeit auch zu viert. Es blieb trotzdem Zeit für die Rücken der Pferde. – Bis der Schnee das Land wieder zudeckte und weite Flächen von Annegrets Erinnerung, der Winter wieder Einzug hielt, die Pferde im Stall standen. Wenn schon nicht reiten, aufsitzen konnte sie trotzdem.

Im Stall war es warm, zu Hause kalt, Holz immer knapp, auch das Essen. Obwohl die Tanten anschleppten, was sie konnten: Sie zogen jetzt nicht mit ihrem Bollerwagen von dannen, sondern mit einem Schlitten, die Tauschware oben festgebunden.

An eine Schlittenfuhre erinnerte sich Annegret glasklar. Ende Februar, die Sonne schon kräftiger, nicht Tauschware lag oben auf dem Schlitten, sondern Ilse, bleich und fahl, Ilse, die hustend im Bett gelegen hatte. Tagelang? Wann Ilse krank geworden war? Keine Erinnerung. Nur ihr Hustengeräusch, das tiefe röchelnde, in Annegrets Lunge Schmerzen verursachende, hörte Annegret immer wieder. Tante Lina und Tante Hedwig hatten Ilse fünfzehn Kilometer hin zum Tilsiter Krankenhaus und fünfzehn Kilometer wieder zurück gezogen. Keiner sprach ein Wort. Jeder sah ihre ausweichenden Blicke. *Sie sagten, „Annegret, du schläfst heute bei uns, die Kranke braucht Ruhe." Heute weiß ich, sie wollten nicht, dass ich mit ansehe, wie Ilse immer weniger wurde.*

Eines Morgens, bevor ich zur Arbeit ging, wollte ich Ilse fragen, ob sie Wasser oder sonst etwas bräuchte. Sie schaute mich an, sie seufzte, sie hob ihre Hand und starb. Ich konnte es nicht fassen. Ich schrie, „Oh nein!" Die Tanten kamen rein, schickten mich raus und machten Ilse fertig. Dann haben wir alle das „Vater unser" gebetet und „So nimm denn meine Hände" gesungen. Erst dann erzählten sie, dass Ilse TB im letzten Stadium gehabt habe. Ich habe das Bild, das ich zuletzt von Ilse sah, nicht vergessen können. Ich sah immer noch, wie das Blut aus ihrem Mund sickerte. Ich schreibe es so, wie ich es damals gesehen habe, weil alles wieder bei mir ist. Manches Mal bekomme ich es doch ein wenig mit der Angst zu tun, wenn ich schreibe.

Als Ilse beerdigt worden war und sie, Annegret, bitterlich weinte, einsam und allein war sie jetzt, kein Mädchen ihres Alters mehr da, setzten sich die Tanten zu ihr aufs Bett, nahmen sie in die Mitte, jede hielt eine Hand: „Annegret, du bist nicht allein", „Wenn wir können, sind wir immer für dich da."

Wenn wir können, wenn die Russen sie nicht doch wegbrachten – die Angst fortzumüssen, stets mit dabei. Wie liebevoll sie sich um sie gekümmert hatten. Kein böses Wort.

Ihre Mutter hatte ihr einmal eine schallende Ohrfeige gegeben, als sie sich in Königsberg auf dem Weg zum Bäcker, sie sollte Brot kaufen, verlaufen hatte. Sie hatte sich sonst nie verlaufen, hatte immer gebracht, was sie bringen sollte, aber an diesem Spätnachmittag im Winter, als es schon dunkelte und sie zudem noch ihr Geld verlor, während sie durch die Straßen irrte, stand sie mit leeren Händen da.

„Du hast was?"

Die Hand der Mutter rutschte aus, schlug fest gegen Annegrets Wange und ließ sie zurückstolpern. Für niemanden gab es an diesem Abend Brot. – Seltsam, dass sie gerade jetzt daran denken musste. Ach, wie sehr Annegret sie gemocht hatte, Tante Lina und Tante Hedwig.

Das war im Frühjahr gewesen, der Schnee gerade verschwunden, die Wege frei für ihre Sandwörter, die zu traurigen Liedern sich formten, und die Koppel frei für die Pferde, ihre Haare wippten im Wind, auf deren schaukelnden Rücken die Traurigkeit sich verzog, wie früher auf den sie schaukelnden und wiegenden Händen ihrer Mutter, wenn sie als Kleinkind vor Schmerzen und Enttäuschung schrie und die Mutter sie tröstete.

Wenn Annegret beim Essen ihren Kopf hob, einige Male hatte sie es registriert, ohne ihm weitere Bedeutung beizumessen, schaute sie mitten hinein in Helmuts braune Augen. Helmut, dunkelhaarig wie seine Mutter, mit einem verlegenen Lachen auf seinem Gesicht, Helmut lief rot an. Sie grinste unbekümmert zurück. Im Herbst schon hatte Helmut begonnen, abends auf sie zu warten; da sie nach dem Melken die Milch zentrifugieren musste, wurde es bei ihr spät. Annegret vermutete, die Tanten steckten dahinter, wollten sie nicht alleine in der Dunkelheit eineinhalb Kilometer gehen lassen.

Helmut hatte auf der großen Schrotkiste neben dran im Kuhstall gesessen und ihr zugeschaut.

„Soll ich kurbeln?"

Manchmal ließ sie ihn und nickte, er sprang auf, schlaksig wie er war, hochgeschossen, dünne, aber kräftige lange Arme, und betätigte für sie die Kurbel. Sahne und Magermilch lieferte Annegret selber beim neuen Verwalter ab, wusch danach die Zentrifuge, ging danach, manchmal schweigend, sie hörte den Sand des Weges unter ihren Pantinen knirschen, oder fröhlich schwatzend neben Helmut nach Hause zurück.

Wenn wir dann zu Hause ankamen und es gab Klunker-mussuppe, waren wir die glücklichsten Menschen der Welt. Die Milch aufkochen und kleine Mehlklößchen reinrieseln lassen. Wenn die Klunker oben schwimmen, ist die Suppe fertig. Dann noch Sirup darübergeben, wenn welcher da war.

Dann und wann hatte Helmut einen saftigen Apfel aus seiner Jackentasche hervorgeholt, verlegen gelacht und ihn ihr etwas linkisch präsentiert: „Magst den?"

Sein Cousin Horst machte so etwas nie. Annegret hatte den Apfel genommen, ohne Helmut dabei zu berühren und gedacht, ach, wie nett. Sie legte den Arm um die Hälse der Pferde, früher um Ilses Schultern, um Sophies Schultern, einen von den Jungs zu berühren, ein männliches Wesen anzufassen, käme ihr nicht in den Sinn. Mit Helmut lachte sie gerne, nicht mit Horst, der hatte keinen Humor, Helmut konnte spinnen, vor Übermut Purzelbäume schlagen wie Peterchen und albern sein, die Bábuschka wieder auspacken, auch wenn sie kein schwarzes Kopftuch mehr trug.

„Bábuschka, du heute Rückenschmerzen oder Kopf? – Oder du nix? Nix stöhnen? Du etwa gesund?"

Fröhlich sein, wie's drinnen aussieht, geht keinen was an. Lachen machte vergessen. Lachen hob ihre Stimmung, so wie beim Reiten ihre Haare gehoben wurden, der Wind sich verfing, die Zeit sich dehnte und in die Länge zog.

Es war abends in der Küche gewesen, im Monat Mai und noch hell, sie hatte abgetrocknet, Helmut hatte nach dem Fegen gerade aufgekehrt, die Tanten unterhielten sich. Annegret schaute aus dem Fenster, auf das frische Grün, als Helmut unverhofft nach ihrer Schulter griff. Er wusste nicht, wie ihm geschah, er hatte sie stehen sehen, von hinten ihre schmalen Schultern betrachtet, das gewellte Haar, die Taille, die Hüften, ihre Beine, die unter dem knielangen Rock hervorschauten, er wusste, dass ihre Bluse sich vorne an der Brust spannte, er wollte Annegret überreden, nach draußen zu gehen, mit ihm, dem Vogelgezwitscher lauschen, das inzwischen zu einem großen Konzert angeschwollen war. Es gab nicht mehr nur Spatzengetschilpe, nein, auch wieder Meisen, Rotkehlchen, Singdrosseln, Rotschwänzchen – sogar die Feldlärche war dabei. Drei Jahre nach Kriegsende hatten sie sich wieder zurückgetraut, nur die Störche blieben verschwunden. Helmut wusste, wie sehr Annegret dieses Abendkonzert liebte. Er würde sich mit ihr unter die Birke setzen, sie bei sich spüren, seinen Blick über ihren Körper streifen lassen, die schönen Vogelmelodien mit ihr gemeinsam hören und den Wolken hinterherschauen. Nur sie und er. Er hatte ihr sagen wollen, komm doch mit raus, es ist so schön draußen – allein seine Hände waren stärker, sie langten aus, links näherte sich die Hand bereits vorsichtig ihrer Schulter, er hatte sich niemals getraut sie anzufassen, rechts tippte bereits sein Zeigefinger.

„Hhhha!"

Dann ging alles blitzschnell. Annegret fuhr erschrocken zusammen, in Bruchteilen von Sekunden herum, nicht gewahr werdend, was sie tat, packte sie Helmut am Hemd, Helmut, einen halben Kopf größer und kräftiger gewachsen als sie, und schleuderte ihn zu Boden. Das war ihr ein Leichtes, schließlich schleppte sie regelmäßig Zentnersäcke über den Hof der Kolchose.

Annegret, erschrocken über sich selbst, stand fassungslos da.

Helmut lag, sie entgeistert anschauend, den Kopf bereits wieder hochgereckt, am Boden. Niemals hatte es ein böses Wort zwischen ihnen gegeben.

„Das wollte ich doch nicht."

Tante Hedwig tröstete Annegret, Tante Lina ging mit ihrem Sohn hinaus, erklärte, was Mädchen im Krieg erlebt, was sie für Ängste gehabt hatten, dass eine freundliche männliche Hand noch als Angriff gesehen werden konnte. Ein kurzer Moment war es gewesen, der die Luft anhalten ließ, das liebevolle Zusammensein unterbrach, den Krieg zurück in die Küche holte, kurz genug, um ihn schnell zu vergessen, aber doch lang genug, ihn Jahrzehnte später zu erinnern.

Vergessen wollte Annegret nicht, daran hatte sie mitten in der Nacht lachend denken müssen, die Flöhe, die trotzdem kamen, obwohl Tante Lina und Hedwig sich alle Mühe mit dem Bettenausschütteln gaben.

„Annegret, du siehst ja ganz bunt aus! Hast du Flöhe in deinem Bett?"

Als sie sich gegenseitig anguckten, stellte sich heraus, dass nicht nur Annegret rote Flecken hatte, sondern sie alle, von oben bis unten waren sie davon übersät.

„Wir machen das schon", sagten die Tanten, beide emsig nickend, sie schüttelten nicht nur die Betten auf, sie schleppten sie auch nach draußen, klopften sie, wuschen sie, putzten das ganze Haus, während Annegret und die Jungs auf der Kolchose arbeiteten. Abends wurde gelacht, sie, Annegret, mit einer Familie am Tisch, mitten unter ihnen, nicht einsam und traurig allein. Wie ihr das gut tat. Wie ihr das gut stand. Helmut senkte den Blick. Er hatte hingenommen. Verstanden hatte er nicht.

„Anuschka, was mit Biestmilch?"

Swetlana zeigte Annegret geronnene und geklumpte Biestmilch. „Hast du den Topf nicht ins Wasserbad gestellt?"

„Wasserbad?"

„Ja, so habe ich es dir doch gezeigt. Du hast das Wasserbad vergessen."

„Was, was? Anuschka, wo bleiben? Wir Heu holen. Du oben."

Der neue Verwalter rief dazwischen, ganz weit hinten Wasili, „Anuschka, du kommen, sehen was deine neue Fohlen machen." Anuschka. Stimmmelodien aus ferner Zeit, die bei ihr waren, sie längst nicht mehr Anuschka. Wie gerne dachte sie daran zurück.

Bei der Getreideernte waren alle emsig. Horst und Bruno mähten mit den von Pferden gezogenen Mähbindern, mangels Bindfaden wurde das Getreide mit der Hand mit den Halmen des Getreides gebunden. Die Garben aufstellen, Roggengarben schleppen, harte Arbeit unter der heißen Sonne, Kopftücher und Mützen wurden tief in die Stirn gezogen. Ihr Werk am Ende eines langen Tages zufrieden begutachtet. Wie lauter kleine Hütten standen die Hocken auf dem Roggenfeld. Warteten auf die Trocknung. Das Einfahren.

Ein einziges Mal bekam Annegret Ärger mit dem neuen Verwalter, die harte Arbeit zu viel, die Frage, urplötzlich, ob sie alles überleben und ihr einziges Ziel erreichen würde, wie aus heiterem Himmel, viel zu groß und fragil lungerte sie in ihrem Gemüt. Sie sollte mit Helmut zusammen fünf Fuder Getreide aufladen und in der Scheune packen, dann würden sie Feierabend haben, wurde gesagt. Sie beide waren gut und schnell, Andrej und Nadja dagegen hatten in der gleichen Zeit nur drei Fuder geschafft, als Annegret ihnen noch helfen sollte, sah sie es nicht ein. Schließlich hatten sie sich besonders beeilt.

„Nein", sagte sie laut und vernehmlich, „nein", das hatte sie noch nie gesagt.

Am nächsten Tag wurde gedroschen, Annegret musste hinter der Dreschmaschine das Stroh fortnehmen und in der Scheune packen, eine Arbeit, kaum für einen Mann zu schaffen. Sie hatte ihre Tage, sie biss die Zähne zusammen und schwieg, sie sagte kein Wort, lieber umkippen als noch einmal den Mund aufmachen. Ihre Augen sprachen für sie, sandten abweisende Blicke zum neuen Verwalter. Das nahm sie ihm übel. Das verzieh sie ihm nie.

Roggengarben wurden im August zusammengetragen. Sie hatte wenige Tage nach ihrem Geburtstag mit Pferd, Wagen und Sense Gras für die Kälber auf der Kolchose geholt, und sich, weil sie alleine war, die Einsamkeit beim Hüten war längst vergessen, Russen waren mit dieser Aufgabe betraut, ein Stöckchen gesucht, endlich wieder Wörter in den Sand geritzt. Selten genug, sie war oft unter Menschen. Schreiben brauchte Einsamkeit. Sie wusste, was sie schreiben wollte, sie wusste es seit ihrem Geburtstag am siebten August, an den niemand gedacht hatte, nur sie; von Andrej, wenn er aus Tilsit zurückkam, ließ sie sich die Kalenderdaten nennen:

LIEBES MUTTCHEN IN BEKEN...

VOR ZWEI JAHREN WAR DEINE KARTE ANGEKOMMEN

ZU MEINEM GEBURTSTAG UND JETZT BIN ICH SCHON SIEBZEHN JAHRE ALT. OB DU MICH NOCH ERKENNST?

DEIN ANNCHEN

Annegret schaute hoch zu den Wolken. Mit ihnen dahinziehen Richtung Westen. Ganz bestimmt.

Während der Getreideernte wurde ein Film gezeigt, die Soldaten, die regelmäßig halfen, kamen gegen Abend mit ihm an, hielten die in einer runden Blechbüchse sich befindende Filmrolle freudig rufend hoch. Es war nicht der erste Film. Ein Film war immer ein kleines Abenteuer. Sie hatten auf ihrer vorherigen Kolchose ein paar schon gezeigt bekommen, Sophie saß damals noch neben Annegret. Sophie. Wie benommen saß Annegret einen Moment lang in der Scheune.

„Heute Film in Scheune", hatte es von allen Seiten jedes Mal über den Hof geklungen.

„Film von Russland. Alle gucken!"

Sie strömten schon herbei, saßen auf Holzplanken, die drei verbliebenen Deutschen als kleines Grüppchen zwischen den Russen, die nach und nach eintrafen, die Plätze auf den Holzplanken füllten und den Raum der Scheune mit russischen Lauten.

Welch eine Abwechslung zu den Liedern und dem Kosakentanz abends vor dem Stall. „Heute Film?", einige steckten erfreut ihren Kopf zur Scheunentür herein, doch nur dieser Film, gesehen auf der neuen Kolchose, schaffte es in Annegrets Erinnerung zu bleiben, was sie sonst noch geschaut hatten, das wusste nur der Wind.

Dieser Film war ein Film von einem Jungen namens Ivanow, der keine Eltern hatte, der überall herumgereicht, herumgeschubst und mit fünfzehn Jahren von Räubern gefasst wurde. Von Beginn an musste er für andere arbeiten, doch in seinen Träumen lebte er auf einem großen Schiff mit einer Prinzessin.

Manchmal kam es Annegret vor, wenn ihr Gedächtnis Jahrzehnte später Szenen aus diesem Film wieder abrief – der Junge Iwanow arbeitete hart auf dem Felde oder bekam den Befehl, das Haus zu putzen, den Fußboden zu scheuern und wurde, wenn er lästig war, von den Räubern, nicht von einer Hexe, in den Keller geschubst –, als sei es ein Märchenfilm gewesen. Aber ob das Ende des Films auch einem Märchen ähnelte, mit „Und wenn er nicht gestorben ist, dann lebt er noch heute"?, oder ob Iwanov traurig von dannen zog? Sie wusste es nicht, das Ende des Films fiel ihr nicht mehr ein. Als wäre es abgeschnitten. Wie gerne würde sie wissen, was aus ihm geworden war. Von der Dunkelheit verschluckt, langten ihre Gedanken nicht hin, griffen sie ins Leere, tappten im Dusteren gegen einen unsichtbaren Vorhang, fanden nicht den Weg dorthin.

Zum Eggen mit drei Pferden ließen ihre Gedanken sich gerne ziehen. Zum Eggen mit drei Pferden nebeneinander in einer Reihe. Drei Pferde unter dem hohen Himmel und sie. Sie alleine mit drei wunderschönen Tieren, die sie liebevoll tätschelte, bevor sie ihnen das Halfter umlegte, sie einschirrte, mit ihnen zum Feld zog, die Zügel in der Hand, und mit Eggenspur um Eggenspur die frisch gepflügte Erde ebnete, auf dem riesigen Feld, wo das Getreide gestanden hatte und wo sie nun den Mutterboden glättete, sanft darüber hinwegstrich, so wie sie im Winter liebevoll die Pferde gestriegelt hatte, einmal längs und wieder zurück. Und wieder und wieder, ihre Fußspuren, sie ging barfuß, in der lockeren Ackerkrume hinterlassend.

Mittags hatten die Pferde Pause, wurden sie aus der Egge geschirrt zum Grasen, während Annegret am Wegesrand saß und schrieb. Sie schrieb noch einmal ihren schönsten Traum in den ostpreußischen Sand (nicht ahnend, dass es das letzte Mal sein sollte), hörte wieder ihre Mutter rufen, sah die Störche auf der Weide nebenan Flugversuche machen, drei Jahre nach Kriegsende, immer noch nicht zurückgekehrt.

Abends zog sie sich für den Rückweg hoch auf eines dieser drei Pferde, schaute auf das von ihr bearbeitete Stück Land; ihre Beine müde, ihre Füße vom stetigen Einsinken in die Ackerkrume schwarz, sie mit ihrer Arbeit zufrieden.

Als der Sommer sich neigte wie ein Jahr zuvor, als alte Menschen und Kinder ausreisen durften, saß Annegret abends mit den Tanten am Küchentisch, strickte Fingerhandschuhe bei Ölfunzellicht. „Wenn die fertig sind, dürfen wir ausreisen. Ganz bestimmt."

Tante Hedwig und Tante Lina lachten und hoben beim Lachen im Takt ihre Köpfe. Dann ging plötzlich alles ganz schnell. Dann klopfte es einige Tage später abends um zehn Uhr an der Türe. Der neue Verwalter. – Noch nie hatte er sie besucht.

„Morgen dürfen ausreisen nach Deutschland. Acht Uhr Andrej hier mit Pferd und Wagen. Dann mit Zug."

„Morgen dürfen ausreisen?", hatten die Deutschen ungläubig nachgesprochen, schon standen sie mit ihren Habseligkeiten parat, jeder mit einem großen Beutel, darin die Zudecke und ein paar Kleidungsstücke, Annegret mit ihrem Schatzkästchen, den Glasperlen, dem Foto von Sophie, dem Bleistiftstummel, dem Brief der Mutter. Aufgereiht standen sie nebeneinander vor der Tür, Nebel hatte sich über das Land gelegt, sie hörten den Wagen heranruckeln, das Pferdegeschirr klirren, Andrej und den neuen Verwalter russisch sich unterhalten.

Der Verwalter reichte jedem von ihnen die Hand und einige Rubel Lohn, nur selten hatten sie in diesen drei Jahren Geld bekommen, die Deutschen durften kein Geld besitzen, jetzt vor der Abreise durften sie. Andrej brachte sie zum Bahnhof: „Daßwidánja!", leise sprach er, als er Annegret die Hände geschüttelt hatte, sein Mund dicht an ihrem Ohr: „Anuschka, ich mitwollen! Nix gut hier." Sie schüttelte kaum bemerkbar den Kopf. Er zuckte mit den Schultern, drehte sich um und fuhr fort.

„Daßwidánja!"

„Wiedersehen!"

„Wiedersehen!"

„Daßwidánja!", riefen sie durcheinander. Wiedersehen? Ein Wiedersehen?

Was Annegret dann erinnerte, war selektiv. Dunkles, ganz viel Dunkles, wie bei dem Film mit Iwanov, dessen Ende sie nicht mehr herausbekam. Ihre Gedanken tauchten wieder und wieder in ein schwarzes Loch, wo sie verebbten. Keine Konturen, nichts, keine Stimmen, auch keine fernen Schreie und Geräusche, das schwarze Loch, das sich zwischen Annegret und ihre Rückfahrt schob (wobei die Rückfahrt eine Hinfahrt war, den westlichen Teil Deutschlands hatte Annegret zuvor nie betreten), dunkelte ab, ließ die Schienenstränge verschwinden, wie der Schnee im Winter das Gras auf den Wiesen.

Königsberg schien von einem Lichtstrahl erleuchtet, besser gesagt, das, was von ihm geblieben war, Ruinen, Mauerreste, Schutt und darin wuselnde Ratten. Ihr Viehtransportzug stand am Nordbahnhof bereit. Soldaten mit Gewehren bewachten das Areal. Wenn einer versuchte, sie hatten bis vier Uhr nachmittags Zeit, einige Meter über den Bahnhof hinauszugehen, kam sofort ein Soldat. Sie durften nur zwischen Zug und Bahnhofshalle pendeln, wo Annegret für ihren Lohn ein Brot und eine Tafel Schokolade à dreißig Gramm erstand, wenige Rubel behielt sie in ihrer Tasche. Erst als sie das Brot in der Hand hielt und es zwischen Arm und Rippen klemmte, fielen ihr Swetlana und Natascha ein, die Pferde, die Kühe, Wasili, Nikolai. Kein auf Wiedersehen. Nichts.

Dann sah sie sich im Viehwaggon sitzen, eingestreut mit Stroh, mit dreißig bis vierzig Deutschen pro Wagen. Eine von den Nazis erprobte Transportmethode für Zivilisten, zur Verfrachtung auf Nimmerwiedersehen. Gen Osten. Gen Gaskammer. Jetzt, dreieinhalb Jahre nach Kriegsende, Annegret, siebzehn Jahre alt, nie hatte sie davon gehört, wurde die Tür ihres Waggons laut zugeschoben und von außen verplombt. Sie saßen in einem hölzernen Gefängnis, Waggon genannt. Sie mit ihrem Beutel zum Glück am Rand, durch einen winzigen Ritz im Holz bekam sie einen dünnen Strahl Licht und frische Luft.

Wo die Tanten saßen und die Jungs? Sicherlich irgendwo im Waggon. Sie konnte sich in Bezug auf diese Fahrt nicht mehr an sie erinnern, auch nicht daran, mit ihnen während der Fahrt ein einziges Wort gesprochen zu haben. Ihr Gedanken waren fokussiert auf nur einen Punkt, auf das eine Ziel, das sie sich seit ihrer Rückkehr nach Klipschen gesetzt hatte: ihre Mutter wiedersehen. Ihre einzige. Aus drei Müttern war wieder eine geworden: Mutter, ich bin's! Erkennst du mich noch? Dein Annchen ...

Früher hatte sie sich das mit bangem Hoffen vorgestellt, jetzt ungeduldig, während bei Tageslicht die Luftritze im Waggon hell leuchtete und bei Nacht das Rattern und Ruckeln des Zuges lauter wurde. Unerträglich war es, wenn der Zug stand, der Druck auf ihrer Blase und den Gedärmen lastete, man nicht wusste, ob die Tür geöffnet wurde oder man eingesperrt blieb. Irgendwo im Nirgendwo: Ein Halt, wie jeder andere. Der Zug hatte sein Tempo verlangsamt. Die Bremsen hatten gequietscht. Annegret den Ruck gespürt. Dann tat sich eine Weile wieder nichts. Doch dann wurde an der Verriegelung der Waggontür von außen tatsächlich gerüttelt, sie atmete erleichtert auf. Jetzt ist es gleich geschafft. Jetzt wirst die letzten paar Meter auch noch halten können... Wie ein zu schnell ratternder Film sauste alles an ihr vorbei. Sie sah sich vor dem Waggon auf und ab laufen, sich die Beine vertretend, frische Luft tief einatmend, sah von weitem Rosi vor einem anderen Waggon stehen. Sie ging nicht hin und Rosi kam nicht her, sie bleiben beide dicht vor ihrem Waggon, ohne sich zuzuwinken. Annegret stieg frühzeitig ein, der Platz an der Luftritze war es ihr wert. Am Rand des Waggons war das Stroh noch etwas weicher, nicht so platt gedrückt wie in der Mitte, und am Rand des Waggons saß sie weiter entfernt vom Blecheimer, für den sie bei einem Halt wenigstens einen Holzdeckel gefunden hatten, der ständig hochgenommen wurde, von den Kindern und denen, die Durchfall hatten. Sie zuckte zusammen. Die Waggontür wurde zugeschoben und wieder verplombt.

Am achtzehnten Oktober hatten sie ausreisen dürfen, dieses Datum hatte sich bei ihr eingeritzt wie einige dieser Bilder und die Dunkelheit, die im hölzernen Gefängnis nicht enden wollte, und die Frage, die sich bald aufgedrängt hatte, von einigen gesprochen, von anderen gedacht, sie waren schon länger als achtundvierzig Stunden unterwegs, Deutschland hinter der Oder lag nur vierhundert Kilometer Luftlinie entfernt, der Zug stand häufiger als er fuhr: „Oder ob die uns doch nach Sibirien verschleppen?"

Wusste man es? – Annegret wollte es nicht glauben. Am nächsten Tag machte das Gerücht die Runde, dass sie über die Slowakei ausreisen sollten, von dort aus würden sie nach Thorn gelangen, wo es noch eine intakte Eisenbahnbrücke über die Weichsel geben sollte, würde. Vielleicht.

Irgendwann beim Zurückdenken, und dieses Zurückdenken hörte nicht auf und würde wohl auch nicht aufhören, es war, nachdem sie schon zweimal ihren Text abgeschrieben und zur Seite gelegt hatte, irgendwann beim Zurückdenken bekam diese schweigende Dunkelheit, die sich zwischen sie und die wenigen Erinnerungen von der Rückfahrt schob, diesen grauenvollen Ton, den sie vorher des Nachts manchmal schon gehört hatte. Es waren Schreie der beiden kleinen Kinder, nicht die ersten Hungerschreie, die ihre Mutter bei einem Halt in der Slowakei verzweifelt vom Zug forttrieb, um bei einem in der Ferne sichtbaren Haus etwas Essbares zu erbetteln, vielleicht ein Stückchen Brot, eine halbe gekochte Kartoffel. Es waren die Mark und Bein durchdringenden Schreie, die Annegret nach langer Zeit wieder ins Wanken brachten und das Elend erneut über sie zogen. Die Schreie dieser zwei kleinen Kinder, deren Mutter bei der Abfahrt des Zuges nicht zurück war. Andere Mütter drückten die Mark und Bein erschütternde Schreie von sich gebenden Kinder an sich. Irgendwo im Nirgendwo. Dazwischen quietschten die Bremsen.

Alles andere lag im Dunklen. Auch die Zeit, zehn bis zwölf Tage sollten sie unterwegs gewesen sein. Auch die Frage, ob sie jemals etwas zu trinken bekamen? – Doch konnte man überhaupt zehn bis zwölf Tage ohne Wasser überleben? Zu essen gab es nur das Brot, irgendwo im Nirgendwo, das sie sich gekauft hatte. So vieles lag im Dunklen. Oft war sie des Nachts, wenn sie nicht schlafen konnte, die Strecke, die Rückfahrt durchgegangen, hatte nach der genauen Reihenfolge gesucht, nach dem Inhalt der Lücken. Das Dunkle blieb dunkel und starr, ließ sich nicht bewegen.

Als der Zug in Thorn einfuhr, erschien es wie ein Wunder. Weiter über die Weichsel hinüber, durch weites, weites Land, über die Oderbrücke.

„Wir sind da!"

Konnten sie das glauben? Hatte sie tatsächlich überlebt? Wie der Ort in Deutschland hieß? Sie zuckte mit den Schultern. Die Begrüßung war anders als erwartet, sie wurden am Bahnsteig mit Läusepulver empfangen, einige Leute am Bahnsteig streuten es über ihre Köpfe, als wären sie ein Hefeteig, den es mit Mehl zu bestäuben galt. Sie mussten niesen. Ekel stieg in

Annegret auf. Sie kamen in ein Barackenlager. Sie mussten sich ausziehen. Stundenlang mussten die Frauen nackt in einem Raum sitzen. Viele hatten große, gerötete Stellen auf ihrer Haut. Die Kleider wurden gefilzt. Warum? Wieso? Annegret wurde wie alle untersucht. Krankheiten? Keine. – Mangelernährung. Ja.

Annegrets Gedanken drehten sich um Beken..., Beken..., das es zu finden galt.

Vierzehn Tage später wurden sie getrennt, das wusste Annegrets Erinnerung wieder genau, an das Lager konnte sie sich wieder erinnern. Tante Lina und Tante Hedwig sollten mit den Jungs nach Schwerin, Annegret als Minderjährige in ein Heim nach Burg bei Magdeburg.

„Ich schreibe dir!", Helmut sagte es schluchzend, Helmut weinte Tränen um sie! Annegret lachte, winkte. Für sie ging es voran. Nach vorne. Die Mutter. Mutter. Mutter. Wie ein Echo hallte dieser Begriff mittlerweile in ihrem Ohr.

Im Heim war Annegret eine gute Arbeitskraft für die Küche. Im Heim wollte man sie nicht fortlassen. Im Heim lebte auch Wolfgang mit den dunklen Haaren und blauen Augen. Wolfgang konnte so schön lachen. Wolfgang durfte trotzdem nicht den Arm um sie legen. Wolfgang wollte mit seinem kleinen Bruder ausreißen und schwarz über die Grenze nach Hannover. Annegret sollte mit. „Nein, das mach ich nicht! – Kannst du nicht gucken, ob es ein Dorf Beken... mit noch einem Wort dahinter bei Hannover gibt?" Er versprach zu schreiben und er schrieb sofort, doch sein Brief kam nicht bei Annegret an. Die stellvertretende Heimleiterin verriet es Annegret hinter vorgehaltener Hand, und dass es ein Bekenbostel gäbe und Wolfgang dort nach ihrer Mutter suchen wolle.

Bekenbostel! Das war es gewesen, als sie es wieder hörte, sagte die Erinnerung, ja. Bekenbostel, der Ort von dem ihre Mutter auf der ersten und einzigen Postkarte schrieb. Es war also nicht eingebildet oder erträumt, wie sie manchmal, weil die Pflegeeltern sie so oft Träumerin genannt hatten, in Selbstzweifeln zu fürchten begann. Die Postkarte ihrer Mutter war tatsächlich in Klipschen angekommen. Bekenbostel. Jetzt sah sie diesen Ortsnamen in der Schrift ihrer Mutter wieder vor sich.

Jetzt hatte ihr Ziel einen Namen.

Zwei Monate sollte sie noch warten, bevor die Suchmeldung des Roten Kreuzes sie nach Hannover holte. Zwei Monate, bevor die Zusammenführung begann. Drei Wochen würde sie dauern, deutsche Wege brauchten bereits ihre Zeit. Das Lager an der Grenze in der Ostzone. Zwei Wochen Wartezeit. Ein ostdeutscher Bus fuhr sie bis zur Grenze. Ein westdeutscher Bus zum Lager Friedland. Begrüßung mit Kakao und Keksen. Eine Woche später nach Hannover zum Übernachten in einem Bunker.

Dann saß Annegret im Zug nach Bekenbostel.

Sie, die sich so oft das Wiedersehen vorgestellt hatte, sie zwickte sich in den Arm. Nein, du träumst nicht. Sie hörte die Bremsen des Zuges quietschten, quietschen, quietschen ... an einem fremden Ort, vor einem Bahnhofsgebäude, Fachwerk mit Backsteinen gefüllt. Ihre Augen tasteten suchend den Bahnsteig ab, bis es in ihren Ohren hallte.

„Schwesterchen! Schwesterchen!“ – „Schwesterchen! Schwesterchen!“ – „Schwesterchen! Schwesterchen!“

Ihr Bruder hatte es immer wieder gerufen, bis sie sich gegenüber standen: Annegret ihrer Mutter und ihrem älteren Bruder Manfred. Die Mutter schien kleiner geworden zu sein, kleiner und zerbrechlicher hinter ihrem dicken, wollenen Kopftuch. Es war kalt. Es war Januar. Der zweiundzwanzigste Januar neunzehnhundertneunundvierzig.

Annegret ließ ihren Beutel mit den wenigen Habseligkeiten fallen, die dicke Federdecke war nicht mehr dabei. Ihr kleiner, bunter, bemalter Kasten aus Blech, ihre Schatzkiste mit ihrer Brosche, dem Bleistiftstummel, dem Foto von Sophie, dem Brief ihrer Mutter, ihren Glasperlen fiel scheppernd auf den gepflasterten Boden des Bahnsteigs; ihr Schatz. Er war ihr nicht abhandengekommen auf der Flucht, nicht auf der Kolchose, nicht bei der Fahrt hierher.

Ungläubig standen sie sich gegenüber. Eine kurze Sekunde lang hatten sie sich mit offenen Mündern angeschaut. Dann lagen sie sich in den Armen.

An die weiche Wange ihrer Mutter erinnerte Annegret sich genau, auch dass über dem Kopf der Mutter das kleine Vordach des Fachwerkgebäudes des Bahnhofs von Bekenbostel zu sehen gewesen war.

Der geborgene Schatz

Der Anker war ausgeworfen, das Schiff an Land befestigt, die Fracht gelöscht. Auf ihren Transport wartete sie ein halbes Jahrhundert.

„Kind, nicht einschlafen", hörte Annegret des Nachts jemanden rufen wie im Traum, und doch war sie inzwischen wach, „du musst gehen, immer nur gehen." Ihre Gedanken wanderten zielstrebig in Ostpreußen hin und her, sie befand sich plötzlich zwischen dicht bei dicht fallenden Flocken aus Schnee. Es war im Dorf ohne Namen, genauer gesagt auf dem Weg dorthin, im Januar noch bevor die Russen kamen. Schneeflocken, leise und zart, rieselten vor ihren Augen hernieder. – Dass sie all die Jahre nie daran gedacht hatte? Erst jetzt, mitten im Frühling kam es ihr in den Sinn, der Apfelbaum in ihrem Garten in Bekenbostel stand in voller Blüte, weiße Blütenblätter, am Tag zuvor sachte zu Boden gefallen, wurden vom Wind durch die Luft getrieben. Annegrets Haar war längst weiß-grau-meliert, mehr als sechs Jahrzehnte nachdem sich alles zugetragen hatte, einige Jahre, was waren schon Jahre?, nachdem sie alles zum zweiten Mal wieder abgeschrieben, also insgesamt dreimal aufgeschrieben hatte. Warum erinnerte sie sich jetzt?

Sie war damals von den Pflegeeltern ins zehn Kilometer entfernte Frauenburg geschickt worden, um wichtige Dokumente abzuholen. Vormittags war sie weggefahren, mitten im Winter auf schneebedeckter Straße mit dem Fahrrad der Bäuerin. Und während sie sich auf dem Fahrrad sah, sie, dreizehneinhalb Jahre alt, dick eingepackt in Mantel und Schal von Tante Hannchen, um den Kopf trug sein ein dickes Tuch, der Schnee unter ihren Reifen knirschte, hörte sie die Bäuerin, die nette, freundliche Bäuerin sprechen: „Du musst dir die schöne Liebfrauenkirche noch anschauen, wenn du schon mal in Frauenburg bist." Denn die Bäuerin wusste, was Annegret gefiel, sie hatte Annegret während ihres Aufenthalts im Dorf ohne Namen mit zur katholischen Kirche nach Mühlhausen genommen. Und während sie auf die Papiere des Amtes in Frauenburg zu warten hatte, betrat sie erwartungsfroh die Liebfrauenkirche. Doch furchterregend groß kam sie ihr vor, sie dagegen sich so klein und einsam. Nur wenige Menschen gingen in der riesigen Kirche auf und ab, für Annegret unverständlich, was sie dort machten. Verzagt drehte sie sich auf dem Absatz um, ängstlichen Blickes verließ sie das Gotteshaus.

Danach ... und jetzt wusste sie, dass sie nach langer Zeit des Nachts wieder aufstehen würde, um etwas zu notieren, danach ... Danach hatte das Schneetreiben begonnen. Als sie endlich auf dem Amt die Papiere für die Pflegeeltern bekam, hatten sich mächtige Schneewehen bereits aufgetürmt.

Auf der Landstraße war kaum ein Durchkommen. Ein Stück des

Weges begleitete mich noch eine Frau. Die wollte zur Schwester und hatte es nicht weit. Ich musste mein Rad schieben und das war sehr anstrengend. Sie sagte immer zu mir, „Mädchen, setz dich nicht hin, um auszuruhen." Ich wollte mich aber doch schon niedersetzen, um ein bisschen auszuruhen. Man konnte kaum noch etwas sehen. Die Schneewehen wurden immer größer und es dunkelte schon. Dann bekam ich einen großen Schreck, ein Mann kam mir entgegen. Plötzlich war er da. Er sagte, „Kind, nicht einschlafen, du musst gehen, immer nur gehen. Denn wenn du dich hinsetzt, schläfst du für immer ein." Wenn ich jetzt so nachdenke, war mir so warm und die Wärme war wirklich angenehm für ein bisschen Schlaf. Aber etwas hämmerte immer in mir, du musst gehen, die warten. Und ich hatte gekämpft, meine Tränen liefen ohne Unterlass. Ich kam mir so verlassen vor, wie nie zuvor. Ich weiß nicht, wie es kommt, während ich das alles schreibe, sehe im mich da laufen im Schnee.

Als ich dann ankam, war die Bauersfrau in Sorge gewesen. Sie hatte Angst gehabt, dass meine Füße angefroren waren. Die Häuslingsfrau hatte meine Hände und Füße gerubbelt, so dass sie richtig heiß wurden.

Es kam tatsächlich immer noch wieder etwas zum Vorschein. Ein paar Mal, nicht oft, aber oft genug, war ihr die eine oder andere Begebenheit eingefallen, wenn sie zurückdachte, und zurück dachte sie so oft. Manchmal kam die Erinnerung aus dem Nichts, dann wenn Ruhe eingekehrt war, sie zufrieden in ihrem Bett lag oder wenn es ihr schlecht ging, der Rücken schmerzte, der Schwindel sich austobte, sie die Augen schloss. Schon war eine winzige Ergänzung da, wenn sie gerade an etwas gedacht hatte, ein kleiner Schnipsel hinterhergekommen, ein Lied, das sie dann und genau dann gesungen hatte, obwohl sie es gar nicht wissen wollte. Oder es tauchte etwas auf, an das sie noch nie zuvor gedacht hatte, wie die Einsamkeit beim

Schneetreiben. Ihre Gedanken konnten offensichtlich nicht davon lassen.

Manchmal ignorierte sie diese weiteren Begebenheiten, manchmal notierte sie sie und fügte wieder einige lose Blätter ihrem Text hinzu. – So auch dieses Blatt. Sie holte ihr Notizbuch, das sie vor wenigen Wochen, auch wenn es sie Überwindung gekostet hatte, noch einmal gelesen hatte. Wer etwas geschrieben hat, sollte es auch lesen. Nur deshalb. Sie wusste ohnehin noch alles. Oft hatte sie während des Lesens genickt, an einigen Stellen schwer geatmet und zügig weitergeblättert und am Ende alles im Wohnzimmerschrank verwahrt. Das soeben beschriftete Blatt legte sie hinein, versuchte ein anderes unordentlich über die Kante lugendes Blatt zurückzuschieben, was nicht gelang, also zog sie es heraus und begann es zu überfliegen. Auch diesen Text kannte sie in- und auswendig. Auch den nächsten, der vorwitzig am Rand hervorlugte, einer ihrer Lieblingstexte, der von der gelben Rose, Ich war wie verzaubert und blieb stehn/ die gelbe Rose so wunderschön/, die sie mit den anderen Mädchen aus dem Heim aus einem Zaun hervorlugen sah, sie alle zusammen barfuß auf dem steinigen Weg zum Kapellenberg unterwegs. Und weil sie verhindern wollte, dass die anderen Mädchen diese schöne Rose abrissen, erfand sie eine Notlüge: „Da hinten guckt ein Mann." Schon rannten alle fort und ließen die Rose am Leben. Nur sie, Annegret, hatte sich beim Fortlaufen an einem Stein den Zeh verletzt. Das war wohl die Strafe dafür gewesen, dass sie gelogen hatte. Dafür fielen ihr später dann diese Zeilen zur Rose ein, am nächsten Tag, umringt von den Mädchen, ritzte sie sie in den Sand auf dem Hof. Wie schön das doch gewesen war, mit den anderen Mädchen zusammen zu sein, und wie schön, als sie im Winter nach dem Schneetreiben endlich zu Hause bei der netten Bäuerin angekommen war; wie gut es ihr getan hatte, dass sich damals bei ihrer Rückkehr alle freuten. Wie warm ihr ums Herz gewesen war, als die Häuslingsfrau liebevoll ihre Hände und Füße rubbelte . Dort im Dorf ohne Namen, der ihr allerdings immer noch nicht eingefallen war, obwohl sie ihn zu gerne gewusst hätte, auch wenn sie nie an den Ort zurückkehren würde. Sie öffnete noch einmal die Landkarte vom ehemaligen Ostpreußen, fuhr mit ihrem Finger über die Ortschaften zwischen und in der Nähe von Mühlhausen und Frauenburg, aber der Name dieses Ortes, für den sie sich interessierte, blieb im Verborgenen, andere Erinnerungen, welche auch immer, dagegen kamen.

Dann ist es wohl so, sagte sie sich, und sie sagte es sich durchaus mit einer gewissen Resignation, dann ist es wohl so und dann bleibt es so.

Dass von den schrecklichen Erinnerungen trotz mehrfachen Aufschreibens keine verschwunden war, wie sie Jahre lang gehofft hatte, ließ sie tief und schwer einatmen. Warum sie so oft schon und immer und immer wieder an die Zwillinge dachte, sich bei dem sterbenden Mann knien sah, ihm die Hand reichte? Fragte sie sich, wohl wissend, dass keine Antwort kam. So oft hatte sie während ihrer Zeit als Altenpflegerin alten Menschen die Hand gereicht, aber nicht an sie dachte sie, musste sie denken, nein, an den sterbenden Mann, an die sterbenden Zwillinge, an sich selbst, als sie den Handwagen mit letzter Kraft Richtung Osten mit dem Lederriemen über ihrer Schulter ziehen musste, der spannte und drückte, an die Frau, die sie so zugerichtet hatten, bei der alles aufgerissen und die Flasche tief in den Unterleib gesteckt worden war. Bilder, in ihre Haut geritzt, wie das Brandmal in die Haut der Pferde von Trakehnen.

Diese Bilder sah sie nachts an schlechten Tagen. Diese Bilder wirst du nie mehr los. Es gab Tatsachen, die man hinnehmen musste. Etwas in die Haut Geritztes blieb als Narbe zurück, zwar verheilt, und doch kam der Wundschmerz, wurde beim Blick darauf die Erinnerung wach, dann, wenn der Schwindel übergriffig wurde, ihre Stimme wieder matt, ihre Bewegung wie fremdgesteuert, als wäre sie gelähmt, erstarrt vor Kälte. Lahmgelegt. Zudem quälten sie Schmerzen in den Knochen auf der rechten Seite. – Oder kam das vom jahrelangen Milchkannenschleppen? Und dann diese Schwächeanfälle, wenn sie Kopf und Hals manchmal drehte, als wäre eine Säge darin, völlig überflüssig dazu Gedanken an Grausamkeiten aus dem Heim, eine Stunde mussten die, die ungefragt geredet hatten, auf dem kalten Fußboden im Klassenzimmer sitzen, den Finger dabei auf den Mund gelegt, während alle anderen auf sie schauten.

An schlimmen Tagen war sie mit solchen Gedanken konfrontiert – und doch waren es andere Gedanken als noch vor einigen Jahren: Sie wollte sie loswerden, diese Erinnerungen, nach wie vor, die, die ihr lästig waren, dann, wenn Tronka schaurig blickte, sie die Schreie der alten Leute und Kinder hörte, sie Ilse in ihrer Sterbestunde sah. Und doch waren die Bilder inzwischen solche, die ihr nicht mehr diesen unfassbaren Schrecken einjagten, dieses grässliche Gefühl, wenn das ganze Elend wieder über sie hereinbrach und sie nicht mehr wusste, wo sie war – in Bekenbostel und gleichzeitig auf der Kolchose?

Wandelten sich am Ende schlimme Tage in bessere, wurden ihre Gedanken wieder rege, konnte Annegret sich mittlerweile sagen, dass sie dem alten Mann und Seppel in der Sterbestunde beigestanden hatte, ihnen durch ihr Lächeln Gutes getan im letzten Augenblick ihres Lebens, als der alte Mann sie „Maria" nannte und Seppel ihr seine kleinen Ärmchen entgegenstreckte, um Pudding mit ihr zu kochen, und dass sie selber dieses zufriedene Lächeln der Todgeweihten niemals missen wollte. – Tronka? Abwägend bewegte sie ihren Kopf, als könne sie dabei eine Antwort finden, von der sie doch wusste, dass sie nicht kam. Sie ließ ihre Pupillen, wie immer wenn sie tief, tief denken wollte, mal in ihre rechte, nach ein paar Minuten, mit einem Seufzer verbunden, in ihre linke Augenspitze gleiten: Ein Tier ist ein Tier, ein Tier bleibt ein Tier, auch wenn es sie wie ein Vater beschützt hatte. Die schlimmen Offiziere waren wenigstens eingesperrt worden, und wenn sie an die zurückdachte, sah sie bereits das Mädchen, Es, nicht mehr Ich, das im Zickzack über die Wiese lief. Trotzdem war dieses Mädchen sie. Sie, die keine Angst mehr bekam, keine Panik, keine Atemnot in der Nacht, die schrecklichen Erinnerungen konnten ihr nichts mehr anhaben. Als habe sie mit diesen Bildern eine Art Waffenstillstand geschlossen, man griff sich nicht an, Freunde wurde man allerdings trotzdem nicht.

Sie hatte überlebt. Warum sie, ausgerechnet sie? Sie, die Dünnste von allen. So viele ihrer Weggefährten waren gestorben. Warum nur hatte sie so viel Glück gehabt? Sie hatte ihre Mutter wiedergefunden, auch wenn die Zeit hinterher mit ihr nicht einfach gewesen war, ihre Mutter sie in Bekenbostel, als ob sie nicht schon genug zu tun gehabt hatte, mit ihren Problemen drangsalierte, ihr das Leben schwer machte, sie mit ihren Selbstmordversuchen tyrannisierte. Am Ende ihres Lebens hatte sie sie bei sich aufgenommen und gepflegt, aber als sie, Annegret, noch ein Kind gewesen war und sie ihre Mutter gebraucht hätte, war sie nicht da gewesen.

Trotzdem hatte die Hoffnung, sie wiederzusehen, Annegret überleben geholfen. – Wie oft sie wohl ihren schönsten Traum auf die Sandwege geschrieben hatte? Briefe an Karin und Schiepelchen? Geburtstagskarten an Manfred und Günter? Fragen an Sophie? Das konnte sie sich sagen und fragen, in ihrer Haupterinnerungszeit, des Nachts, wenn sie, wie so oft, wach im Bett lag, in dieser Zeit, die nur ihr gehörte ... und bei Gedanken an den schönsten Traum ihre Lippen sich automatisch zu einem Lächeln formten.

Der schönste Traum. Dass er ihr nicht abhanden gekommen war! Ging es ihr gut, wurden die ihr liebgewonnenen Erinnerungen noch vertrauter, noch wertvoller, willkommener. Sie freute sich sogar auf sie wie auf alte Bekannte: „Dass ich dich jetzt treffe!"

Denn an diesen guten Tagen traf sie die fröhlichen, die sehnsuchtsvollen, die Erinnerungen, die sie nicht missen wollte. An die lieben Menschen, an die Lieder, die sie gesungen, so viele wie später nie mehr in ihrem Leben. Sie hörte sich selber Lieder singen, sah sich dabei im Kuhstall oder am Wegesrand sitzen, ihre jugendlich klingende Stimme in ihren Lieblingsliedern, im „Land der schönen Wälder", in „Kein schöner Land in dieser Zeit", im „Wolgalied", und bei „Kalinka", wenn sie neben Andrej und Nikolai den Don-Kosaken-Tanz tanzte, die Beine warf, die Arme gewinkelt, der Blick stolz geradeaus.

Ein wenig traurig stimmte es sie, dass ihr die eigenen Reime nicht mehr einfielen. Beim Kühehüten hatte sie sie noch in den Wegessand schreiben können. Doch Sandwörter wurden ausgelöscht, waren ausgelöscht worden, vom Winde verweht, von Füßen zertreten. Sandwörter blieben ausgelöscht, wie die Erinnerungen, die ihr niemals eingefallen waren und möglicherweise niemals mehr einfallen würden?

Trotzdem, an dieser Stelle gab sie nicht auf, lag sie manchmal da des Nachts, angestrengt in sich hineinhorchend: aber es wollte kein Reim hervorkommen. Sie probierte es mit Gesang, über Melodien hatte sie so oft einen vergessen geglaubten Text zurückgewonnen, sie summte leise vor sich hin.

„Singst du mir jetzt schon nachts was vor?", fragte Walter amüsiert dazwischen, „Jaha", in Gedanken summte sie weiter, damit Walter schlafen konnte, sie hatte zumindest schon die Idee: Das war ein Reim mit Gänseblümchen gewesen. Gleich hab ich ihn, ganz bestimmt, dachte sie, und schlief doch darüber ein. Am nächsten Tag kam ihr der Würmling in den Sinn. Wie sie sich darüber freute! Zuerst fiel ihr nur die fünfte Zeile ein, beim Aufschreiben kamen die anderen hinterher: „An einem großen Gartenzaun,/ da stand ein schöner Apfelbaum./ Da hing ein großer Apfel dran./ Und aus dem schönen Apfel dann/ schaut mich ein kleiner Würmling an./ Du armer Würmling, kleiner Wicht/ gönnst mir den schönen Apfel nicht?"/ Eines von den Mädchen im Heim hatte in einen Apfel gebissen und einen Wurm gesehen, „Der gönnt dir den Apfel nicht", hatte eine andere erwidert. Daraufhin waren ihr diese Zeilen eingefallen, und noch einige andere; „Der Spierenbaum, der Spierenbaum, der lädt zum Klauen ein/ nimm alle mit, die futtern wir dann rein."

Nur die Gänseblümchenzeilen kamen auch nach Monaten regelmäßigen Überlegens nicht zu ihr zurück. Sie blieben im Dunkel ihrer Erinnerung, steckten fest wie das Ende des russischen Films mit dem Jungen Ivanow.

Alles konnte man vom Erlebten wohl nicht zurückbekommen. Sie wollte nicht undankbar sein, sie hatte so viel, nicht nur Reime und Gesänge, sie spürte den Wind liebevoll in ihrem Haar, das warme, galoppierende Pferd, ihre Seele sanft schaukelnd, und die Wolken und die weiten, ach so weiten ostpreußischen Wiesen glitten an ihr vorüber. Wie sehr sie das alles liebte! Wie gerne würde sie, nur noch ein einziges Mal, natürlich war diese Vorstellung albern, sie könnte sich mit ihren sechsundsiebzig Jahren gar nicht mehr alleine auf ein Pferd ziehen, dort auf dem warmen Rücken des Pferdes über die Weide gleiten, der weiche Wind in ihrem Haar, sie, nach vorne gebeugt sich an der Mähne festhaltend ... Zuerst im schnellen Galopp, das Pferd gewähren lassen, so lange reiten, bis es von alleine langsamer würde, dann stehen bleiben unter der Schatten spendenden mächtigen Weide, leise plätschert der Mühlenbach.

Sie kannte nach wie vor jede Delle, jedes Sumpfloch, jede Versandung auf der Wiese, auf dem Weg am Bach die Wasserpfützen, dazwischen Ebenen, die sie früher glattgestrichen und dann beschriftet hatte, im Mühlenbach jede Stromschnelle und Bucht, und ahnte, nein, wusste, dass dort, wo früher erstes Schilfgras weiter in den Bach hineingewachsen war, die Weiden mit ihrem silbernen Laub sich tiefer über den Bach geneigt hatten, dort wo Büsche sich ausbreiteten, Brombeeren in wenigen Jahren Besitz ergriffen und längst auch von ihrem Mühlenbach ergriffen hatten. Jetzt, während sie dort stand und schaute, genauer gesagt, meinte zu stehen und zu schauen, wuchs die Brombeerhecke, schnellte sie empor in die Höhe, wölbte sie sich wie eine beschützende Kuppel über sie und den Bach wie im Märchen die Rosenhecke über Dornröschen, hielten die Dornen die Zeit an, verzierten sie ihren Bach mit den hübschesten weißen Blüten im Frühjahr und den köstlichsten schwarzen Früchten im Sommer. Im Sommer! Die Kühe jetzt ganz dicht bei ihr im Bach das köstliche Wasser schlürfend, ihre Klauenspuren vom Wasser umgurgelt, verwaschen und fortgespült, während sie längst am Ufer saß neben Tatjana, mit der sie gleichzeitig, wie auf ein Kommando, die Füße aus dem Wasser zog und wegen der gleichzeitig wackelnden großen Zehen in prustendes Lachen ausbrach. Schon wanderte ihr suchender Blick weiter, sie wusste, wonach der den Rand der Wiese absuchte, sie wusste, wen er zu fokussieren gedachte, sie verspürte den Stich in ihrem Herzen, ein Stich der blieb, Stiche tief innen im Herzen konnte man nicht ungeschehen machen. Tronka hatte ein Recht darauf, er, der ganz weit in der Ferne, dort hinten, stehen blieb, während die Brombeerhecke sich weitete, die Wiese sich dehnte, sich vergrößerte, Anuschka, Anuschka-Anuschka, Spezialist-ist-ist-ist ... wie ein Echo an ihr vorüberhallte und mit sich fortzog. Weg von dort, wo die Brombeerhecke sich nicht nur über die Wiese und den Bach, sondern auch wie ein Schutz über ihre Erinnerung gewölbt hatte. – Wohin?

Dahin, wo die Gedanken uns tragen.

Annegrets Augen strahlten, jetzt, mitten in der Nacht, während Walters beruhigende Atemzüge im Bett neben ihr stetig auf und ab gingen, so, wie sie früher gestrahlt hatten, wenn der gute Verwalter ihr heimliche Milch gereicht, wenn sie als Bábuschka verkleidet auf dem Feld ankam und vor Energie zu strotzen schien. Energie, die sie so lange nicht gekannt, solange die Antriebslosigkeit von ihr Besitz ergriffen hatte. Energie, jetzt war sie manchmal wieder da. Neulich mitten im Alltagsgeschehen, als ein kurzes Leuchten, sie beim Arzt bei einer der üblichen Routineuntersuchungen, ihre Stimmung aufhellte und sie die frühere, die fröhliche, die lustige Anuschka war, Anuschka Bábuschka, und mit dem Arzt spaßte, als er auf ihre Unterlagen schaute: „Was, wie alt wollen sie schon sein? Sie gehen ja schon langsam auf die achtzig zu. – Sie haben ja nicht einmal Falten."

Hatte sie auch nicht. Natürlich war ihre Haut nicht mehr so glatt wie früher, zierten Lachfalten ihre Augen, war das Haar weiß, die Haut runzlig, aber nicht von Kummer zerfurcht.

„Das sind die Ostpreußen, so sind die", sagte sie verschmitzt und ließ ihre Augen voller Überzeugung kess in den äußeren linken Blickwinkel wandern, „nicht kleinzukriegen!"

Die Ostpreußen. Im Osten. Dorthin, gen Osten, war ihr Blick gerichtet. Früher auf der Kolchose gen Westen.

Die Kolchose mit dem guten Verwalter, tagtäglich mit dem heimlichen halben Liter Milch, Tatjana mit ihren riesigen Soldatenstiefeln und ihrer warmen Stimme. Der neue Verwalter, der ihr besondere Aufgaben zuwies, die Russen, Swetlana und Andrej voneweg, die zu ihr, Annegret, kamen, wenn sie Fragen hatten. Was mit dem Pferd denn sei? Wie wohl die Deutschen Kohlsuppe zubereiteten? Was man bei Ohrenschmerzen mache? Womit sie sich die Haare wasche? Was mit der Zentrifuge los sei, sie funktioniere nicht?

„Ach, Anuschka, du Spezialist."

Die Russen hatten sie gemocht. Helmut auch. Wie sehr er sie gemocht hatte, dämmerte ihr erst jetzt, damals war die Zuneigung eines Mannes für sie abstoßend gewesen. Er mit Abschiedstränen, die sie, Annegret, übersehen hatte, übersehen hatte wollen, ihm stattdessen lachend die Hand reichend.

Er hatte ihr sogar nach Bekenbostel geschrieben. Einmal. Zweimal. Mehrmals. Sie solle ihn doch besuchen.

Sie wollte nach vorne schauen, nicht zurück. – Ob Helmut noch lebte? Erst jetzt verstand sie auch, warum Tante Hedwig und Tante Lina, die stets etwas zu verkaufen hatten, ihr einst einen Ring zum Kauf anboten. Vielleicht vermuteten sie damals, er würde in der Familie bleiben und sahen sie und Helmut schon als Paar? Ein schlichter Goldring war es gewesen, mit einem kleinen roten Stein, aber im letzten Jahr bekam sie, Annegret, außer bei der Ausreise kein Geld, also hatte sie ihn nicht kaufen können.

Die Ausreise! Nein! Sie schüttelte den Kopf. Dass sie bei den Gedanken an diese schreckliche Ausreise jemals würde schallend lachen können? Über die aus Angst vor Tronka auf den Baum geflüchteten Russen hatte sie öfter lachen können. Aber über diese schreckliche Rückfahrt? – Unvorstellbar wäre das früher gewesen. Und doch hörte sie sich wieder lachen, nicht damals, damals hatte das Grauen regiert, sie, gefangen in einem Kasten aus Holz, mit dem sie durch die Lande irrten, die Schließmuskeln zusammengequetscht. Jetzt, knapp sechzig Jahre später, seit sie nicht mehr nur sich sah beim Notdurftverrichten, sondern die ganze Reihe nackter Hintern, musste sie sich immer wieder, wenn sie daran zurück dachte, den Mund zu halten, damit es nicht mitten in der Nacht aus ihr herausprustete.

Angesichts ihrer Erinnerung an die Schafwollkleidung, die sie damals bei der Ausreise trug, sah sie noch eine andere Annegret vor sich, eine Annegret im Lumpensammlerlook, anders konnte man es doch heute nicht bezeichnen, sagte sie sich jetzt, damals hatten sie das gar nicht bemerkt, damals in diesen kalten Wintern, mit sämtlichen Kleidungsstücken, alles Lumpen, übereinandergezogen.

Nein, an die Kälte dachte sie nicht gerne, lieber an etwas Schönes denken, an diese köstliche Süßigkeit. Ja ... Auch das hatte es gegeben, von der Pflegemutter zubereitet! Einmal, als sie vom Kühehüten auf dem Rückweg bei ihr in der warmen Küche vorbeigekommen war und der Duft, dieser unbeschreibliche Duft von gekochten Zwetschen konzentriert in der Luft lag! Und viel konzentrierter als dieser Duft war die Zwetschenkreide selbst: Zwetschen auf eine feste Bonbonmasse zusammengekocht. Süße, verdichtete Frucht, die ihr, Annegret, auf der Zunge zerging. Stundenlang waren die Zwetschen von der Pflegemutter gekocht worden zu einer zähflüssigen Masse. Nie mehr hatte sie so etwas Köstliches zu essen bekommen. Nie mehr diesen Duft in der Nase.

Manchmal des Nachts, wenn Annegret durch ihr weißes Haar strich, die Wellen waren geblieben, die Farbe gewichen, fragte sie sich, wie sie doch all das überlebt hatten, nicht nur sie, auch die anderen, die mit ihr zurückkamen. – Es ist mir ein Rätsel. Unglaublich. Trotz Schwerstarbeit hatte es auf der Kolchose kaum etwas zu essen gegeben, das zumindest sagte ihr Gedächtnis. Aber war das Wenige tatsächlich genug gewesen, um sie am Leben zu halten? Oder war es für ihre Erinnerung nur so wenig, weil es nie gelangt hatte? Konnte man wochenlang, tagelang, monatelang mit Fischmehlbrühe und hin und wieder einem Stück Brot, und sie mit einem halben Liter Heimlichmilch dazu, bei Schwerstarbeit überleben?

Bei Tante Lina und Tante Hedwig war es anders gewesen. Die beiden brachten durch ihre Schacherei, als wenn sie einen vergrabenen Schatz nach dem anderen ausgehoben und auf dem Tilsiter Markt gegen Essbares eingetauscht hatten, fast jeden Abend etwas auf dem Tisch, und waren es auch nur gekochte, zu Mus gestampfte Kartoffelschalen, so etwas Kostbares wurde doch nicht weggeworfen! Annegret mochte nicht an die Müllberge von heute denken, die vielen Essensreste, Lebensmittel, die achtlos in Mülleimer wanderten. Wo führte das hin?

Damals hatte sie sich vor Hunger in den Schlaf geweint, auch vor Einsamkeit und Sehnsucht. – Wie viele Liter Tränen, in Rastenburg im Heim, auf der Flucht, während der Zwangsarbeit in Klipschen, wohl insgesamt geflossen waren? Wie viele Liter Heimlichmilch hatte ihr der gute Verwalter gereicht, wie viele Wörter sie in den ostpreußischen Wegessand geschrieben? Später hatte sie niemals mehr Zeit gehabt, in den Sand zu schreiben. Wie gerne sie in der Hocke auf dem Boden gesessen hatte, ein kleines Stöckchen als Stift in der Hand, die Wolken in wunderschönen Formationen über sich, die Wolken an ihrem geliebten kornblumenblauen ostpreußischen Himmel. Nirgendwo konnte es so schön sein, nirgendwo gab es die Wolken in diesen Formationen, nirgendwo war die Landschaft so sanft hügelig wie dort, hatten die Weiden so liebevoll einen Bach gesäumt, die Ähren so sacht gewogt, ein Lüftchen geweht und die Störche, ja, die Störche, ach, wie schade, dass die nach Kriegsende nicht wiedergekommen waren, die Störche sich sanft in die Lüfte gehoben.

Wie sehr sie Ostpreußen doch liebte. Sie war so froh, dass sie dies alles aufgeschrieben hatte, damit es das noch gab und sie sich daran erfreuen konnte. Ja, Freude haben, nicht mehr dieses grässliche Gefühl: du fällst der Länge nach hin, obwohl es sich manchmal noch andeutete, furchtsam sich über den Nacken anzuschleichen vorzuhaben schien, sie dabei aber sogleich in Habachtstellung ging, durchatmete, tief, ganz tief, und durch die Wohnung wanderte. – Wer hätte das gedacht, dass sie auch draußen ohne Hackenstil im Garten oder den stützenden Armen ihrer Familie oder Freundinnen würde gehen und in ein bis zwei Jahren würde sagen können: „Du brauchst mich nicht unterhaken. Ich kann das alles wieder ganz alleine!" – Stolz wird sie es sagen werden und den Kopf in den Nacken werfen und noch mehr Genugtuung wird sie empfinden, wenn in der Tagesschau, die sie jeden Abend von acht Uhr bis viertel nach acht einschaltete, in einigen Jahren von den an Posttraumatischen Belastungsstörungen erkrankten aus dem Afghanistankrieg zurückkehrenden deutschen Soldaten berichtet und selbst im Bekenbosteler Anzeiger darüber zu lesen sein wird. Posttraumatische Belastungsstörungen. Ein Krieg war nicht mit einem Waffenstillstand ober Abzug beendet. Längst nicht, und sie war keine eingebildete Kranke gewesen. Ihre Krankheit hatte einen Namen. Und viele andere hatten sie auch.

„Ja, es war hart … aber auch schön."

„Warum fährst du da nicht einfach hin?", hatten die Frauen aus Bekenbostel sie beim Kaffeetrinken gefragt, zu einem Zeitpunkt, als Annegret bereits dann und wann von Ostpreußen zu erzählen begonnen hatte und die Frauen zuzuhören.

Früher bei der Kartoffelernte war es noch ganz anders gewesen. Damals, als alle noch auf den Knien in einer Reihe im gleichen Tempo über das Kartoffelfeld rutschten und sich nebenbei unterhielten, aber als sie etwas zu Ostpreußen gesagt hatte, gar nicht reagierten.

Die Frauen auf dem Kartoffelfeld, zwei Reihen ausgerodete Kartoffelreihen zum Aufsammeln vor sich, die Kinder eine.

Annegret half zusätzlich noch ihren Kindern linker Hand und Nachbars Marion auf der anderen Seite. Und obwohl sie so viel half, hatte sie immer noch Zeit gehabt. Deshalb hatte sie überlegt, ob sie nicht drei Reihen gleichzeitig sammeln sollte? Ihre Hände bekamen den Korb so schnell voll und gingen ungeduldig über dem Korbgriff auf- und zu, während sie sich umdrehte, nach einem leeren Korb rief und dazu verdammt war, warten zu müssen. Doch der Bauer erlaubte es nicht, dass sie drei Reihen auf einmal sammelte. Das ärgerte sie, sie hätte es so gerne gemacht, natürlich auch wegen des Geldes, aber sie sah auch nicht ein, dass sie, Annegret, von frühmorgens bis spätabends auf Trab, hier untätig herumsitzen musste. So saß sie weiterhin vor nur zwei Reihen Kartoffeln, guckte sich gelangweilt die Erde an, von der sie die Kartoffeln bereits aufgesammelt hatte, bevor sie auf den Knien weiterrutschte. Diese Erde hier war grau und sandig. Annegret griff hinein, ließ eine Handvoll zart durch ihre Finger rieseln. Und plötzlich begann sich, fünfzehn Jahre nach Kriegsende war es gewesen, eine festverschlossene Pforte in ihrem Inneren vorsichtig einen winzigen Spalt zu öffnen: Sie spürte den lehmigen, nicht den sandig rieselnden Boden zwischen ihren Händen, hörte die Herde Kühe über den Sandweg laufen, weiches Aufsetzen unzähliger Hufe, und Tronka, ihren großen Beschützer, schnaufen, zuckte mit einem Mal vor Schreck zusammen, weil der Russe die laut ächzende Schranktür mit einem Schlag aufgerissen hatte. Der Russe, der sie mitnehmen wollte. Sie hatte ihn nie gesehen, aber konnte sich vorstellen, wie er ausgesehen haben mochte unter seiner Russenmütze mit den heruntergeklappten Ohrenschützern, als er nach ihr suchte: „Unten im Kleiderschrank hab ich mich versteckt unter Gerümpel und alten Rucksäcken und mich nicht getraut zu atmen! Und oben hat ein Russe die Schranktür aufgerissen! ... Über zwanzig Kühe hab ich jeden Tag gemolken. Jeden Tag, eine nach der anderen, morgens und abends, und alle mit der Hand ..." Annegret hatte ganz laut in das Gesprächsgemurmel der Frauen und Kindern hineingesprochen, das kurzzeitig verstummte. Sie schaute nach links und rechts, die Frauen, die mit ihr alle auf gleicher Höhe über den Acker rutschten, guckten nach unten, als hätten sie nichts gehört; niemand nickte, niemand fragte, damals, fünfzehn Jahre nach Kriegsende. Dabei waren die meisten der Frauen wie sie, Annegret, aus dem Osten und hatten selber die Flucht erlebt, nur nicht das, was später kam, davon hatten die keinen blassen Schimmer, von dem, was sich danach abgespielt hatte. Sie wollten es anscheinend auch nicht wissen. Nur die damals noch kleine Marion hatte sie mit erstaunten Augen angeschaut und sich dann selber vorzustellen versucht, wie es wäre, wenn sie sich im Kleiderschrank ihrer Mutter verstecken und dann vor Angst nicht mehr atmen können würde. Annegret half ihr mit flinken Händen weiter, auf der linken Seite versuchte ihre älteste Tochter den dreiviertelvoll gesammelten Korb weiter nach vorne zu heben, „Musst nicht den vollen Korb heben, das ist zu schwer für dich", nahm ihn und setzte ihn weiter, strich ihrer Tochter über das Haar, stupste ihrem Sohn auf die Nasenspitze, damit sie etwas zu lachen hatten, und endlich, endlich wurde ihr ein leerer Korb gereicht. Ihre Hände hatten wieder etwas zu tun, ihre Gedanken folgten. Ostpreußen verflog. Damals.

Nun durfte es bleiben, Ostpreußen, sechzig Jahre danach in Bekenbostel in der Kaffeerunde im Gespräch. Man hatte nachgefragt und, weil Annegrets Schilderungen so schön gewesen waren, sie ermuntert: „Warum fährst du eigentlich nicht wieder hin?"

„Ja, warum eigentlich nicht? Da kann man doch schon lange wieder hinfahren."

„Was soll ich da? Es ist nicht mehr das, was es mal war. Ostpreußen gibt es nicht mehr."

Sie setzte zum Sprechen an, öffnete den Mund und sprach doch nicht, ihr Blick wanderte in die Ferne:

Klipschen gab es auch nicht mehr. Auf den neuen Landkarten war es bereits als ehemaliger Ort vermerkt und im letzten Jahr noch, damals, nachdem die alten Leute und Kinder schon ausgereist waren und sie auf der Kolchose wenige Kilometer von Klipschen entfernt lebten, hatte Annegret bei dem einen oder anderen Ausflug nach Klipschen gesehen, sie wollte nur mal nach dem Haus der Pflegeeltern schauen, wie jedes Mal weniger da war: nach dem Winter fehlte der Schafstall auf der ersten Kolchose, vermutlich zur Ergänzung der knappen Feuerholzvorräte abgerissen, dann fehlten bei den Pflegeeltern der Holzbalken beim Ziehbrunnen, Türen und Fensterrahmen, das Scheunentor, Ziegelsteine bei anderen Häusern. – Was sollte sie also in Klipschen, das inzwischen aus Ruinen bestand? Auch Königsberg gab es nicht mehr, es hieß anders und sah anders aus, ihr geliebtes Königsberg aus glücklichen Kindheitstagen, wenn sie barfuß über das warme Pflaster ging, vor den Auslagen der Schaufenster stehen blieb, Ostpreußinnen sich unterhalten hörte, „S hat nie nich jelangt!"

„Ja, ja für'n Dittsche jibt's nuscht", und eine Mutter ihrem Faxen machenden Sohn zurief: „Ich jeb dir jläich nen Gruschke." Ihr geliebtes Königsberg war hinüber. Es gab die Sprache nicht mehr, es gab ihre Straßen nicht mehr, die geliebte Prinz-Regenten-Straße, die Hufenallee, die Luisenstraße, und was nützte das Sackheimer Tor, das als einziges Tor den Krieg überlebt haben sollte, wenn es sie nicht mehr in ihre Stadt führen konnte?

Es gab nur noch ihre Erinnerungen daran und die wollte sie sich nicht kaputt machen lassen, sie wanderte bereits wieder unter den sich über den Mühlenbach liebevoll neigenden Weiden, hörte den Wind, hörte ihn säuseln, Friehling! Friehling, hörte die Stimmen der alten Leutchen, hörte, wie sie riefen: „Marjellchen!" „Marjellchen, mechtest Buttermilch?"

„… Käse, n Schäibche?"

„… n Knustche?"

„Marjellchen, s Muttche auch dabäi?"

„Mechtest mich", hauchte es von der anderen Seite, „mechtest mich die Haare machen?" Die Sprache, nur jetzt hier bei ihr, die Menschen, nur wenn sie an sie dachte, die verhutzelte alte Frau mit dem Furunkel, die alten Leutchen … so viele andere.

Nie nich wieder jesehen.

Sie atmete tief, spürte nach wie vor den erwartungsvollen Blick der Bekenbosteler Frauen auf sich ruhen:

„Ja, was soll ich da?", wiederholte Annegret und sah die Frauen fragend und ein wenig entrüstet an, „Ostpreußen gibt es nicht mehr."

Dann wanderten ihre Pupillen nach links und blieben dort nachdenklich stehen.

Und doch lebte es in ihrem Herzen. Nicht wie ein verborgener, sondern wie ein aus tiefsten Tiefen ausgegrabener, geborgener, aber flüchtiger Schatz. Ein Schatz, den man, da Schätze immer zu Menschen gehören, zwischen menschlichen Gebeinen fand, wie bei einer archäologischen Ausgrabung zu Wasser oder zu Lande, mit Gebeinen von Kindern und Erwachsenen jeder Altersstufe, von Menschen also, die nicht eines natürlichen, sondern eines gewaltsamen, durch Krieg veranlassten Todes gestorben waren, Menschen die leiden mussten, deren Schreie und Klagen sich über die Grabungsstelle gelegt hatten, und doch – doch, doch, doch fanden sich zwischen all diesen Seufzern der Kreatur unschätzbare, aber verloren gegangene Kostbarkeiten. Verloren, weil sie nicht mehr den Wert haben, den sie einst für die Menschen von damals gehabt. Die waren tot. Es gab auch kein Gold und kein Silber, es gab keine Edelsteine (außer Tatjanas kleine Kieselchen, die seit dem Untergang der vollbeladenen Schiffchen am Grunde des Mühlenbaches gleich hinter der Biegung ruhten), die Schicht um Schicht freigelegt werden mussten. Wir reden hier von Augenblicken, von einem Erinnerungsschatz – einem lieben Lachen, Weinen, gesungenem oder gesprochenem Wort, einem Hauch der Kreatur, einem Gesichtsausdruck, Menschenleben – flüchtig wie Äther, der im Raum verebbt oder im Herzen derer bleibt, die seine Kostbarkeit erkennen.

Inhaltsverzeichnis

Annelie Schlobohm
Februarflut
Historischer
Kriminalroman

Annelie Schlobohm
Twielenfleth
Historischer
Kriminalroman

Annelie Schlobohm
Gesches Glück
Historischer Roman

Annelie Schlobohm
Büchermord
Historischer Roman

Annelie Schlobohm
Brautherzen
Historischer
Kriminalroman

Gisela Stammer
Bauernkanari
Roman eines
Jahrhundertlebens

Gisela Stammer
Heimlichmilch
Roman

Schwarze Segel im
Teufelsmoor –
Moorbibliothek 1
Hg. von W.-D.
Stock

Reise ins
Teufelsmoor
Moorbibliothek 2
Hg. von Elke Loewe

Bei den Künstlern
im Teufelsmoor
Moorbibliothek 3
Hg. von H.-G.
Pawelcik

Winterfahrt ins
Teufelsmoor
Moorbibliothek 4
Hg. von Petra
Hempel

Dietrich Alsdorf
Anna aus
Blumenthal
Historischer Roman

Dietrich Alsdorf
Isern Hinnerk
Roman

Dietrich Alsdorf
Ufergeflüster
Roman

Dietrich Alsdorf
Geschichten aus
dem Stader Sand

Axel Roschen
Mausohrnächte
Ein Krimi aus
Norddeutschland

Anke Klencke
Der Schlüssel zur
Vergangenheit
Historischer Roman

Heiner Egge
Tanz ohne Seil
Roman

Heiner Egge
Tilas Farben
Roman

Verlag Atelier im Bauernhaus
In der Bredenau 6 · 28870 Fischerhude
www.atelierbauernhaus.de